한 경찰관이 바로잡은
디케의 칼

(원제: 디케의 刀)

한 경찰관이 바로잡은
디케의 칼 (원제: 디케의 刀)

김종구 지음

디케의 칼끝에서 얻은 교훈

좋은땅

카센터 사장이 휘두른 식칼!
검찰을 상징하는 정의의 여신 디케(Dike)가 들고 있는 검!
일반적으로 형태상 칼은 날이 한쪽에 서 있는 것을,
검은 날이 양쪽에 서 있는 것을 의미한다.
용법상 칼(刀)은 살상을, 검(劍)은 위하(威嚇)의 용도이다.
검찰은 정의의 검으로 사건을 조작하는 데 사용하였다.
그런 점에서 검찰의 검은 사장이 휘두른 식칼과
다름이 없는 흉기로 전락했다.

저자는 쓰라린 경험 속에서 법과 정의, 그리고 경찰관의 책무를 배웠다.
디케의 검을 상징하는 정의를 '바로 잡는다'는 의미에서

'한 경찰관이 바로 잡은 디케의 칼: 디케의 칼끝에서 얻은 교훈'으로 정한 것이다.

목차/

推薦詞　　　　　　　　　　　008
프롤로그　　　　　　　　　　016

제1부 사건의 서막

1. 악연　　　　　　　　　　020
2. 미지의 불안　　　　　　　039
3. 덫　　　　　　　　　　　042
4. 꾸며지는 조서　　　　　　046
5. 택시기사　　　　　　　　059
6. 의혹　　　　　　　　　　061
7. 미안해 여보!　　　　　　066
8. 피해자에서 피의자로　　　071
9. 눈물의 순댓국 그리고 어머니　081
10. 유전무죄 무전유죄　　　　086
11. 시련　　　　　　　　　　090
12. 좋은 일 vs 나쁜 일　　　095
13. 함께하는 동료들　　　　　100
14. 공소장(소설)　　　　　　103
15. 증인　　　　　　　　　　110

제2부 재판의 시작

1. 1차 공판(두 얼굴의 검사) 114
2. 2차 공판(공공의 적) 120
3. 3차 공판(위증) 125
4. 4차 공판(변심) 129
5. 제보자 133
6. 5·6차 공판(무너진 믿음) 148
7. 7·8차 공판(배신) 151
8. 숨바꼭질 154
9. 9차 공판(속고 속이는 세상) 159
10. 선고공판(절반의 승) 164
11. 항소(드러나는 진실) 169
12. 항소심 선고공판 180
13. 상고(검찰권 남용) 185
14. 대법원 선고공판
    (덫으로부터의 탈출) 188

제3부 또 다른 재판의 시작

1. 선택의 기로 196
2. 다윗과 골리앗 200
3. 제2라운드(감춰진 진실) 206
4. 대질조사(드러난 진실) 211
5. 항고(모순) 219
6. 증인 출석(뒤바뀐 처지) 222
7. 형사사건 선고공판(因果應報) 226
8. 민사소송(책임 없는 검사) 229
9. 마지막 소송 236
10. 아름다운 만찬 240

에필로그 242
書評 246
2쇄를 내면서…… 265
3쇄를 내면서…… 267
부록 269

推薦詞

 돌이켜 보면, 나는 삶이 장거리 경기라는 걸 모른 채 하루를 나누고 또 나눠서 써 가며 시험 공부를 준비할 때보다 더 혹독하게 스스로를 채근하고 부족한 잠은 정신력과 독기(毒氣)로 버티며 그렇게 거의 만 18년을 쉼 없이 기록을 읽고 서면을 쓰며 달려왔던 것 같다.

 나의 첫 휴가는 개업 후 수년 동안 거의 하루도 쉬지 않으며 바쁘고 고단한 삶을 살던 나를 안타깝게 본 의뢰인에 의해 강제 아닌 강제로 가게 되었지만……. 등 떠밀려서 아무런 준비 없이 제주도로 떠난 4일간의 여정에서 어떻게 쉬어야 하는지를 몰라 근 이틀간을 호텔 앞 이마트를 오가며 보냈다. 당시 그 의뢰인은 '아직은 쓸 만한 사람인 것 같은데, 먼저 떠나보내고 싶지 않았고, 표를 끊어서 보내면 어쩔 수 없어서라도 가겠지.' 하고 생각했다고 했다.

 그렇게 전력 질주를 하던 나는 진즉에 건강상 많은 문제가 발생했고, 몸은 내게 벌써부터 이상 신호를 정확하게 보내 주었으나 나는 아직 젊다는 생각에 더하여 스스로를 돌볼 겨를조차 없이 쳇바퀴 돌 듯 같은 생활을 반복하고 있었다. 그 와중에 2008년 2월에는 서울남부지방법원을 가다가 버스와 부딪히는 큰 교통사고까지 당했다. 그럼에도 불구하고 일에 미쳐 건강관리가 제대로 되지 않아 주위 사람들로부터 휴식을 강력하게 권유받고 있었고 스스로도 '곧 쉬어야지.' 하는 생각을 하긴 했으나 일복 많은 나로서는 늘 그림의 떡이거나 도상계획(圖上計劃)으로만 끝나곤 했다.

2011년 봄 지금은 세월이 제법 흘러 내가 평소 잘 알고 지내던 폴네띠앙 회원들 중에 정확하게 누구로부터였는지조차 잘 기억나지 않지만, 정당한 공무를 집행하였음에도 억울하게 직권남용감금, 직권남용권리행사방해, 허위공문서작성, 허위공문서작성행사죄로 기소되었다가 무죄를 받은 경찰관들이 있는데, 좀 도와달라는 부탁을 받았을 때도 나는 여전히 '내일이면 좀 시간이 나서 쉴 수 있겠지?' 하는 소박한 희망을 가슴속에 품으며 살고 있었다. 그런데, 당시 그 지인으로부터 들은 사건의 전모는 나의 피를 끓게 했고, 단지 내 건강상의 이유로 또는 내가 좀 쉬어야 한다는 이유로 어려운 과정을 감내해 온 두 사람에 대한 도움 주기를 거절한다면 뭔가 모를 죄책감에 시달릴 것만 같은 책임감과 소명의식마저 들었다.

예나 지금이나 나는 소송을 함에 있어 건전한 상식과 증거를 가장 중요시하기에 그때도 나는 그 지인에게 먼저 사건의 전모를 정확하게 알 수 있는 기록, 판결문, 녹취록 등 필요한 서류들을 가져오라고 전해 달라고 하였고, 그 며칠 뒤 최○○ 경위, 이 책의 저자인 김종구 경위가 나를 찾아왔다.

나는 김종구 경위가 가져온 판결문과 엄청난 양의 형사 기록을 보고 두꺼운 기록만큼이나 이들의 삶과 영혼을 눌렀을 그 쉽지 않은 싸움을 포기하지 않고 끝까지 이어 온 이들에게 진중한 경의를 표한 후 의문이 나는 점, 아직 이해하지 못하거나 파악하지 못한 내용, 사실관계들을 반대편의 입장에서 하나하나씩 캐묻듯 김종구 경위에게 물었으나, 그는 조금도 흐트러짐 없이, 결기에 찬 어조로 당시 상황에 대해 대답하고 설명해 주었다.

나는 두 사람으로부터 이 사건의 사실관계에 대해 자세히 듣고, 간간이 기록의 해당 부분을 들여다보면서도 두 사람이 기소되었다는 것 자체가 법조인으로서 도무지 믿기지 않아 다시 공소장, 형사사건의 1·2·3심 판결문을 연거푸 보았으나, 이들에게 건전한 상식에 비추어 보아도 말이 되지 않는 기소를 법리로 설명하는 것은 불가능해 보였다.

법조인도 사람마다 생각이 조금씩 다를 수 있지만 나는 적어도 이 사건은 정상적인 통념을 가진 법조인이라면 달리 견해차가 있을 수 없다고 해도 과언이 아니라고 생각했고, 대법원의 판결문도 **"가해자**

의 행동이 특수공무집행방해죄에 해당함도 분명하다"는 취지로 명확하게 설시하고 있었다.

당시 우리 법률사무소에서 나를 돕고 있던 조 변호사도 함께 상담에 배석했지만 조 변호사 역시 듣고도 믿기지 않는 듯한 표정이었다.

이 사건은 그때까지 내가 확인한 내용 그 자체만으로도 가해자의 특수공무집행방해죄가 명백했고, 그 내용이 형사판결문에도 고스란히 담겨 있었다. 사정이 이러함에도 식칼을 들고 설친 가해자를 풀어 주고 경찰관들을 기소했다는 것은 그 어떤 말로도 해명할 수 없다는 생각까지 들었다.

나는 두 사람에게 대법원 판례에서의 사례를 예로 들며 우리나라 형사사법제도상의 한계, 검사의 고의나 중과실은 가해자나 누군가의 결정적인 제보가 없는 한 입증이 쉽지 않은 점, 수사 검사의 무능을 이유로 손해배상을 받기도 어려운 점 등을 설명해 주었지만 다른 한편으로 내 안에서 참기 힘든 공분이 치밀어 오르는 것을 느낄 수 있었다.

너무나 힘든 법률적 여정을 버텨 온 이들에게 나 역시도 뭔가 선물을 해야만 한다는 생각이 들었고, 비록 길지 않은 기간 동안 공무원 생활을 경험해 보았던 나였지만 공직 생활이 결코 윤택한 삶이 아님을 잘 알고 있던 터라 사실 한 건의 민사사건의 수임료로도 부족했던 비용으로 형사사건까지 도와주겠다고 먼저 제안했다.

당시 몸이 아픈 상태였던 나는, 이렇게 마음이 아픈 상태였던 김종구, 최○○ 경위와 사건으로 인연을 맺게 되었고, 이들을 기소할 때 담당 검사실에서 수사를 보조했던 당시 담당 계장과 가해자를 형사적으로 고소하고, 다른 한편으로는 대한민국, 수사 검사, 가해자를 상대로 민사소송을 제기했다.

형사사건은 많은 우여곡절 끝에 결국 모 지방검찰청 담당 계장과 가해자가 기소되어 처벌을 받게 했고, 민사사건은 2011년 4월 18일~2013년 9월 12일까지 7회의 변론 기일을 거쳐 판결이 선고되었는데, 대한민국에 대해서는 승소했으나 뜻밖에도 가해자에 대한 청구 부분은 기각되었다.

법리적으로 말이 안 되고 이해할 수도 없는 내용의 민사소송 1심 판결 이유를 보고, 나는 두 사람에게 반드시 항소할 것을 권했다. 그러나 그 무렵 나는 지나친 과로, 스트레스에 그렇지 않아도 불량했던 건강이 끝을 모를 정도로 악화된 상태였고 작은 암까지 발견되어 심리적으로 무너져 제 한 몸조차 추스르지 못할 정도가 되어 있었다.

김종구 경위는 나에게 2심도 맡아 달라고 부탁했다. 나는 1심의 판결 이유가 너무나 엉터리여서 3~5분이면 항소이유서를 쓸 수 있을 정도고, 그 내용은 이러이러하다고 말해 준 뒤 솔직하게 내 건강 상태를 말해 주었다. 김종구 경위는 충격을 받은 듯 한동안 말이 없더니 죄송하다고 했지만 외려 내가 미안했다.

나는 김종구 경위에게 항소 이유까지 모두 설명해 준 후 "2심을 담당하게 될 변호사님께 대한 예의가 아닌 것 같아서 그분의 몫은 남겨두는 점을 이해해 달라."라고 했다. 2014년 7월 2일 항소심(2심)에서 사필귀정이라고 말하기에는 너무나 미흡한 금액이지만 가해자의 불법행위가 당연히 인정되어 가해자에 대한 청구 부분도 승소했고, 최종적으로 2014년 11월 18일 대법원(3심)에서 심리불속행결정으로 판결이 확정되었다.

검사의 무리한 기소로 인한 두 경찰관의 피해는 이루 말로 헤아릴 수 없었다. 최○○ 경위는 정당하게 공무수행을 하고도 이런 수모를 겪는 것에 너무 충격을 받아 20층 아파트 옥상에서 투신하려고 몇 번을 생각했을 정도였고, 신경성으로 인해 치료 중이던 심장병과 뇌경색이 재판으로 인한 중압감과 스트레스로 인하여 더욱 악화되었으며, 밤에도 놀라서 문득 깨는 등 정신적으로 심한 PTSD(외상 후 스트레스 장애)에 시달리고 있었다. 또한 김종구 경위가 억울하게 기소당한 후 이런 사정을 알게 된 김종구 경위의 부인은 심한 스트레스로 모유가 나오지 않게 되어 7개월 된 아들에게 모유를 줄 수 없는 상황에 이르렀고, 김종구 경위 본인도 심한 스트레스로 인하여 잇몸 상태가 악화되고 내려앉아 당시 젊은 나이였음에도 치아를 8개나 해 넣어야만 했을 정도였다.

내가 사건을 수임하는 과정에서 "자기 몸에 들어온 조그마한 가시는 아파도 남의 몸에 들어간 칼은 제 일 아니라고 쉽게 생각하는 사람들이 너무 많다."라고 비유적으로 설명했던 기억이 난다. 두 경찰관이 비록 돈을 바라고 한 일은 아닐 것이다. 이들은 그동안의 삶이 송두리째 부정당하고 자신들의 가족들까지 속수무책으로 평생 겪어보지 못한 극심한 고통을 인내해 왔다. 듣기만 해도 가슴이 뿌듯한 '정의', '응징', '사필귀정'이라는 단어들과는 지나치게 거리감이 있는 터무니없는 금액을, 엄청난 노력과 비용을 들인 지루한 소송을 거친 후에야 비로소 인용받을 수 있었다. 이로써 그동안 유린당하다시피 한 아픈 마음의 상처를 스스로 치유해야만 했을 것이다.

소송이 모두 끝나고 따뜻한 여름이 왔을 때 김종구 경위가 나에게 고마움을 표시하며 옥수수를 한 자루 보내왔다. 그 후 다시 날씨가 추워지기 시작하자 시골에서 김장을 했다면서 김치도 보내왔다. 최근까지 내 건강을 걱정해 주며 간간이 근황도 알려 왔다. 세월이 다시 꽤 흘러 내 건강도 많이 회복되고 암도 치료되었다.

바라건대, 김종구 경위가 그 절박한 어둠의 나날들을 보내며 틈틈

이 적어 둔 단상(斷想)들을 꿰어서 만든 보배 같은 이 책이 그동안 두 사람이 받은 마음의 상처를 아물게 해 주는 처방이 되기를, 그리고 다른 누군가에게는 절망 속에서도 희망의 끈을 놓지 않게 하는 소중한 등불이 되기를……

2019년 8월 27일
변호사 허금탁 씀

프롤로그

검찰의 편파 수사와 무리한 기소에 힘겹게 대응하고 있을 때 "검사에게 무릎 꿇고 빌어라."라는 이야기를 주위 사람들로부터 참 많이 들었다. 실체적 진실을 알지 못하는 이들로부터 온갖 억측과 오해를 받았으며, 그러한 그들의 한마디 말들이 나에겐 화살이 되어 가슴에 박혔다.

정말 억울했다.

그때 '내가 무슨 잘못을 했는지? 왜 이런 고통을 받아야 하는지?' 나 스스로에게 되물으며 '더 강하게 살아남아야겠다'는 신념으로 하루하루를 견디며 살았다. 썩은 권력과 돈으로 결탁한 그들에게 빌며 비굴하게 살고 싶지 않았다. 경찰이라는 직업을 떠나 한 인간으로서 한 치의 부끄럼 없이 인생을 살고 싶었다.

검사가 나를 입건한 이후 소송 기간 내내 억장이 무너질 때가 한두 번이 아니었지만, 신에 의지하고 간절히 기도하며 매달렸던 기억이 아직도 생생하다. 소송의 어려움이 뒤따랐지만 나 자신을 원망하지 않았다. 힘들고 어려운 상황들을 헤쳐 나가기 위해 긍정적으로 생각하며 마음을 다독였지만 결코 쉬운 일이 아니었다.

소설가도 아닌, 그저 현장 경찰관인 내가 이 책을 쓴 이유는 일선에서 정당하게 업무를 수행하고도 억울하게 피소를 당해 어려움에 처해 있는 경찰 선후배들께 진실은 승리한다는 믿음과 희망을 주는 동시에 조금이나마 업무에 도움을 주기 위해서이다.

또한, 범죄자와 결탁하여 썩은 칼을 휘두른 무소불위 검찰 권력의 횡포에 대해 널리 알리고, 기소기관인 검찰이 직접 수사까지 하는 전근대적 형사사법제도를 개선하여 나 같은 억울한 피해자가 나오지 않기를 바라는 마음에서다.

이 책으로 인해 누군가를 비방할 마음은 전혀 없다. 단지 우리 사회가 좀 더 맑아지고 정의로운 사회가 되었으면 하는 공공의 이익 차원에서의 소회와 법을 집행하는 경찰관으로서의 소박한 마음을 담아 글을 썼음을 밝히고 싶다.

소송을 진행하면서 그날그날 기록해 두었던 비망록과 파편화된 기억을 되살려 최대한 객관적인 사실에 근거하였다. 등장인물의 인적사항이 밝혀지지 않도록 하기 위해 'A, B, C, D……'로 했음을 양해 바라며, 미흡한 부분에 대해서는 독자들이 너그럽게 이해해 주기를 바랄 뿐이다.

아울러 소송 기간 동안 아낌없는 격려와 도움을 주셨던 전국의 경찰관, 폴네띠앙, 무궁화클럽에 감사를 드린다. 대법원 선고공판까지 빠지지 않고 참석하여 격려를 해 주셨던 박종환 청장, 황운하 청장, 민갑룡 청장, 서민, 노태환, 손창현, 박민영, 반진석, 황정현, 박종철, 황순철, 김학구, 박윤근, 이준형, 김종오, 이재욱, 윤황채 교수, 이정기 교수, 소송기금 마련에 앞장서 주셨던 류진기, 집필부터 탈고 시까지 조언을 아끼지 않았던 김학무, 심기수, 김웅환, 서형 작가, 소송 진행 과정을 경찰 내부망에 알리며 늘 함께했던 백계영, 열정적인 변론과 선임료 부분에 아낌없는 배려를 해 주셨던 허금탁 변호사, 김화섭 변호사, 고인이 되신 김동국 변호사 그리고 괴로움과 고통을 나누었던 가족들 등 함께했던 모든 분들에게 감사를 드린다.

그분들의 도움이 있었기에 이 글을 쓸 수가 있었다. 그 은혜를 잊지 않겠다고 했건만 그 힘들었던 순간들이 지나고 일상으로 돌아가고 나니 서서히 고마움을 잊어 가고 있다. 지난했던 소송을 되돌아보며 다시 한번 도와주신 모든 분들에게 머리 숙여 감사함을 전하고 싶다.

제1부　　　　사건의 서막

1. 악연

 창가에 앉아 비 내리는 풍경을 보며 지인들과 술을 마시거나 커피 향을 맡으며 사색의 시간을 갖는 것을 난 좋아한다. 그러나 비 오는 날 순찰차를 타고 밤 근무를 할 때 비에 젖은 꿉꿉하고 퀴퀴한 냄새가 그리 좋지는 않다. 지구대 업무를 하다 보니 여러 가지 사건·사고를 접하게 되고, 가출·폭행·절도·성폭력 사건 등 항상 긴장해야 하는 사건을 처리하면서도 당당하고 성실하게 근무에 임하는 직원들을 볼 때면 대한민국 경찰은 무엇이든 만능인 것처럼 대단함을 느낄 때가 한두 번이 아니다.

 ○○지구대 근무를 하면서 가끔 반복되는 신고가 있었다. 잠잠하다 싶으면 떨어지는 "렌터카 신고!" 동료들은 "김종구 씨! ○○번지 렌터카 회사로 출동 나가면 조심해야 돼."라며 볼 때마다 신신당부를 하곤 했다. 왜 그러냐고 물으면, "그냥 그런 사람이 있는데…… 하

여튼 조심해!"라고 말했다.

 직접 대면한 적이 없어 어떤 사람일지, 경찰관 알기를 우습게 여기는 렌터카 사장의 실체가 궁금했다. 한편으로 '왜 그럴까?' 하는 의문이 들기도 했다.

 몇 달이 지나면 지구대에서 근무한 지 2년이 되어 가고 세월이 참 빠르게 지나간다는 생각이 들었다. 2008년 2월 16일 그날은 여느 때와 달리 날이 흐렸다. 점심을 먹고 야간 근무를 나가기 전, 작은방에서 잠을 자기 위해 누웠다. 지구대 근무는 체력이 뒷받침 되어야 하므로 산에 다녀와서 그런지 몇 분이 채 지나지 않아 나도 모르게 스르르 잠이 들었다. 오후 늦도록 단잠을 자고 일어나 아내가 정성 들여 차려 준 저녁을 챙겨 먹고 홀가분한 마음으로 지구대로 출근했다. 오늘 조장인 최 선배는 법 없이도 사실 분으로 신앙심이 매우 깊으신 분이며, 타 직원들로부터 존경의 대상이다. 정년이 몇 년 남지 않아 경찰 인생의 마무리 단계에 접어들고 있었다.

 석회가 끝나고 112 순찰차로 범죄 취약지를 중심으로 구석구석 순찰을 했다. 쉬는 시간에는 지구대에서 선배들과 처리한 사건에 대해 논의하고, 농담을 주고받으며 커피 한 잔을 마시면서도 모두들 '오늘도 무사히'라는 표정이 얼굴에 묻어나고 있었다.

또다시 112 순찰차를 운전하여 가랑비 내리는 관내를 돌다 보니 한 시간 전보다는 조금 비가 그치는 것 같았다. 새벽 네온사인 불빛은 더욱더 빛나고 찬란했지만 그날따라 유난히 조용하다는 느낌마저 들었다. ㅇㅇ병원 앞에 순찰차를 정차시켜놓고, 거점근무를 하다가 쏟아지는 졸음을 쫓으며 무거운 눈꺼풀과 사투를 벌였다. 세상에서 가장 무거운 것이 눈꺼풀이라는 말을 실감하는 날이었다.

'신고번호 ××××, 택시 관련 시비'

그때 무전기에서 흘러나오는 '택시 관련 시비' 소리에 정신이 번쩍 들었다. 내가 맡은 구역은 아니지만 상황실에서 순ㅇㅇ호인 우리 순찰차를 사건 지령했다. 그리 바쁜 날은 아닌데 다른 순찰차의 사건을 대신 처리해주는 것은 마음에 썩 내키지 않았다. 순찰차를 운전하여 112 신고 장소로 출동했다. 곧이어 도착한 렌터카 사무실 앞 도로에는 주황색 택시가 한 대 정차해 있었다. 택시 뒤에 순찰차를 세우자 잠시 후 택시기사가 차 안에서 내렸다. 차량 밖으로 나와 기다리는 택시기사는 출동한 경찰관들에게 구원의 손길을 기다리듯 엉거주춤 서 있었다. 택시기사는 추운 듯 몹시 떨고 있었으며, 순찰차 문을 열고 내린 우리는 택시기사 얼굴에서 두려움을 읽을 수 있었다.

"기사님이 신고하셨습니까?"

택시기사는 왼손에 영수증을 든 채 오른손을 들어 렌터카 업소를 가리키며 말했다. "신고는 제가 하지 않았습니다. 여기 사장님이 신고했습니다."

그리고 지금까지 벌어진 상황에 대해 떨리는 목소리로 말을 더듬으며 이야기를 하기 시작했다.

"여기 사장님하고 종업원이 ○○구 ○○동 단란주점에서 술을 마시고 제 차를 타고 왔습니다. 여기까지 오면서 사장은 저에게 도급자[1]가 아니냐며 욕설과 시비를 걸어왔고, 요금이 5,250원이 나와 요금을 지불해 줄 것을 요구했는데, 사장이 갑자기 10만 원짜리 수표를 던져 주고 구청에 고소한다며 소리를 지른 후 조수석에 붙어 있는 택시자격증을 떼어 갔습니다. 일을 해야 하는데 전 자격증이 필요합니다. 경찰관님 제발 택시운전자 자격증 좀 찾아 주셨으면 합니다."

택시기사는 떨리는 목소리로 하소연하듯 말을 하였다.

신고내용을 듣기 위해 최 선배와 같이 렌터카 2층 계단을 올라갔다. 속으로 '별일은 없겠지.' 하며 철계단을 한 계단 한 계단 올라갔다. 택시기사는 우리를 뒤따랐다. 철 계단을 밟으며 아무 말없이 규

---

[1] 택시업체가 정직원을 고용하지 않고, 일정액의 계약금과 납입금을 받아 운영하는 불법 택시를 운전하는 사람.

칙적으로 오르고 있었다. 야간근무에 임하는 나로서는 계단을 오르면서 어떤 사람일까? 어떻게 사건을 처리할 것인가? 사건을 빨리 잘 마무리하고 내일 아침 기분 좋게 퇴근하면 좋으련만 하는 여러 가지 생각이 교차했다. 출입문 앞에 다다랐다. 2층 출입문은 안이 훤히 보이는 두꺼운 통유리로 되어 있었다.

두세 번 문을 두드리자 베이지색에 가까운 몽고메리 내복을 입은 사람이 한 손은 머리를 긁고, 다른 한 손은 내복 안으로 집어넣어 엉덩이를 위아래로 긁으며 어슬렁거리듯 걸어 나왔다. 얼굴에는 새벽녘에 잠을 깬 탓에 짜증이 잔뜩 가득했고 만사가 귀찮은 표정이 묻어난 그는 B라는 종업원이었다. 출입문을 여는 B 종업원에게 신고한 사람이 누군지 물었지만, 새벽이라 잠이 덜 깬 B 종업원은 짜증 섞인 말투로 첫마디를 내뱉었다.

"이 새벽에 무슨 일인가요?"

"112 신고한 사람을 찾고 있습니다."

"아, 우리 사장님이 한 것 같은데…" 종업원은 말끝을 흐렸다.

그때 안쪽에서 남색 바탕에 하늘색 줄무늬 티를 입은 중년 남자가 걸어 나오는 것을 보고 그쪽으로 눈길이 쏠렸다. 술을 마신 것 같았지만 취해 보이지는 않았다. 우리를 향해 걸어온 그 남자는 갑자기 거침없이 쌍욕을 내뱉었다.

"햐~ 오늘 경찰관 씹새끼들 많이 보네!"

그 첫마디에 어이가 없었다. 목소리가 높아지면서 비아냥거리는 말투에 거실의 공기가 싸늘히 가라앉았다.

'이게 무슨 소리지? 내가 잘못 들은 걸까?'

중년의 남성은 눈동자에 힘을 주고 우리 앞에 가까이 다가와 아무 말 없이 노려보았다. 아무것도 하지 않은 경찰관에게 그런 모습을 보이니 참 황당했고, 경찰관에게 좋지 않은 감정을 가지고 있음을 직감적으로 느꼈다. 신고를 하고 처음 대하는 경찰관에게 욕설부터 한다는 것에 대해 보통 사람인 나로서는 도저히 이해가 가지 않았다. 그 상황을 어떻게 헤쳐 나갈지 막막했다. 소리를 지르는 그는 산전수전(山戰水戰) 다 겪은 사람처럼 보였다. "오늘 경찰관 씹새끼들 많이 보네."라는 그 말의 의미가 무엇인지 당시에는 몰랐으나 그날 시비, 교통법규 등 112 신고로 경찰관이 카센터로 여러 차례 출동했음을 추후 근무일지를 통해 알 수 있었다.

그는 두 눈을 더 크게 치켜뜨고 다가서며 경찰에 원수라도 진 사람처럼 우리를 노려보았다. 순간 기세등등한 사장의 맥을 끊기 위해 말을 잘랐다.

"욕은 하지 마시고, 사장님이 신고하셨나요?"

"그래! 요즘 하도 이상한 놈들이 많아 112에 신고했다. 너 씹팔! 내일 구청에 고소할 거야, 개새끼야! 넌 죽었어, 인마!"

사장은 목소리를 더 높이며 택시기사를 보고 쌍욕을 해댔다. 험한 말투에 옆에 있던 택시기사는 당황한 표정으로 어쩔 줄 몰라 했고, 큰 죄라도 진 사람처럼 쥐구멍이라도 들어갈 모양새를 취했다. 택시기사는 사장에게 한바탕 욕설을 들은 뒤 출동한 우리 얼굴만 멀뚱멀뚱 쳐다보았다. 신고한 내용을 계속 묻자 그는 신고 내용을 말하지도 않고 경찰관을 앞에 두고 계속해서 욕을 해 댔다.

"씹팔 좆같은 날이네 정말."

사장은 택시기사를 쳐다보며 또다시 욕을 했다.

"너 씹팔 죽었어, 개새끼야! 한번 보자, 딱 걸렸어. 개자식아!"

얼른 사건을 마무리하고 싶었지만 쉽지 않을 것 같다는 생각이 스쳤다. 그래도 진정을 시켜 보자는 마음으로 렌터카 사장에게 말을 건넸다.

"사장님 욕 좀 그만하세요. 경찰관 앞에서 그렇게 욕을 하면 어떻게 합니까? 10만 원짜리 수표 받고, 5,250원 택시비와 택시 자격증 빨리 돌려주세요!"

"하, 씹팔! 돈도 없고, 택시자격증도 못 주겠다. 어쩔래? 씹팔! 너희가 뭔데 참견이야!"

사장은 비아냥거리듯 욕을 하며 나를 노려보았다. 처음부터 욕으로 시작해서 욕으로 끝나는 상황이었다. 가게에 5,000원이 없는 것도 이해가 가지 않았지만, 처음 보는 경찰관에게 폭언을 하는 것은 더더욱 이해가 가지 않았다.

"병풍 뒤에서 향냄새를 맡게 해 줄까? 경찰관 개새끼들이 뭔 참견이야 씹팔!"
개새끼! 씹팔! 좆같은 새끼들! 등 거친 폭언과 욕설은 10여 분 넘게 계속해서 이어졌다. 사장은 욕을 입에 달고 사는 사람 같았다.

이 상황을 어떻게 처리해야 할지 사무실 천장을 쳐다보며 속으로 한숨을 하염없이 푹푹 내쉬었다. 입에 담지 못할 욕설을 듣고 있던 택시기사도 기가 죽어 아무 말도 하지 못하고 가만히 옆에 서 있었다. 사장에게 "욕을 하지 마라!"라고 계속 이야기했지만 사장은 안하무인(眼下無人)이었다.

경찰관의 경고와 제지에도 아랑곳하지 않는 렌터카 사장을 어떻게 처리해야 할지 난감했다. 이런 비슷한 상황을 매번 겪어 봤지만, 오늘은 정말 색다르다는 느낌이 들었다. 보통 사람들은 경찰관이 이야기하면 욕을 하다가도 멈추는 편인데 참 대단하다는 생각이 들었다. 경찰 생활 10년 넘게 '개새끼! 소 새끼! 씹팔놈!'은 수도 없이 들어봤지만 렌터카사장의 욕설은 소름이 끼쳤다. 지금까지 살아오며 들은 욕 보다 오늘 신고 출동 나와서 더 많은 욕을 얻어먹은 듯싶었다.

'지구대 선배들이 말한 사람! 매일 신고 출동 나가서 경찰관들이 말도 못 하고 당하고 오는 사람이 바로 이 사람이구나!' 하고 생각하니 그제서야 정신이 번쩍 들었다.

'구제 불능!'
10여 분 넘게 온갖 욕을 듣다 보니 그 단어밖에 생각이 나지 않았다. 경찰관 증원 요청을 위해 무전기 키를 잡았으나 사건이 많아 무전이 폭주하고 있어서 송신이 되지 않았다. 지구대로 전화를 해도 계속해서 들려오는 통화 중 신호음! 폭력적이고 위협적인 말을 계속하자 더 이상 참을 수가 없었다. 나의 인내도 한계에 도달했다.

"사장님, 욕 그만하고 택시기사에게 준 수표 받고, 택시비 5,250원과 자격증 빨리 돌려주세요!" 다시 한 번 사장에게 언급을 했다.

내심 경찰 제복을 입고 정중히 계속해서 말하는 것이 무척 자존심이 상했다. 택시 요금과 택시자격증을 받아 사건을 잘 마무리하고서 그 자리를 벗어나고 싶은 생각밖에 없었다. 경찰 생활을 하면서 사건 현장에서 속칭 양아치도 여럿 만나 봤지만 렌터카 사장의 행동은 '최악이라는 생각과 사건 처리가 쉽지 않겠구나!' 하는 느낌이 왔다. '너가 이러려고 경찰 했나?' 하는 허탈감마저 들었다.

사장은 한술 더 떠서 두고 보잔 식으로 거칠게 욕설을 섞어가며 말을 했다. 택시기사의 약점을 잡기라도 한 듯 내일 ○○구청에 신고하겠다고 으름장을 놓고, 나머지는 경찰에 대한 분노, 욕설, 폭언과 위협뿐이었다. 사장을 앞에 두고 계속해서 타이르듯 이야기를 했지만 도통 말을 듣지 않았다. 오히려 택시기사에게 험한 욕설과 모욕적인 말을 하고 그것을 말리는 우리에게 번갈아 가면서 폭언을 계속해 댔다. '택시자격증, 10만 원짜리 수표, 5,250원 요금 이야기' 가만히 보니 술 마시고 경찰들에게 화풀이하는 것 그 이상도 이하도 아님을 알 수 있었다.

'경찰이 자기 노리개인가?' 하는 생각마저 들었다. 렌터카 사장의 계속되는 행태에 최 선배도 인내의 한계에 다다랐는지 더 이상 참지 못하겠다는 표정이 얼굴에 나타났다. 렌터카 사장보다 나이가 많은 최선배는 전부터 안면이 있는 것 같았으며, 최선배는 갑자기 말을 이었다.

"욕 좀 그만하고, 그만합시다. 그리고 신고 내용을 이야기하라니까요?"
최 선배는 사장에게 간단명료하게 말했다.

사장에게 부탁 조의 말을 하는 듯하면서도 한편으로는 욕설 그만하고 잘 마무리하자는 차원에서 최 선배는 이야기했을 것이다.

이야기를 들은 렌터카 사장은 갑자기
"경찰관 개새끼들이 뭔 참견이야!"
사장은 금방이라도 최 선배를 잡아먹기라도 할 것처럼 노려보다가 어이가 없다는 듯 천장을 쳐다보며 잠시 무언가를 생각하는 것 같았다.

"하~ 씹팔, 참나!"
사장의 입에서 거침없는 욕설들이 배설되었다. 사장은 눈에 힘을 주어 험악한 인상을 썼다. 사장은 정말 기가 차고 어이없다는 듯 최 선배를 뚫어지게 쳐다보며 최 선배를 향해 다시 한마디 내뱉었다.

"이 씹팔놈 봐라! 너희가 뭔데 참견이야 개새끼들아! 이 씹팔놈들 그래 한번 해 보자. 오늘 경찰 씹새끼들 죽여 버린다!"

사장은 악다구니를 쓰며 감정을 억제하지 못하고 더 흥분하고 있었다.

이전부터 이런 상황을 기다렸다는 듯 사장의 말과 행동은 각본을 짠 것처럼 거침없었다. 사장은 씩씩거리며 갑자기 상의와 바지를 순식간에 벗어젖혔다.

전형적인 양아치 행동을 하며 옷을 벗은 그는 흰색 메리야스와 사각팬티 차림이 되었다. '왜 옷을 벗지?'라고 생각한 순간 그는 내실 쪽으로 빠르게 들어갔다. 옷을 벗고 왜 내실로 들어가는지 이유를 알 수가 없었다. '왜 안쪽으로 들어가는 걸까?' 의문이 생긴 우리는 사장이 들어간 작은 방을 멍하니 쳐다보고만 있었다. 사건 이후 나중에 안 사실이지만 그 곳은 주방으로 사용하고 있었다.

곧이어 방으로 들어갔던 사장이 밖으로 나오며 내뱉는 거친 숨소리에 오감이 곤두섰다. 우리 쪽으로 달려 나오는 렌터카 사장을 종업원이 뒤에서 껴안는 모습이 보였다. 사장은 종업원의 껴안은 팔을 뿌리치며 우리 쪽으로 다시 쫓아 나왔다. 누군가와 부딪친다면 상대편은 곧 넘어질 것 같은 기세였다. 우리 앞에 모습을 드러낸 사장은 욕설과 폭언으로 위협을 하던 때보다 더 살벌한 분위기가 느껴졌다.

그의 손에는 희미하게 보이는 무언가를 들고 뛰쳐나오고, 그 뒤를 따라 종업원이 달려 나오는 모습이 보였다. 싸늘하니 온몸에 소름이 돋았다.

가까이 다가온 사장의 오른손에 한 자쯤 되어 보이는 식칼을 어깨 높이로 쥐고 달려 나오고 있는 것이 아닌가? 칼끝은 우리 쪽을 향하고 있었다. 처음에는 손에 든 것이 뭔가 했지만 가까이 올수록 칼이 분명함을 알 수가 있었다. 사장이 들고 있는 칼끝을 본 순간 온몸이 굳어지며 움직여지지 않아 멍하니 바라보고만 있었다.

"경찰관 개새끼들! 오늘 내 손에 한번 죽어 봐라!"
순간 렌터카 사장은 소리치며 앞에 있던 최 선배의 가슴을 향해 식칼을 휘둘렀다.[2] 위협을 느낀 듯 최 선배는 뒤로 물러나 화를 면했다. 뒤로 물러난 최 선배를 보고 나는 안도의 깊은숨을 내쉬었다.

"어! 피해? 이 새끼 봐라!"
렌터카 사장은 피하는 최 선배에게 어이없다는 표정을 지으며 욕을 했다. 사장은 휘둘렀던 칼자루를 다시 최 선배 쪽으로 향하는 것이 아닌가? 최 선배는 겁에 질려 위협을 느낀 모습이 보였지만 태연한 척 사장을 진정시키기 위해 칼 내려놓을 것을 요구하며 뒤로 물러섰다. 사장과 최 선배의 행동을 보고 '어!' 하는 소리를 지르고 싶었

---

2 당시 최 선배의 진술.

지만 목소리가 나오지 않았다. 식칼을 휘두르며 경찰관을 위협하는 사장의 모든 행동들은 순식간이었다.

사장은 칼을 피한 최 선배 쪽으로 발걸음을 옮겼다. 뒤에 있던 나는 어떻게 해야 할지 상황 판단이 잘 서지 않았다. '설마 경찰관을 칼로 찌르려는 것은 아니겠지?' 하는 생각만 맴돌 뿐, 몸 또한 움직여지지 않았다.

"사장님, 이러시면 안 됩니다!"

순간 종업원이 뒤따라 나오며 사장의 칼 든 손을 움켜잡고 억지로 칼을 빼앗았다. 종업원은 사장에게 빼앗은 칼을 들고 나왔던 안쪽으로 다시 들어갔다. 종업원에게 칼을 빼앗긴 사장은 광분을 이기지 못하고 소리를 질러 댔다. 앞에 있던 최 선배에게 다가가 삿대질을 해 가며 협박과 욕설은 계속되었다. 칼을 빼앗긴 것을 본 나는 그제야 정신이 돌아왔다.

"경찰관에게 칼을 들이대면 어떻게 합니까!"

나는 앞에 서 있는 사장에게 소리치며 노려봤다.

"넌 뭐야 개자식아!"

사장은 나의 말을 받아치며 성큼 다가와 나를 밀치고 입에서 침을 튀겨가며 시비를 걸어왔다.

"경찰관에게 지금 뭐 하는 짓이야 당신!"

실랑이를 하며 사장과 나는 서로 노려보았다. 경찰관에게 칼을 휘두른 것도 모자라 제복을 입고 있는 나를 밀치며 쌍욕을 하고 있으니 갈 때까지 간 기분이 들었다. 주위를 둘러보니 최 선배는 어쩔 줄 몰라 했고, 옆에 같이 있던 택시기사는 사장이 칼을 들고 나오자 온데간데없이 보이지 않았다. 사장과 나의 기 싸움이 한참 동안 이어졌다.

"넌 뭐야, 개자식아!"
"욕하지 맙시다." 젊은 혈기에 피가 거꾸로 솟을 것만 같았다.
"씹팔 새끼 두고 보자!"

사장은 계속해서 욕을 하며 부득부득 이를 갈았다. 주방 쪽을 보니 종업원들과 아들을 포함해 5~6명이 더 있었다. 나이든 최 선배와 단 둘이 이 상황을 해결하기에는 역부족이었다. 경찰관에게 갖은 폭언과 욕설 그리고 식칼을 휘두르며 위협하는 것이 도저히 용납이 되지 않았다. '지원을 받아야겠다'는 생각에 출입문을 열고 밖으로 나가 무전으로 지원 요청을 했다.

그 누구에게도 들어보지 못한 험한 욕을 듣고, 서슬 퍼런 식칼의 위협에 아무것도 하지 못한 채 밖으로 나온 나 자신이 초라하고 자존심이 상했다. 이게 경찰의 현주소란 말인가? 폭언과 욕설을 얻어먹으려고 경찰 직업을 선택한 것인가? 경찰관으로서 이렇게밖에 할 수 없는 자체가 더 힘들었으며, 직업에 대한 회의감이 밀려들었다. 렌터카 사무실 계단을 내려오며 가로등 불빛 아래 택시기사가 떨고 있는 모습이 눈에 들어왔다. 맥없이 걸어 나오는 나를 본 택시기사는 기다렸다는 듯 다가서며 말을 건넸다.

"요즘에도 경찰관에게 칼 들이대는 사람이 있습니까?"

택시기사는 살다 살다 이런 일은 처음이라는 듯 어이없는 표정을 지으며 울분을 토해 냈다. '울고 싶고 어이가 없는 것은 당신이 아니라 나!'라고 소리 내어 말하고 싶었다. 택시기사가 방금 전 상황을 목격하지 못했을 것이라 생각하고 있었는데, 그 말을 듣고 방금 전 상황에 대해 다시 물었다.

"폭언과 욕설에 식칼로 경찰관 위협한 걸 아저씨가 봤습니까?"
"당연히 봤죠!"
"그럼 목격자 진술 좀 해 주세요?" 간절하게 이야기했지만 택시기사는 의외의 대답을 하기 시작했다.
"일을 해야 하고 먹고살기 힘들어 경찰서 들어가 조사받고 그럴 정신이 없습니다."

기사는 갑자기 얼굴 표정이 달라지며 질색하듯 목격자 진술 의사를 단호하게 거절하는 것이 아닌가? 참 어이가 없고 서 있는 택시기사의 눈을 똑바로 쳐다 보지만 난감한 순간이었다.

"112 신고 요청으로 아저씨를 도와주러 저희가 왔고, 그로 인해 경찰관들이 식칼로 위협을 당했는데 그 정도 진술도 못 해 주십니까?"

마음속에서는 울분이 터짐과 동시에 한편으로 간곡하게 부탁했다. 하지만 택시기사는 어떻게 하는 것이 이익인가? 머릿속으로 계산하고 있는 것 같았다. 택시기사를 설득한 끝에 목격자 진술을 해 주기로 했다. 잠시 후 지원 경찰관들이 도착했다. 지금까지 있었던 상황을 설명한 후 함께 렌터카 사무실로 들어가 속옷 차림의 사장에게 현행범 체포를 시도했다. 사장은 완강히 거부하며 한바탕 몸싸움이 벌어졌지만 특수공무집행방해 및 업무방해 혐의로 미란다원칙을 고지한 후 현행범으로 체포했다. 순찰차 뒷좌석에 태워 ○○지구대에 도착하여 택시기사는 안쪽, 사장은 출입문 소파에 앉혀 가해자와 피해자를 분리하였다.

사장은 경찰서 형사계에서 조사받기로 하고 택시기사에게 진술서를 받았다. 수갑을 차고 있는 사장은 두고 보자는 듯 눈에 살기가 돌았다. 나와 직원들은 빨리 보고서를 마무리하고 경찰서에 사건을 넘기기 위해 분주하게 움직였다. 한 대 얻어맞은 듯한 표정을 짓고 있던 택시기사는 멍하니 앉아 있다가 나에게 다가와 물었다.

"진술서를 어떻게 써야 됩니까? 한 번도 진술서를 써보지 않아 어떻게 써야 되는지······."
"기사님이 보고 들은 대로 진술서를 써 주시면 됩니다."

약 20~30분 후 택시기사는 나에게 다가와 진술서를 어떻게 써야 되는지 다시 물었다.

"○○구 ○○동에서 사장과 종업원이 택시를 타고 오면서 욕설을 들었고, 출동 경찰관에게 욕설과 폭언 후 식칼로 위협을 한 것을 본인이 직접 봤다고 저에게 말 하셨잖아요? 아저씨가 보고 들은 대로 진실하게 작성하시면 됩니다." 잠시 시간이 흘렀다. 사건 서류를 작성하기에 너무 바쁜 가운데 택시기사는 나에게 또다시 다가왔다.

"경찰관님 진술서를 어떻게 써야 되는지······."
"있는 대로, 본 대로 육하원칙대로 작성하면 됩니다."

계속해서 묻는 택시기사가 너무 답답했다. 현행범체포서 등 여러 가지 서류를 작성하는 동안 택시기사는 나에게 진술서 한 장을 내밀었다. 서류가 마무리되고 경찰서 형사과에 사건 서류 일체를 인계했다. 서류를 작성하면서 렌터카 사장의 성이 'A 씨'임을 알게 되었다.

사건을 인계하고 나니 어느덧 날이 밝아 오고 있었다. 얼마하지 않은 경찰 생활 중 가장 힘든 새벽이었고, 경찰 생활 하는 동안 가장 치욕적이고 자존심 상하고 생각하기도 싫은 사람을 만난 날이었다. 피해자나 참고인 자격으로 검찰에 가서 조사를 받을 테고 마음의 준비를 조금이나마 해야겠다는 생각이 들었다. 당시 상황을 있는 그대로 진술한다면 문제 될 소지는 전혀 없을 것이다. 길고 길었던 밤을 하얗게 지새운 후 눈부신 아침 햇살이 비추는 지구대 사무실을 뒤로한 채 집으로 향했지만 그리 가벼운 발걸음은 아니었다.

2. 미지의 불안

　사건 처리 후 이튿날 출근을 했다. 2층에서 근무복을 갈아입고 내려오는데 직원들이 옹기종기 모여 엊그제 사건에 대해 이야기를 하고 있었다. 사장은 검찰청에서 조사 후 구속되어 구치소에 있다고 했다. 그 정도면 구속되는 것이 당연한 결과라고 생각했다. 커피 한 잔을 타서 밖으로 나왔다. 먼 하늘을 바라보며 '우리나라의 공권력 그리고 경찰'에 대해 생각했다. 그리고 사건에 대해 최초 출동 시부터 경찰서 인계 시까지 잘못된 점이 없는지 미흡한 부분이 없었는지 다시 한번 머릿속에 그렸다. 이왕 벌어진 일 엄정하고 신중하게 사건처리 했기에 하늘을 우러러 한 점 부끄럽지 않다는 생각이 들었다.

　사건 발생 후 열흘이 지났다. 검찰에서 '사건에 대해 절차적인 문제를 거론한다'는 말도 안 되는 소리가 들려왔다. 사건을 잘 처리했다고 생각했는데, 이해가 되지 않았다. 뭐가 잘못된 건지 알 수 없어 기분이 좋지가 않았다. 가만히 있지 않겠다던 A 사장이 뭔가를 준비하고 있는 것인가? 그래도 '법은 공평하고 공정하겠지.'라며 애써 나 자신을 위로했다. 그리고 검찰도 '보통 사람과 똑같이 보고 생각하고 사건을 처리하겠지.'라는 믿음을 가졌다. 한편으론 피해자든 참고인이든 조사를 받을 거면 빨리 조사를 받고 사건이 잘 마무리되길 바랐다. 주변에서 그 사건과 관련된 여러 가지 이야기를 들은 최 선배는 안절부절못하는 것 같았다. "아무 일 없을 테니 너무 걱정하지 마라."라고 매번 용기를 심어 주었다. 이제 10년도 채 남지 않은 최 선배는 무사히 퇴임해야 되는데, 이 사건으로 인해 불명예 퇴직 등 여러 가지 최악의 상황을 우려하는 것 같았다.

'나에게는 문제가 없을까?' 하는 막연한 불안감도 들었다. 좋지 않은 생각이 들 때마다 '아니다. 아닐 것이다.'라는 생각을 마음속으로 외쳐 댔다. 무엇을 해도 일이 손에 잡히지 않았다. 주간 근무를 마치고 직원들과 회식 중에 그 사건이 안줏거리가 되었다. 동료들은 검찰도 이 사건에 대해 잘 마무리 할 것이라는 말로 우리를 안심시켰다. 그 며칠 사이 거의 모든 시간을 사건 생각에 빠지다 보니 잠을 설치는 날이 잦아졌다. 잠을 청하기 위해 일부러 취하도록 술을 마셨지만, 새벽 3시경이면 잠에서 깨어 뒤척이다가 뜬눈으로 밤을 지새웠다. '뭐가 잘못됐다는 건가?' 출근해서 사건 이야기를 들을 때마다 머리가 아파 왔다. 이런저런 생각에 근무도 잘되지 않았고 불면의

날들은 늘어만 갔다. 검찰에서 부를 때가 꽤 지난 것 같은데 연락이 없으니 더 불안했다. 칼 든 자는 구속되었지만, 사건을 마무리하는데 왜 이렇게 시간이 오래 걸리는 것인지 이해가 가지 않았다.

어느 날 근무가 끝나고 퇴근 하려는 데 최선배가 부르는 소리가 들렸다. 다음 주에 "검찰에서 출석하란다."

"저두요?"
"나만 오라는데 참."

같이 부르지 않는 것에 대해 잠시나마 나는 곰곰이 생각했다. 정말 무엇이 있는 것인지
퇴근하면서 지는 해를 바라보며 멍하니 서 있었다.

3. 덫

　계속 울리는 휴대폰 벨소리에 잠이 깼다. 휴대폰 창을 보니 최 선배로부터 부재중 전화가 10여 통 넘게 와 있었다. 엊그제 조사받기 위해 검찰청에 간다는 이야기는 들었지만 잠시 잊고 있었다. 무슨 일이 있는 게 분명했다. 그러지 않고서야 이렇게 전화를 많이 할 리가 없었다. 전화를 걸어볼까 망설이다 머리가 복잡해져 그냥 천장만 바라보았다. 2월 28일 오늘 ○○지방검찰청에서 피해자 조사를 받으러 간다고 하였는데 그날 있었던 대로 진술하면 아무 일이 없을 것이다. 조사를 받고 온 분위기를 말하려고 일부러 전화를 했던 것일 것이다. 잠시 후 또다시 전화벨이 울리는 것을 보니 최 선배다. 전화를 받는 순간 한숨 섞인 다급한 목소리가 흘러나왔다.

　"왜 이렇게 전화를 안 받냐? 종구야, 큰일 났다. 일이 이상하게 돌아간다. 내가 조사받기 전 A 사장과 택시기사 조사를 먼저 검찰에서 받았나 봐. 검찰 사건계장이 날 얼마나 다그치던지 내가 뭐라고 진술했는지 전혀 생각이 나지를 않아!"

"아니, 그냥 있는 그대로 당시 상황을 진술하면 되잖아요! 출동 경찰관들에게 아무 이유 없이 폭언과 욕설을 하고 식칼을 휘두르며 위협한 상황을요!"

"그게 아니라 아무튼 일이 이상하게 돌아가는 것 같다니까, 참!"

최 선배는 조사받은 느낌을 이야기하고 싶은데 말로 다 표현하지 못하고 있다는 것을 목소리와 숨소리만 들어도 알 수 있었다.

"어떻게 일이 이렇게 돌아가나?"
똑같은 이야기를 반복하는 최 선배! 야간 근무를 하고 잠을 자고 있다가 최 선배의 전화 한 통에 한 대 얻어맞은 기분이었다. 무엇을 어떻게 진술했기에 저렇게 당황하며 이야기하는 것일까? 별의별 생각이 다 들고 스멀스멀 불안감이 밀려들었다.

'이상하게 돌아간다는 것이 무슨 뜻일까?' 최 선배의 말이 계속 귓가에 맴돌았다.

"칼 들고 서 있는 A 사장과 내가 서 있는 CCTV 녹화 영상 장면을 정지시켜 놓고 이게 위협을 당할 거리냐? 대한민국 경위가 이 정도 가지고 위협을 당하면 되겠냐? 조사받는 동안 내내 땀만 닦다가 나왔어. 나도 내가 어떻게 조사를 받았는지 모르겠어. 계속해서 식은땀이 나고 사건계장이란 사람이 얼마나 다그치던지…….”

최 선배 말투가 계속해서 뇌리에 떠오르고 지워지지 않았다. 그냥 나도 모르게 한숨이 나왔다. 그리고 아무런 생각을 안 하려고 해도 이상한 생각들이 몰려들었다. '정말 A 사장이 그냥 넘어가지 않고 무슨 꿍꿍이 일을 벌이고 있는 것일까? 사장과 검찰이 쳐 놓은 덫에 걸려든 것인가? 하지만 대한민국 검사는 다를 것이다. 사건을 있는 그대로 공정하게 처리해 줄 것이며 한쪽에 치우쳐 사건을 처리하지 않을 것이다.' 아무런 이유 없이 검찰에서 피해자인 경찰관을 다그치며 조사받았을 리 없지 않은가? 검찰의 사건계장이란 사람이 뭘 얼마나 다그쳤기에 경찰관인 최 선배가 그런 말을 하는지 이해가 가지 않았다. 법을 집행하는 사람끼리 보지 않아도 뻔한 사건 스토리 아닌가? 칼을 들어 위협한 자체만으로 중범죄에 해당함은 모든 사람들이 다 아는 것인데 우리가 생각하지 못하는 뭔가가 있는 것인가?

정당하게 업무를 수행한 최 선배가 저렇게 말을 하는 것을 보면 사장과 검찰이 무언가 꾸미고 있는 것일 수도 있다는 생각이 들었다. 사건 당시 상황을 있는 그대로 진술하면 아무 문제가 없을 일이었다. '난 두려울 게 없다. 내가 처리한 사건에 대해 한 치의 거짓이 없으며, 당당하게 조사받을 수 있다.'라며 마음을 다잡았다.

며칠이 지나 최 선배로부터 다시 전화가 왔다. "다음 주에 검찰에서 출석하란다." 이런저런 이야기를 더 들었지만, 귓가에 맴돌 뿐 들리지 않았다. 검찰의 출석요구를 받고 나도 모르게 위축되어 갔고, 무언가 준비해야겠다는 생각이 들었지만 딱히 어떻게 해야 되는지 아무 생각이 나지 않았다. 뭘 준비한단 말인가? 정당한 공무수행에 더 무엇을 대비한단 말인가? 난 그저 피해자 또는 참고인일 뿐이다.

4. 꾸며지는 조서

 2008년 5월 19일 사건 후 석 달이 지났다. 검찰청에서 사건 관련 당사자들인 렌터카 사장, 택시기사, 종업원, 최선배, 사건 당시 현장 출동 나갔던 직원들 조사 후 마지막으로 내가 참고인 조사를 받는 날이다. 아무것도 모르는 아내에게 경찰청에 교육을 받으러 간다고 둘러댔다. ○○지방검찰청이 있는 ○○역에서 내려 역 계단을 터벅터벅 내려갔다. 도착한 검찰청 정문 앞에 서서 심호흡을 크게 한 번 한 후 검찰청 청사 2층 계단으로 올라가 화장실로 들어가 거울 앞에 섰다. 잠시 긴장감이 돌았지만 거울을 보며 스스로에게 주문을 외우듯 자신감을 불어넣었다. 그리고 나와 검사실 출입문 노크를 했다.

 똑. 똑. 똑.

 "네, 들어오세요."

문을 열고 들어서자 10평 남짓 되는 사무실은 안쪽에 내실이 있었다. 사무실에는 남자 한 명과 행정관으로 보이는 여자 한 명이 있었다. 그들의 눈빛은 그리 반가운 기색이 아니었다. 싸늘한 공기가 적막감을 자아냈고, 그런 사무실의 기운을 온몸으로 느꼈다. 책상 앞에 앉아 있는 남자 앞으로 걸어가 ○○경찰서에서 왔음을 이야기하자 말이 끝나기도 전에 위아래로 나의 모습을 죽 훑어보았다. 그리고 진술서 양식을 책상 앞에 던지며, "이거 하나 써와요." 큰 소리를 쳤다. 내가 생각하는 나는 사건 현장에서 참고인 아니면 피해자 입장으로 생각하고 있었는데 처음부터 기분이 영 좋지가 않았다. 기싸움을 하는 것 같았다.

나는 정신을 가다듬고 "뭐하시는 겁니까?" 일부러 강하게 나가려고 큰 소리로 맞받아 쳤다. 상대방은 너무 나갔다고 생각했는지 그때서야 "이거 하나 써 오세요." 방금 전과는 사뭇 다르게 말끝을 흐렸다. 이 사람이 바로 최 선배를 조사하고, 나를 조사할 그 사건계장임을 눈치챘다. 가만히 서 있는 나를 물끄러미 쳐다보는 사건계장의 눈빛이 피해자를 대하는 태도가 아니라는 느낌이 들었다. 그때 내실에서 누군가 나왔다.

"검사님! ○○경찰서 김종구 경사입니다." 사건계장이 나를 소개하자 검사는 말을 이었다.

"이 사건은 제가 했던 사건이 아니고, 전 담당 검사로부터 인계를 받은 상황입니다. 이 사건이 공무집행방해가 되는 사건인가요?"

담당 검사의 황당한 물음에 갑자기 말문이 턱 막혔다. '공무집행방해죄'가 아니면 뭐란 말인가? 어이가 없어 말이 나오지 않았다.

"당시 현장 상황은 칼을 들고 경찰관을 위협한 상황으로 원칙대로 처리했을 뿐입니다."

검사가 사건과 관련한 설명을 늘어놓았지만 귀에 들어오지 않았다. 그리고 내 대답에는 흥미가 없다는 듯 뒤돌아 내실로 들어갔다. 최 선배가 말한 것이 이런 느낌이란 말인가? 검찰만은 공정하게 사건을 처리할 줄 알았는데 생각했던 것과는 정반대의 느낌을 받았다. 갑자기 머리가 아파 오는 것만 같았다. 그와 동시에 아직까지 내가 왜 조사를 받지 않았는지 흑막을 조금은 알 수 있을 것 같았다. 검찰은 몇 달 동안 준비를 하고 있었던 것이다.

대기실에서 진술서를 써 오라는 사건계장과 약간의 언쟁이 오갔다. 피해자나 참고인 격인 나를 그렇게 대하니 영 기분이 좋지 않았지만 지금의 나는 더 이상 내가 생각했던 피해자나 참고인이 아닌 상황임을 직감했다.

"조사를 받는데 피해자라는 기분이 들지 않았어. 그리고 사건계장 이라는 사람이 조사 도중 여직원한테 누가 더 늙어 보이냐고 하면서 창피스러운 말도 하고 조사를 받으면서 놀림을 당하는 것 같아 기분 이 그리 좋지는 않았어. 조사를 받으면서도 뭐라 이야기했는지 나도 잘 기억이 나지 않아."

먼저 조사받았던 최 선배의 말이 귓가에 울렸다. 아무것도 아닌 것 처럼 나름대로 합리화하여 생각했지만 나를 대하는 사건계장의 말 투와 행동은 당황스러워하던 최 선배를 떠오르게 하였다.

조사가 시작되자 사건계장 앞에 앉은 나는 그냥 평온하게 있으려 고 노력했지만 이미 마음이 요동치기 시작했다. 사건계장은 나를 유 심히 한번 쳐다보며 서류를 다시 훑어보았다. 피해자나 참고인이 아 닌 피의자를 대하는 표정으로 취조하듯이 말이다. 현행범체포서, 출 동보고서 등 서류를 일일이 따져 가며 시간이 지날수록 배고픔에 굶 주린 하이에나가 먹잇감을 사냥하듯이 꼬투리를 잡으려 애썼다. 그 날 택시기사의 피해 상황과 A 사장의 입에 담지 못할 폭언과 욕설 끝 에 식칼을 들고 나와 경찰관을 위협했던 상황들을 시간 순서대로 조 서를 받았다. 조사를 받으면서 단어 하나하나까지 문구를 해석하듯 추궁당하니 더욱더 짜증이 났다. 이 사건의 실체적 진실을 아는지 모르는지 사건계장은 A 사장을 옹호하고 나섰다. 중간에 사건계장 은 택시기사 이야기를 불쑥 꺼냈다.

"택시기사는 김종구 씨가 진술서를 불러 줘서 작성했다고 하던데?"

나이가 4~5살 더 돼 보이는 사건계장은 처음 보는 나에게 반말 비슷하게 말을 하기 시작했다. 계장의 말투도 거슬렸지만 택시기사의 이야기를 듣고 말문이 막혔다.

최초 사건 발생부터 서류 작성시까지 "있는 그대로, 보고 들은 대로 육하원칙대로 작성하라고 한 것뿐인데 그게 무슨 진술서를 불러 준 겁니까? 지금 어떤 세상인데 제가 그렇게 하겠습니까?

사건계장은 어이가 없다는 듯 "말도 안 되는 소리 하지 마라."라며 내 말을 받아쳤다. 나의 이야기는 아예 들으려 하지도 않았다. 한참 시간이 흘렀다. 지금까지 조사를 받은 부분에 대해 사건계장에게 보고를 받은 담당 검사가 내실에서 나왔다. 처음 볼 때와는 다른 눈빛으로 나를 쳐다보는 검사 입에서 무슨 말이 나올지 궁금했다.

"본인은 잘못이 없다는 이야기인가요?"
"저는 일단 제가 해야 할 일을 다 했다고 생각합니다."

검사는 나와 사건에 대한 대화를 나누면서 일일이 토를 달았다. 검사와 사건계장이 렌터카사장을 자기 식구처럼 감싸고 있다는 느낌이 들었다. 정말 잘못도 없는 나에게 왜 이러는 건지 내심 화가 치밀어 올랐지만 마음을 다시 가다듬었다. '뭐가 잘못된 것인가?' 그러지 않고서는 검사가 일방적으로 저렇게 나올 리가 없지 않은가? 조사를 받으면서 편파적으로 수사하고 있음을 직감할 수 있었다.

"저토서는 현장에서 원칙대로 할 일을 했다고 생각합니다."
"사건에 대해 본인의 잘못이 없다면 다시 말하지만 그 누군가 큰 책임을 져야 됩니다."

검사는 뭔가를 더 말하려다가 말을 아끼는 듯했다. 검사는 '그 누군가 책임'이란 무게감 실린 말을 토해 내고 등을 보이며 내실로 다시 들어갔다. '그 누군가 책임을 져야 한다? 내 앞에는 최 선배가 있었고, 그 뒤에 내가 있었는데 책임이라니? 택시기사와 렌터카 사장이 어떻게 진술했기에 화살이 나한테 돌아온단 말인가?' 조사를 받으면서 피해자가 아닌 피의자가 되어 가는 기분이 들기 시작했다.

그들은 내가 바닥에 무릎이라도 꿇고 석고대죄하며 두 손 모아 빌기를 바라는 눈치였지만 그럴 수는 없었다. '내가 뭘 잘못했다는 것인가? 칼로 경찰관을 위협한 자를 제압하여 정당한 공무수행을 했는데 이게 책임을 질 사안인가?' 중간에 검사가 다시 나왔지만 난 똑같이 말을 할 뿐 굽히지 않았다. 아니 굽혀서는 안 된다고 생각했다. 그냥 그때 상황을 있는 그대로 이야기했다. 검사와 사건계장은 답답하다는 듯 날 대했으며, 계속해서 다람쥐 쳇바퀴 돌 듯 조사는 원점으로 흘렀다. 그들 앞에서 조사를 받으며 태연하게 보이려고 애썼지만 시간이 흐를수록 내심은 걷잡을 수 없는 소용돌이에 빠져드는 것만 같았다.

 점심시간이 되었다는 사건계장의 말에 조사를 받다 말고 일어섰다. 식사 후 다시 조사를 이어가자는 말을 듣고 자리에서 일어섰다. 복도를 걷는 나의 발걸음은 그리 가볍지 않았다. 내리쬐는 태양 아래 검찰청 밖으로 나와 식당을 찾았다. 갑자기 현기증이 나는 것 같았다. 횡단보도를 건너려다 넋 나간 사람처럼 그 자리에 가만히 서 있었다. 식사할 맘이 없었지만 먹어야 힘을 낼 수 있기에 간판도 보지 않고 열려 있는 식당으로 들어가 김치찌개를 시켰다. 입으로 들어가는지 코로 들어가는지 모를 식사를 하면서 당시 상황을 재현하며 곰곰이 돌이켜 보았다. 사건 발생일로부터 수개월이 지난 사건의 서류 등 보고서의 토씨 하나하나를 트집 잡고, 법 집행 절차를 문제 삼으면서 잘잘못을 따지니 지금의 나로서는 어떻게 해야 할지 종잡을 수가 없었다. 밥을 먹는 둥 마는 둥 숟가락을 식탁에 힘없이 내려놓았다.

 정말 검찰 측에서 나에게 책임을 묻는다면 어떻게 할 것인가? 과연 어디서부터 꼬인 건지 뭐가 잘못됐는지, 왜 이런 지경이 된 것인지 이해할 수가 없었다. 이내 머릿속은 백지장(白紙張)이 되어 버렸다. 무엇인지 모를 무엇인가 있다고 생각되었지만, 검사와 사건계장이 왜 그러는지 저들의 속마음을 알 수가 없었다. 생각 같아서는 정말 '왜 그러는지' 두 눈을 똑바로 쳐다보며 따지고 싶었다.

가만히 생각해 보니 오늘 나를 조사하기 위해 사건 이후 몇 달 전부터 준비한 자들 아닌가? 하지만 있는 그대로 진술하면 되는 사건이기에 더 이상 준비할 것도 없지 않은가? 조사받는 동안 갑을 관계에 있었기에 나 자신이 원망스러웠고 더 짜증이 나고 분노가 치밀어 올랐다. 조사를 받으면서도 '내가 무엇인가 잘못했으니 저들이 저렇게 나오는 것이지 아무런 이유 없이 저렇게 나올 수가 없는 것이다. 무엇인가 있다. 그게 도대체 뭐란 말인가?' 내 자신이 답답하고 아무런 생각이 나지를 않았다. 막강한 무소불위 권력을 내가 이겨 낼 수 있을지 시작하기도 전에 힘이 빠지고 쓰러질 것 같은 기분이 들었다.

이런저런 생각을 하다 보니 오후 조사를 받을 시간이 되었다. 도살장에 끌려가는 소처럼 떨어지지 않는 발걸음에 길게 심호흡을 하며 검사실로 향했다. 침착하려 했지만 이미 마음은 걷잡을 수 없이 흔들리고 있었다. 지은 죄도 없는데 왜 그러는지 나 자신이 이해가 가지 않았다. 노크를 하고 검사실에 들어서자 또다시 언제 끝이 날지 모르는 조사가 시작되었다. 사건계장과 검사는 '공무집행방해죄가 되는지' 법 집행상 절차적 위법성 여부에 초점을 맞춰 질문했다.

칼을 들었다는 변할 수 없는 사실관계를 무시한 채 오로지 A 사장

편들기 식 편파수사로 조사는 진행되었다. 일선 현장의 상황도 모르는 저들이 그저 탁상공론(卓上空論)식으로 법 해석을 하는 검사의 말에 화가 치밀어 올랐다. 조사를 받다가 서로 언쟁이 오갔다. 사건계장은 A 사장이 최 선배를 칼로 위협했는지, 택시기사에게 진술서를 불러 주었는지 여부를 집중적으로 추궁하였다.

"칼 들고 설치는데 어떻게 합니까? 칼을 들고 위협한 자체가 잘못되었다고 생각합니다. 칼 앞에 서면 누구나 다 당황했을 것입니다."

반론을 제기했지만 그들은 나를 비웃음이 가득한 얼굴로 쳐다보며 계속해서 법 집행 절차상 문제점만을 추궁하였다. 나름대로 항변했지만 무슨 말을 해도 통하지 않았고, 그때마다 말꼬리를 잘랐다.

"공무집행방해 사건을 많이 처리했지만 이런 사건은 처음입니다."

검사는 검사대로, 나는 나대로 자기주장을 내세우며 대립각을 세웠다. 서로 조금도 물러서지를 않았다. 조사를 받다 보니 또다시 원점이었다.

서로의 주장을 내세우는 가운데 사무실 안은 잠시 적막이 흘렀다.

"저도 이 사건에 대해 안타까울 뿐입니다."

검사가 나를 이해한다며 다독거리는 것같이 말했지만 실제로는 방패막을 치는 기분이 들었다.

'저들이 강하게 나오는 것은 또 다른 무엇이 있기 때문일 것이다!'라는 생각과 '정당하게 공무집행을 한 경찰관을 이렇게 조사할 리는 없을 것이다!'라는 두 가지 생각이 교차했다. 그러나 분위기는 안 좋게 흘러가고 있었다. 검찰 쪽에서 원하는 대로 내가 진술서를 허위로 불러 주어 렌터카 사장을 구속시켰다고 결론짓는다면 몇 년간을 감옥에서 썩을 것이다. '아! 정말 미쳐 버리겠다. 앞이 보이지 않고 절벽 같다.'라는 생각밖에 없었다.

진술조서가 어느 정도 작성이 되고 사건계장이 서류를 확인해 보라며 내밀었다. '택시기사에게 진술서를 불러 주어 작성하게 했는지, 사장이 칼을 들어 최 선배의 가슴 부위를 향해 찌르려고 했는지' 등의 여러 가지 질문에 답을 했지만 각본처럼 꾸며진 저들만의 진술조서였다. 조서를 꾸민다는 말이 실감 나는 순간이었다. 그렇게 그들이 원하는 대로 검찰조서는 꾸며졌다.

칼이 앞에 있는데 어떻게 했는지 물어본 자체가 황당할 뿐이었다. 경찰을 향해 칼 든 자체가 위협 아닌가? 법 공부를 어떻게 했는지 법 전문가인 검사와 사건계장의 자질이 의심스러웠다.

'난 경찰이기 전에 대한민국 국민이고 보통 사람이다. 난 로봇도 아니며, 칼에 찔려 다시 환생하는 신도 아니다. 내 앞에 있는 검사와 사건계장은 경찰이 죽여도 죽지 않는 무도의 달인이며, 사격의 명사수인 줄 알고 있다. 난 그냥 평범한 보통사람이다. 그냥 칼에 찔리면 피를 흘리며 살기 위해 발버둥 치며 힘없이 쓰러지는 하나의 생명체일 뿐이다. 당신들보다 더 힘이 없는 그냥 일개 경찰공무원일 뿐이다.'

칼 앞에서 정당하게 공무집행을 한 사람에게 상을 주지는 못할망정 이렇게 편파 수사로 올가미를 씌워 죄인으로 만드는 것은 있을 수도 없는 일이고, 있어서도 안 되는 일 아닌가? 칼 앞에 서 봤는가? 책상 앞에 앉아 손가락에 골무를 끼운 채 서류 한 장 한 장 넘겨 가며 법에 저촉이 되는지 안 되는지 생각만 하는 저들이 신중을 기하지 못하고 이렇게 조사를 한단 말인가? 참으로 답답했다. 누구나 칼을 보면 당연히 겁이 나고, 몸이 움츠러들기 마련이다. 경찰관을 신으로 착각하고 있으니 딴 세상에 온 기분이 들었으며, 그 자리를 박차고 벗어나고 싶었다.

며칠 전 조사 받았던 최 선배의 말이 생각이 났다. '아파트 옥상에서 몇 번이고 뛰어내리려고 갈등을 했었다는 이야기와 그저 한강에 뛰어들고 싶다. 그냥 경찰관인 내가 칼에 콱 찔렸어야 하는데…….' 말장난하는 것도 아니고 앞에 있는 사건계장 면상에 서류를 집어 던지고 싶은 마음이 들었다. 화가 났지만 신경전에 휘말려서는 안 될

일이었다. 흥분하며 날뛰는 나의 모습을 지켜보려고 일부러 이끌어 내는 수도 있다.

'참자! 참자!'
깊은 심호흡을 하면서 다시 마음을 가다듬었다.

진술조서를 읽다 보니 검찰에 유리한 쪽으로 조서가 꾸며진 부분이 많았다. 다시 읽고 또 읽으며 공백을 채워 넣었고, 맞지 않는 어구는 밑줄을 긋고 다시 써 내려갔다. 조사를 받는 동안 정신이 빠져 있는 것 같았지만 법정까지 갈 수도 있다는 생각에 한 자 한 자 빠짐없이 정독을 하며 읽어 내려갔다. 어디서부터 뭐가 잘못되었는지 도저히 알 수가 없었다. 검사도, 사건계장도 나에게 일침을 가할 뭔가가 있는 것 같은데 그게 뭘까를 곰곰이 생각하면서 서류 사이사이 도장으로 간인을 했다. 다음에 연락한다는 사건계장의 말을 듣고 검사 사무실을 나올 때는 어깨에 큰 돌을 짊어지고 나오는 기분이었다.

아침부터 밤이 되기까지 10시간이 넘게 어이없는 조사를 받다보니 정신적으로 온 몸이 말이 아니었다. 육체도 정신도 모두 바닥이 난 기분이 들었다. 검찰청 정문을 터벅터벅 걸어 나오는 나의 어깨는 버드나무 가지처럼 축 늘어져 있었다. 이 난관을 어떻게 처리해야 할지 한숨이 나왔다. 힘 빠진 발걸음을 끌어 옮겨 근처 식당으로 들어가 소주를 시켜 안주가 나오기도 전에 소주잔을 연거푸 들이켰다. 지금까지 마음을 졸이며 생각했던 결과가 이런 것이란 말인가? 갑자기 해머로 머리를 맞은 듯 머릿속에 아무런 생각이 없었다. 몇 달 동안 검찰 쪽에서 준비한 것이 이거란 말인가? 검찰 조사를 받는 내내 편파수사에 일방적으로 당했다는 생각만 들었다.

  잘 마시지도 못하는 술을 단숨에 들이켜고는 한숨 섞인 호흡을 하며 깊게 숨을 멈췄다 다시 내쉬었다 하기를 반복했다. 어떻게 대처해야 할지 걱정이 앞섰지만 정신을 차려야 한다는 생각이 들었다. 누군가 옆에 앉아 나의 억울한 하소연을 들어 주기 원했지만 혼자였다. 마음이 찢어질 듯 억울함이 복받쳐 오르며 직장 동료 그리고 가족들의 얼굴이 머릿속에서 스쳐 지나갔다. 지금의 상황을 어떻게 풀어 나가야 할지 고민을 하다 보니 술을 마셔도 취하지가 않았다. 마음이 답답해지고 머리가 혼란스러워졌다. 넥타이를 풀어 헤치며 자리에서 일어나 술집을 빠져나왔다. 더는 안 되겠다 싶어 술기운에 무작정 택시를 타고 택시기사가 근무하는 방향을 잡았다. 밤하늘의 별빛은 나를 조롱하 듯 더욱 반짝거렸고, 모든 것이 부정적으로 보였다.

5. 택시기사

 자정이 넘어 택시 뒷자리에 탄 채 창밖으로 보이는 검은 물결의 한강을 바라보며 만감이 교차했다. 먼저 조사를 받고 왔던 최 선배 전화통화의 답답함과 억울함 그리고 "한강에 뛰어들고 싶었다."는 말이 귓가에 떠나지가 않았다. 그 감정이 바로 이런 감정이었으리라 생각된다. 앞으로의 진행될 사건, 검찰, 렌터카 사장, 경찰 직장 문제 등 여러 가지 문제들로 생각을 하다 보니 머리가 너무 아파왔다. 택시기사에게 가는 길에 10여 통이 넘게 전화를 했지만 "지금은 전화를 받을 수——" 안내 멘트만 나왔다. 눈을 지긋이 감고 있다 보니 "다 왔습니다."라는 기사 아저씨의 말을 듣고 정신을 차렸다.

 ○○교통(주) 앞에 내려 주위를 살폈다. 교대시간인 듯 사람들이 왔다갔다 웅성거렸다. 그리고 나의 유일한 목적은 사건 당사자인 택시기사를 찾는 것이었다. 검찰청을 나와 잘 마시지도 못한 술을 마

셨더니 몸에 기운이 빠졌다. 벽에 기대어 얼굴을 찡그리며 한 참 동안 안을 쳐다보고 있다 보니 사건 당사자인 택시기사와 나의 눈이 마주쳤다. "저기요?" 소리치는 나를 보고 큰 죄를 지은 사람처럼 택시기사는 줄행랑 취듯 도망가는 것이 아닌가?

그리고 배차를 받았는지 택시기사는 차를 몰고 정문을 빠져 나갔다. "잠깐만요?" 소리쳤지만 나에게 오는 것은 흑 먼지와 자동차 매연 뿐 이였다. 핸드폰을 다시 눌렀다. 그러나 역시 받지는 않았다. "에이 씹팔!" 나도 모르게 욕이 터져 나왔다.

이대로 물러 설수는 없었다. 검찰에서 어떻게 진술했는지 듣고 싶었으며, 한 번만 도와달라고 맨 땅에 무릎이라도 끓고 싶었다. 택시회사 앞에서 시멘트 바닥에 걸 터 앉아 술기운에 새벽이슬을 맞으며 기사 아저씨를 기다렸다. 그렇게 앉아 있는 모습이 꼭 집을 나온 사람처럼 느껴졌다. 그리고 얼마나 시간이 지났는지 모른다. 멀리서 동이 트는 햇살이 비추고 있었다. 술기운에 날을 꼬박 세었더니 잠이 쏟아져 내렸다. 택시기사가 근무를 마치고 들어갔는지 아무리 찾아봐도 보이지 않았다.

어떻게 해야 할지 내 자신도 나를 모르는 순간이었다. 실타래가 어디서부터 꼬였는지 찾을 수가 없었다. 내리쬐는 햇살을 받으며 눈시울만 찡그렸다. 그리고 집 쪽으로 그냥 무작정 걸었다. 인생 포기한 사람처럼 말이다.

6. 의혹

　야간 근무를 나가야 하는데 잠이 오지 않아 출근 시간보다 일찍 사무실로 향했다. 출근하니 최 선배도 나와 있었다. 나도 그렇고, 최 선배도 수심이 가득 한 얼굴이 그리 좋아 보이지 않았다. 최 선배와 사건 이야기를 주고받는 내내 한숨을 내쉬었다. 힘들겠지만 이 상황에 대해 받아들이기로 하고 조금씩 노력하자고 했음에도 불구하고 그리 쉽지가 않았다. 하루하루를 어떻게 보냈는지 모른다. 업무를 마치고 집으로 들어가는 도중 전화기 전원을 끄고 푹 자고 싶었다. 자는 그 순간만큼은 모든 것을 잊고 그 어느 누구에게도 간섭을 받지 않고 편하게 자고 싶었다. 잠을 자다 갑자기 눈을 떠 천장을 올려다보았다. 억울함과 울화로 매번 잠이 오지 않았다. 생각하면 거의 잠을 자지 않은 것 같다. 여러 가지 생각들이 머릿속에 맴돌아 잠을 이룰 수가 없었다.

　일이 잘못된다면 어떻게 하나 걱정이 앞섰다. 안 되겠다 싶어 택시기사를 다시 찾아가기로 마음먹었다. 집에서 나와 택시를 타고 택시회사가 있는 ○○구 쪽으로 가자고 했다. 사건 당일부터 현재까지 택시기사에게 계속하여 전화와 문자를 했지만 받지도 않고, 응답도 없던 터였다. 택시회사 앞에 도착하여 몇 시간을 기다렸지만 달라진 것은 없었다. 저녁이 되어서야 집으로 발걸음을 돌렸다. 시간이 지나면서 하소연 식으로 "제발 현장에 있었던 진술서 한 장을 부탁드립니다."라는 음성 메시지와 문자를 수없이 보냈고 택시기사를 만나려고 계속해서 찾아갔지만 헛수고였다.

택시기사가 왜 피하는 것인지 이해가 가지 않았다. 새벽이라 공기는 쌀쌀했으나 그를 만나기 위해서 택시회사 정문에서 발을 동동 구르며 기다렸다. 새벽 1시! 멀리서 사건 현장에 있었던 택시기사가 보였다. 나와 눈이 마주쳐 아는 체했지만 일부러 모른 척하고 배차 신청을 내고 그대로 도망가 버리는 것이 아닌가? 참 어이가 없었다. 뒤쫓아 갔지만 택시기사는 급가속 페달을 밟아 흰 연기를 내뿜으며 나의 시야에서 멀리 사라지고 없었다. 바로 택시기사에게 전화를 했지만 전화벨만 울릴 뿐 전화를 받지 않았다. 문자도 남겼지만 끝내 연락이 없었다. 어두운 밤거리 가로등 아래에 우두커니 서 있었다. 길 한편 모퉁이 대리석 계단에 물먹은 솜뭉치로 변한 몸뚱이를 걸터앉은 채 택시기사가 오기만을 기다렸다.

며칠째 계속해서 회사를 찾아가 보았지만 택시기사를 만나지 못했다. 다음 날 또다시 회사를 찾았다. '오늘은 무슨 일이 있어도 꼭 택시기사를 만나 검찰 조사 이야기도 듣고 그날 있었던 진술서 한 장만이라도 받아서 가야 된다.' 여러 가지 생각을 하다 지쳐 나도 모르게 머리를 땅에 처박고 졸고 있었다. 옷과 살갗 사이로 찬 기운이 스며드는 것을 느꼈다. 요 몇 달 동안 깊은 잠을 이루지 못해 나도 모르게 잠시 졸았나 보다. 정신을 차리고 시간을 보니 아침 6시! 두리번두리번 이곳저곳을 살펴봐도 택시기사는 어디에도 보이지를 않았다. 하는 수 없이 사무실이란 간판이 큼직하게 붙어 있는 곳으로 걸어갔다. 사무실 노크를 했으나 아무런 소리가 없어 다시 더 세게 문을 두드리며 문을 열고 안으로 들어섰다. 중년의 남자 한 명이 소파에 앉아 있었다. 서로 눈이 마주쳤다.

"안녕하세요? 저는 ○○경찰서 경찰관입니다."

소파에 앉아 있던 그는 택시회사 과장급 정도의 직책을 맡고 있다고 자신을 소개했다. 마음이 조급한 나는 과장의 말이 채 끝나기 전에 사건에 대한 자초지종(自初至終)을 설명했다. 과장은 내 이야기를 들으면서도 이해가 가지 않는다는 듯한 얼굴 표정을 지었다. 한편으로 '어떻게 그런 일이 발생할 수 있을까?' 하며 의아해했다. 내 말이 끝나자 과장은 사건 당일 택시기사로부터 그 사건에 대해 이야기를 전해 들었다고 했다.

"며칠 후 이 사건으로 택시기사가 검찰청에 가서 조사를 받았는데 검찰 조사를 받던 중 CCTV 화면에 택시기사 본인이 현장에 없었다고 이야기했어요."

"예? 그럴 리가요?"

나의 말을 듣던 과장은 자리에서 일어나며 책상 안쪽 서랍을 열고 흰 봉투를 꺼내 들었다.

"이것은 택시기사가 당시에 쓴 진술서인데, 경찰관님 오시면 주라고 하더군요."

직접 대면하고 주면 좋으련만 택시기사가 원망스러웠다. 편지 봉투를 열어 보니 한 장의 진술서가 들어 있었다. 당시 지구대에서 썼던 내용과 거의 똑같은 진술서였다. 그런데 왜? 검찰에 가서 그렇게 진술했던 것인지 이해가 가지를 않았다. 검사와 사건계장한테 조사를 받으면서 검찰 측에서 내민 또 다른 증거가 있어 당시 상황을 이야기 못 한 것인지? 택시기사의 이야기를 직접 듣지 못한 나로서는 의혹이 짙어지기만 했다. 과장에게 인사를 한 후 택시기사의 진술서 한 장만 달랑 받아 들고 택시회사 정문을 터벅거리며 나섰다. 더 이상의 희망도 없는 것일까? 이런 상황에서 택시기사는 도저히 만나 줄 것 같지 않았다. 내가 모를 무엇인가 있기 때문에 그러는 것 아닌가 싶었다. 택시기사를 믿고 싶어도 의혹만 쌓일 뿐 돌아가는 상황들이 그를 믿기 어렵게 만들었다. 아니 믿기 어려운 사람 같았다. 어떻게 이 상황을 헤쳐 나가야 할지 걱정만 앞섰다.

7. 미안해 여보!

사건에 대한 근심 걱정으로 술 마시는 날이 늘어만 갔다.
"왜 이렇게 늦었어, 어휴 술 냄새 또 누구랑 술을 마셨어?"
아무 말도 하지 않고 작은 방으로 들어가 잠을 청했지만 잠이 오지 않았다. 너무 억울해서 잠이 오지 않았다. 술은 마셨지만 정신은 말짱했다. 창가 왼편에서 뜬 달이 오른쪽으로 기울어져가는 것을 계속 지켜보고 있었다. 몇 시간째 이런 저런 생각을 하며 잠을 청하지 못한 채 뜬눈으로 밤을 지새우고 아침을 맞이했다.

아침 식사를 하기 위해 식탁에 앉으려는데 다리를 붙잡고 웃는 큰 아들과 옆에 선 아내의 얼굴이 눈에 들어오자 한숨이 나왔다.

"여보, 왜 그래? 당신 좋아하는 김칫국 끓였건만 밥을 먹는 둥 마는 둥 성의 없게 밥을 먹으면 어떻게 해. 무슨 일 있어?"

"아니, 너무 술을 많이 먹었나 봐. 속이 안 좋네."
다른 곳으로 말을 돌렸다.
"여보?"
"어, 왜?"
"요즘 자기 좀 이상해. 사무실에 무슨 일 있는 거 아냐? 잠을 잘 자지도 못하고 술만 마시면 잠꼬대를 얼마나 하는지 참!"
"아니, 아무 일 없어."
사건 이야기를 해야 하나? 언제까지 지금 이 상황들을 숨길 수는 없다는 생각이 들었지만 아직은 아내에게 말하고 싶지 않았다.

출근하여 경찰서 워크숍(workshop)에 들어갔다. 만나는 직원들마다 조사 잘 받았는지 걱정스러운 마음을 담아 안부를 물어 왔다. 아무 일도 없을 거라는 위로와 격려의 말을 들었지만 나와 최 선배 얼굴은 핏기 없는 깡마른 상태가 되어 갔다. 퇴근 무렵 동료들이 술 한잔하기를 권했지만 큰아이 감기 때문에 귀가해야 한다며 둘러대고 집으로 향했다.

현관문을 열고 거실로 들어서는데 들리는 아이들 기침 소리에 마음이 아파 왔다. 요 몇 달 동안 사건에 시달리느라 병원도 한번 데려가지 못하고 신경 쓸 겨를도 없었다. 무책임한 부모라는 생각이 들었다. 사건이 돌아가는 상황을 보니 오늘은 아내에게 사건 이야기를 해야겠다는 생각이 들었다. 맨정신에 말을 못 할 것 같아 냉장고에서 맥주병을 꺼내 잔에 가득 따르고 거품 오르는 술을 한번에 들이켰다. 어디서부터 어떻게 이야기를 풀어 나가야 할지 망설여졌다.

"여보 뭔 일 있어? 집에 오자마자 왜 그래?"
또다시 잔에 맥주를 따르는 나를 보고 아내가 물었다.
"잠깐 앉아 봐. 할 말이 있어."
"천천히 마셔. 누가 와?"
선뜻 입이 떨어지지를 않았다.
"무슨 이야기인데 답답해 죽겠네! 빨리 말해."
"알았어, 여보."

호흡을 가다듬고 지금까지 있었던 사건! 그리고 엊그제 검찰 조사까지 모든 이야기를 털어놓았다. 마음 약한 아내는 소리 없는 한숨을 내쉬며 나보다 더 걱정하는 눈빛을 보였다.

"여보, 아무 일 없을 거야."
내 속은 타들어 갔지만 걱정하지 말라며 아내를 안심시키는 말을 건넸다.
"내가 일이 잘못되어도 당신과 우리 아이들은 책임지고 지킬 거야! 우리 가족은 내가 지킬 테니 걱정하지 마. 난 정당하게 공무집행을 했는데 이렇게 일이 잘못되어 가는 것은 무슨 이유가 있을 거야. 걱정하지 마, 여보!"

아내는 금방이라도 쓰러질 것 같은 모습으로 멍하니 벽을 쳐다보았다. 나도 그저 맥주 거품 기포가 하나씩 터져 없어지는 것만 넋 놓고 바라보았다. 태어난 지 몇 개월 되지 않은 둘째 때문에 산후우울증에 걸리는 것은 아닌지 괜한 이야기를 했나 싶은 생각이 들었다.

그때 전화벨이 울렸다. 휴대폰 액정에 '큰시누이'라는 글자가 보였다.

"네…… 형님."

익히 사건에 대해 모든 것을 알고 있었던 누나가 나의 일에 대해 이야기를 하는 것 같았다. 아내는 "네네." 하며 듣기만 했다. 그리고 약속이라도 한 듯 이어서 큰형, 둘째 형, 매형순으로 전화가 왔다. 모두들 걱정하지 말라며 아내를 위로했다. 전화 통화 후 아내는 아무 말이 없었다. '남편이 겪었고 현재도 겪고 있고 앞으로도 겪어야 할 일들이 얼마나 힘들고 외롭고 고통스러웠을까?' 마음 아파하며 아무 말도 못 하고 있는 아내의 그 마음을 읽을 수 있었다. 그렇기 때문에 더욱더 미안했다.

고개를 푹 숙인 채 맥주잔을 가만히 바라보고 있었다. 맥주 거품이 부풀어 올라 톡 하고 터지듯 울음이 터져 나올 것만 같았다. 그냥 죽이 되든 밥이 되든 모든 것을 혼자 가슴 깊숙이 떠안고 갈 걸 괜한 말을 한 것 같아 미안스러웠다. 이야기하지 말걸…… 하는 후회가 몰려왔다.

"미안해, 여보."
"뭐가?"
"그냥 미안해, 여보!"

나의 시선은 허공을 아내의 시선은 바닥으로 향했다. 서로 바라보는 방향은 달랐지만, 다가올 시련에 대한 절망과 두려움이 가득함을 알 수 있었다.

8. 피해자에서 피의자로

몇 달이 지난 후 ○○지방검찰청에서 다시 출석요구를 받고 난 후 밥을 먹어도 소화가 되지 않았다. 이번에는 또 뭘 가지고 조사를 받을지 도무지 종잡을 수가 없었다. 예전에 검사가 말하던 '누군가의 책임'이 귓가에서 떠나지 않았다. 마음이 답답하고 너무 힘들었다. 어려서부터 교회를 다녔지만 절실한 적이 없었는데 이 사건을 계기로 교회에 자주 나가 시간만 되면 기도를 드렸다. 주간은 새벽기도를 했고, 쉬는 날은 비몽사몽 쪽잠을 자고 일어나 기도했다. 한 달에 한 번씩 강남금식기도원을 찾아 기도를 하면서 한 번만 살려 달라고 간절히 하나님께 기도를 드렸다.

'하나님 아버지! 사건에 대해 원망하지 않겠습니다. 감사함으로 이번 기회를 받아들이겠습니다. 이 사건을 헤쳐 나갈 수 있도록 솔로몬의 지혜와 다윗의 용기를 주셨으면 합니다.' 많고 많은 사람 중에 왜 나에게 이런 억울함과 고통을 주셨는지 원망하지는 않았다.

6월 19일 목요일 ○○지방검찰청에 출석하는 날이다. 가만히 생각해 보니 오늘이 결혼 4년 차 결혼기념일이기도 하다. 결혼기념일에 조사를 받는다고 생각하니 기분이 착잡했다. 결혼기념일과 검찰조사가 어떻게 딱 맞아떨어졌는지 씁쓸한 날이다. 지난번에 모두 조사를 받았는데 또 어떤 조사를 받을지 궁금했다. ○○지방검찰청 2층으로 올라기 전 전번처럼 화장실로 들어갔다. 그리고 거울을 보며 '종구야, 힘내라'며 외쳤다. 그리고 나와 검사실 문을 두드렸다. 그리고 여느 때와 같이 사건계장 앞에 앉았다.

"자, 시작합시다."
사건계장의 짧은 명령조 말투로 조사가 시작되었다.
"진술을 거부할 수 있는 권리, 변호인의 참여 등 조력을 받을 권리가 있으며……."

사건계장의 말에 머리카락이 곤두섰다. 참고인 진술조서가 아니라 피의자 신문조사를 받는 것이 아닌가? 조사를 받으면서도 진술을 거부할 수도 있지만 지금 상황에서 CCTV 등 증거자료를 보지 못한 나는 어쩔 수 없는 을의 관계에 놓여 진술을 거부할 수 있는 위치가 아니었다. 조사를 받지 않는다면 나에게 더 불이익이 갈 것이 뻔했다. 칼을 들고 난동을 피운 렌터카 A 사장보다 담당 검사와 사건계장이 더 나쁘다는 생각이 들었다. 왜 이렇게까지 해야 되는 건지 도저히 이해가 가지 않았다. 조사 내용은 전에 받았던 조사와 별반 다를 게 없었다. 지난번 조사받았던 진술조서 내용을 각인시키기라도 하듯 똑같은 내용을 다시 반복하여 조사하였다. 검사와 사건계장은 A 사장의 변호인처럼 또다시 나를 몰아붙였다. 그리고 조사받는 도중 황당한 말을 들었다.

"김종구 씨! 다 좋은데 그렇지만 허위공문서를 작성해서 선량한 시민을 구속시키면 어떻게 합니까?"

청천벽력(靑天霹靂) 같은 말을 듣는 순간 또다시 머릿속에 혼돈이 왔다. 이게 아닌데…… 하면서 아무것도 생각이 나질 않았다. 머리가 하얗게 변해 가는 것 같았다. 나는 너무 황당한 나머지 검사의 말을 받아쳤다.

"무슨 소리를 하는 겁니까? 허위공문서 작성이라뇨?"
사건계장과 검사는 더 어이가 없다는 듯 빈정거리며 나를 쳐다보고 웃었다.

"택시기사가 저번에 진술을 하고 갔을 때 무릎 꿇고 싹싹 빌고 갔어!"
사건계장의 반말과 빈정거림이 이어졌다.
"택시기사는 사무실 밖으로 나가 현장에 없었는데 진술서를 김종구 씨가 불러 줘서 작성했다고 다 불고 갔다고!"

사건계장은 이제 반말을 하며 먹잇감을 가지고 노는 맹수처럼 여유롭게 웃으며 잡아당겼다, 놓았다 몇 번 같은 수법으로 수사를 하더니 강압적으로 나를 몰아붙였다. 현행범체포서, 수사보고서, 112 신고현장 출동보고서 등을 허위로 작성했다는 말도 안 되는 소리를 들으면서 갑자기 택시기사에 대한 원망으로 가득 찬 내 마음은 안정을 찾을 수가 없었다. 이 사람이 조사를 받으면서 어떤 이야기를 했기에 사건계장이 이런 이야기를 하는 걸까? 나에게 현장에서 진술했던 내용과 택시회사에서 받은 진술서의 내용과 정반대의 이야기를 검찰에 와서 이야기한 것 같았다. 택시기사의 진술서는 모두가 거짓 진술이었단 말인가?

"그럼 렌터카 사장은 뭐라고 하던가요?"
다급한 마음에 쏘아 대듯 질문을 했다.
"A 사장은 경찰관들에게 욕 한마디 하지 않고 존댓말만 썼으며, 자기 말을 들어 주지 않아 자해하려고 칼을 들고 나왔는데 출동 경찰관이 수갑을 채웠다고 진술했거든요! 자해하려는 사람을 수갑 채워 왜 구속을 시켰습니까?"

말을 듣고 있던 나는 할 말을 잃었다. 아니, 어이가 없어 말이 나오지를 않았다. 사건 현장 출동 나갈 때면 항상 녹음기를 지참하고 갔다. 렌터카 사장의 욕설과 칼로 위협하는 현장에서 근무복과 경찰조끼에서 녹음기를 찾아 봤지만 만져지지가 않았다. 그날따라 녹음기를 사물함에 놓고 온 것이다. 그날 녹음기만 지참하고 갔어도 '오늘같이 조사받는 일이 벌어지지 않았을 텐데' 후회가 갑자기 밀려왔다. 지금으로서는 나의 진술 밖에 반박할 증거가 없으며, 저들이 짜 놓은 각본에 마냥 끌려가고 있었다.

"자해요? 무슨 자해요? 그리고 무슨 말을 안 들어 줍니까?"
여기서 흥분하면 안 된다. 화가 났지만 마음을 추스르며 입술을 앙다물었다.
"현장에서 신고 내용을 말하라고 계속해서 이야기했고, 사장은 욕설과 폭언을 행사하며 나중에 스스로 흥분하여 칼로 경찰관을 위협하는 상황이었는데 무슨 말을 안 들어 줍니까?"
"현장에 CCTV가 있는 줄 알고 있었습니까?"
"몰랐습니다."
"CCTV가 설치되어 있는데 영상을 보면 경찰관들이 칼을 들고나온 렌터카 사장을 보고 웃고 있었으며, 위협을 못 느낀 것처럼 보이던데요?"
"출동 나간 건 접니다. 위협을 느끼고 안 느끼고를 판단하는 것은 출동 경찰관이 판단하는 것이지, 왜 여기서 그것을 판단하는 겁니까?"

나 또한 갈 때까지 간 기분이었다. 흥분하면 안 되지만 마음은 걷잡을 수 없이 흔들렸다. 완전 막가자는 분위기로 이런저런 이야기를 해도 나의 이야기는 묵살되고 있었다. 그리고 두 사람은 대놓고 A 사장을 옹호하고 편들기 시작했다. 둘은 사장의 변호인처럼 보였다. 그렇지 않고서야 이렇게 조사할 리가 없었다. 나의 주장을 굽히지 않고 항변하며 열변을 토했지만 담당검사와 사건계장은 짜여진 각본대로 수사를 하고 있다는 생각이 들었다.

"이거 하나 더 질문해 주세요."

내실에 들어간 검사는 중간중간 짤막하게 사건계장에게 지시했다. 자신들은 완벽한 수사를 하는 것 같았겠지만 내가 보기에는 어이없고 부질없는 조사에 불과하다는 생각만 들었다. 법률전문가라고 자칭하는 저들에게 비웃고 싶은 마음 뿐 이였다. 정당하게 공무집행을 한 경찰관을 도리어 누명을 씌우려 하고 있으니 억울하고 분통이 터졌다.

시간이 지나 나중에 안 사실이지만 렌터카 사장은 당시 현장 CCTV 자료 중 음성 파일을 삭제한 후 영상 자료만 증거로 제출했다.

사건계장과 잠깐 쉬는 시간을 가졌다. 담배 연기를 내뿜으며 사건계장은 옆에 있던 나에게 '진실이 따로 있다'는 말을 슬며시 꺼냈다. CCTV 영상을 볼 수 없었던 상황에서 사건계장의 어투는 나 스스로를 의심하게 만들었다. 무슨 진실이 따로 있단 말인가? 길고 긴 시간 동안 조사를 받았지만 반복되는 질문에 같은 대답의 연속이었다.

'허위공문서를 작성하여 사건을 처리한 것을 이실직고하고 용서를 빌라!'는 식으로 말을 하는 것 같았다. 서로 밀고 당기며 한 치도 물러설 수 없는 상황에 놓였다. 지금까지 전개 과정을 보니 내가 잘못한 것으로 잘 짜여진 한 편의 시나리오처럼 사건이 만들어지는 기분이 들었다. 대한민국 민주주의 국가에서 어떻게 이런 일이 일어날 수 있는지 최 선배가 했던 말들이 떠오르며 한숨만 나왔다.

또다시 조사가 이어졌다. 중간에 택시기사에게 진술서를 내가 불러 준 대로 작성했다면 택시기사, A 사장, 나, 삼자대면 대질조사와 CCTV 녹화 영상을 보여 줄 것을 강력하게 요구했다. 하지만 앞에 앉은 사건계장은 태연히 웃으면서 안 된다는 식으로 오른손을 들어 손사래를 쳤다. 옆에 있던 검사는 기소하면 법정에서 보라며 CCTV 녹화 영상 열람을 가로막았다. CCTV를 보지 못한 나에게 CCTV 정황을 들고나오니 대답할 말이 없었다. 내가 자기들이 원하는 대로 순순히 진술을 하지 않더라도 요구하는 것은 다 들어줘야 하는 것 아닌가? 실체적 진실을 밝혀내기 위해 수사하는 사람으로서 기본적인 도리 아닌가 싶다. 경찰관인 나도 이렇게 조사를 받는데 일반 시민들이 조사를 받는다면 더 치욕과 강압적인 분위기를 만들어 가며 조사를 했을 것이 뻔하다. 이렇게 조사를 받는다면 죄 없는 사람도 죄지

은 사람으로 바뀔 것이며, 일반 사람은 아예 말도 꺼내지도 못하게
했을 것이다.

 조사를 하더라도 객관적 입장에서 공정하고 방어권이 보장되는
조사를 하여야 함에도 이런 상황은 영 아닌 듯싶었다. 저들이 무슨
꿍꿍이속이 있는지 모르겠지만 나에게 엄청나게 불리하게 돌아가는
상황임을 직감 할 수 있었다.

 '허위공문서 작성으로 인한 선량한 시민의 구속, 누군가의 책임'이
란 검사의 말이 귓가에서 떠나지 않았다.

 '아니다. 뭔가 잘못되었다.' 속으로 외쳐 댔지만, 검사와 사건계장
의 '거짓말하지 마라'라는 소리가 귓가를 맴돌 뿐이었다.

 칼을 든 사장과 최 선배가 얼마나 떨어져 있었는지, 사장의 칼이
어느 정도 위협적이었는지, 택시기사에게 진술서의 내용을 불러 주
며 진술서를 작성하게 했는지 등의 질문이 이어졌다. 렌터카 사장이
자해를 주장하며 사장은 경찰관을 향해 칼로 위협하지 않았고, 욕설
도 하지 않았으며, 출동경찰관에게 존댓말만 했다는 사건계장의 질
문에 어이가 없었다.

 황당한 조사를 받고 있던 나는 칼을 들고 위협한 자체가 중범죄라

고 주장했지만, 질문 같지 않은 질문은 계속되었고, 검사와 사건계장은 오히려 어이가 없다는 듯한 표정을 지었다. 저들이 과연 무엇을 믿고 날 이렇게 조사를 하는 걸까? 조사받는 내내 지난번 조사받은 것과 같은 내용의 대답을 했다. 계속되는 조사를 받으면서 또다시 검사와 논쟁이 오갔다. 나를 쳐다보던 담당 검사는 입을 다물고 무언가를 생각하고 있다가 참았다는 듯 한마디 내뱉었다.

"김종구 씨는 아직까지 돌아가는 판을 모르는 것 같아요."
담당검사의 말을 들었지만 귀에 들어오지 않았다. 아예 듣고 싶지도 않았다.

A 사장과 택시기사의 대질조사도 거부당하고 CCTV를 보여 주지 않는 것은 나에게 정말 잘못이 있는 것은 아닌지 나 스스로를 또다시 의심하게 만들었다. 조사가 끝날 무렵 마지막으로 사건계장이 나에게 더 할 말이 있는지 물었다.

나는 억울함을 호소하며 거침없이 신문조서 말미를 써 내려갔다. 소리를 질러 대응해도 의미 없는 저들과의 싸움 대신 펜을 또박또박 눌러쓰고 나니 마음이 후련했다. 서류에 도장을 간인하고 검찰청을 나오니 저녁이 되었다. 밤거리를 실성한 사람처럼 하염없이 걸었다. 내가 처해 있는 상황과 현실에 대해 욕밖에 나오지를 않았다. 무작정 선술집으로 들어갔다. 창밖에 비치는 네온사인을 바라보며 내가 왜 이런 일을 겪어야 하는지 한탄하면서 소주잔으로 한두 잔 마시다가 소주병을 잡고 나발을 불었다.

택시를 타고 집에 거의 왔을 때쯤 취기가 올랐다. 비틀비틀 힘겨운 발걸음을 옮겨 집 앞에 다다르자 잊고 있었던 결혼기념일이 갑자기 생각났다. 조사받는다고 신경 쓰다 보니 결혼기념일을 까마득히 잊어버렸다.

'아! 이러면 안 되는데 사건 때문에 결혼기념일을 깜박하다니 난 정말 나쁜 남편인가 보다.'

결혼한 지 4년이 다 되어 가는데 결혼기념일 날 검찰 조사에 분노하고 괴로워하며 소주잔을 기울인 나 자신이 용서가 되지 않았다. 나발 분 소주 때문에 헛구역질이 났다. 아무도 없는 적막한 놀이터에서 마냥 소리를 질러 댔다.

9. 눈물의 순댓국 그리고 어머니

검찰 조사를 받고 온 후 며칠이 지났다. 6개월도 채 안 된 둘째 아이가 요사이 더 말라 보이는 것이 눈에 밟혔다.

"여보, 둘째가 더 마른 것 같아?"
"사건 때문에 옆에 있는 나도 스트레스를 받다 보니 젖이 줄어 모유 수유를 할 수가 없네."

나 때문에 어린 핏덩어리에게까지 영향을 미치고 있다고 생각하니 마음 한구석이 찡하게 아려 왔다. 아내에게 뭐라고 해야 할지, 어떻게 마음을 달래 줘야 할지 말을 잇지 못했다. 언제까지 이 상황이 지속될지 깜깜한 밤하늘을 쳐다보며 한숨만 내쉬었다.

다음 날 출근을 해서 직장 선배에게 둘째의 모유 수유 문제를 이야기했다.

"순댓국을 먹으면 젖이 잘 나올 거야."
"네?"
"예전에 누군가한테 들었거든 한번 순댓국을 먹어 봐."

그 이야기를 듣고 집 근처에 있는 순댓국집을 찾아 순댓국을 질리도록 먹었다. 둘째를 생각해서 억지로라도 먹어야 했다. 하루는 둘째를 안고 있는 아내를 보다가 목이 메어 순댓국이 넘어가지를 않았다.

"왜 안 먹어, 여보?"
"어, 그냥 밥이 넘어가지를 않네."
"그래도 먹어야지."
"어."

몇 개월 되지 않은 둘째가 모유 수유를 제대로 받지 못하고 있다고 생각하니 자꾸 눈물이 나올 것만 같아 더 이상 숟가락을 들 수가 없었다. 힘없는 대답을 하고는 창밖을 보다가 눈시울이 붉어지며 눈물이 곧 쏟아지려고 하였다. 가장으로서, 남편으로서, 아버지로서 약한 모습을 보이기 싫어 눈에 힘을 주며 더 크게 떴다.

"여보, 뭐해? 밥 안 먹고 무슨 생각을 해?"

"어, 아무 생각도 안 해. 배가 불러서……."

그렇게 딴청을 하면서도 머릿속에서는 '내가 정말 잘못됐을 때는 어떻게 될 것인가?', '구치소에 들어가는 것 아닌가?', '가만히 이렇게 당하고만 있을 수는 없는 일 아닌가?' 그러다가 문득 '이래서 사람이 죽을 수도, 누군가를 죽일 수도 있겠구나!' 하는 생각이 들었다. 칼을 들었던 사람보다 담당검사와 사건계장이 나쁘고 더 미웠다. 원한으로 우발적 살인을 저지른 사람들의 마음을 조금이나마 이해할 수 있을 것 같았다.

며칠 후 병원 진료 차 시골에서 어머니가 올라오셨다. 고질병으로 허리가 아프셔서 청량리 근처 한의원에서 침과 물리치료를 받았다. 침이 효과가 있는지 편하게 웃으시는 얼굴에 나 또한 마음이 편해졌다. 내가 처한 상황을 모르고 계시는 어머니께 사건에 대해 말씀을 드릴까 말까 하다 참았다.

"종구야, 힘든 일 있냐? 너 요즘 왜 이리 힘이 없어 보이냐? 안색이 좋지 않아."

어머니 말에 너무 힘들어 그냥 사건에 대해 모든 사실을 이야기하고 싶었다.

"엄마! 나, 정말 힘들어! 너무 힘들어서 미쳐 버릴 것 같아!" 입에서 곧 말이 나올 것 같았지만 이내 고개를 저었다.

"그냥 업무가 피곤해서 그래요."

괜한 걱정거리를 만들어 드리고 싶지는 않았다. 사건 이야기를 하면 큰 걱정거리로 하루하루를 사실 것이다. 사건이 마무리될 때까지 부모님께 말을 하지 않기로 했다.

"뭔 일 있는 것은 아니지?"
"엄마! 나처럼 열심히 일하는 사람이 일은 뭔 일 있겠어?" 마냥 천진난만하게 억지웃음을 지으려니 힘이 들었다.
"힘든 것 있음 말해 봐라!"
어머니는 또다시 뭔가를 알고 있다는 듯 미소 지으시며 다정하게 말했다.
"아뇨, 없어요. 아들 직장 생활 잘하고 있는데 뭔 힘든 일."
"돈 때문에 그러냐? 휴." 어머니는 긴 한숨을 토해 냈다.
"전에는 시골에 자주 내려와 애들도 자주 봤는데, 요즘은 통 내려오지 않아 네 아버지도 서운해하셔. 없는 형편에 도와주지도 못하고 미안하다."
"돈 때문에 그런 거 아냐!"
"그럼?"
"그냥 피곤해서 그래."

더 이상 말을 하면 모든 것을 속 시원히 다 털어놓을 것만 같았다. 대화 주제를 다른 방향으로 돌렸다. 어머니께 주무시고 가라고 말했지만, 아버지의 저녁 식사를 챙겨야 하기 때문에 내려간다고 하신다. 터미널에서 표를 끊어 드리고 고속버스 좌석에 앉은 어머니가 떠나는 것을 보며 버스 꽁무니가 보이지 않을 때까지 바라보다 집으로 돌아왔다.

집으로 돌아오는 내내 마음이 영 좋지가 않았다.
'시골에 자주 찾아뵙지 못하는 죄송스러움! 앞날이 어떻게 될지 모르는 두려움! 마음이 약해져 버릴 것 같은 나약함!' 등 나 스스로에 대한 원망이 밀려들었다. 풍족하지 못한 효도 길은 자주 찾아뵙자는 진리를 항상 가지고 있었는데 몇 달 동안 사건 때문에 찾아 뵙지를 못해 죄송스럽고 미안할 뿐이었다.

10. 유전무죄 무전유죄

　변호사를 선임해야 하는지 말아야 하는지를 놓고 고민에 고민을 거듭한 끝에 ○○지방검찰청 앞에 늘어선 변호사 사무실을 찾아 나섰다. 처음 당하는 일이라 어느 곳을 가야 될지 길 한가운데 서서 망설였다. 멍하니 한참을 서 있다가 정면에 보이는 변호사 사무실을 택했다. 사무실 문을 열고 들어서니 사무장이 자리에 앉아 있었다. 사무장은 변호사 약력에 대해 자세하게 소개했다. K라는 변호사는 ○○지방검찰청에서 명예퇴직을 하고 웬만한 사건은 다 처리한다고 말하며 회심의 미소를 지었다. 그리고 Q라는 변호사는 검찰 출신이 아닌 사법고시 합격으로 변호사 직업을 택했다고 하였다.

　사무장과 이야기를 끝낸 후 K, Q 변호사 두 분과 책상 앞에 마주 앉았다. 30여 분 넘게 대화가 오갔다. 쟁점은 사장이 칼로 위협한 부분이 아니라 CCTV에 초점이 맞춰져 있었기에 내심 기분은 좋지가 않았다. 두 변호사는 최선을 다하겠다는 의지를 표명하며, 변호사 선임 비용에 대해 한 사람당 500만 원으로 정했다. 두 분 변호사와 이야기가 끝난 후 사무장은 변호사 선임 비용을 다음 날 오전까지 납부해 줄 것을 요구했다. 변호사 선임비가 사건에 비해 너무 비싸다는 생각과 왜 내가 굳이 변호사를 선임해야 하는지 이해가 가지 않았다. 밖으로 나와 다른 변호사 사무실을 찾으러 나섰으나 알고 있는 변호사가 아무도 없었다.

검찰청에서 가장 멀리 떨어진 다른 변호사 사무실을 가 보기로 했다. 몇 분을 걷다가 눈에 들어온 2층 변호사 사무실로 무작정 올라갔다. 문을 열고 들어서자 나를 맞이한 사무장은 이 사건 전후에 대해 이야기를 듣고 사건에 대해 다 알고 있는 듯 말을 했다. 변호사 선임 비용으로 각각 700만 원을 요구하는 소리를 듣고 밖으로 나왔다. 우리가 사람이 아닌 돈으로 보이는 것 같았다. 이 바닥이 다 이러니 어느 변호사 사무실을 가든 다 똑같다는 생각이 들었다. 며칠 동안 여러 변호사 사무실을 알아봤지만, 경찰 말을 믿기 어렵다는 듯 똑같은 이야기를 했다.

하는 수 없이 처음 갔던 변호사 사무실을 다시 찾았다. 사무실 안에서 K, Q 두 변호사 앞에 마주 앉아 최 선배와 난 차를 한 모금 마셨다. 한참 후 K 변호사가 이 사건에 대해 벌써 ○○지방검찰청에 알아봤다며 이야기를 꺼냈다.

"담당 검사가 CCTV를 주지 않아 CCTV를 볼 수가 없으니 다른 방법이 없지 않나?"

○○지방검찰청에서 퇴직했으니 담당 검사와 선후배 사이로 서로 알 것으로 생각되었다. 무작정 나이 드신 K 변호사에게 CCTV를 보고 싶다고 말했다. 침묵이 흘렀고 어떻게 처리해야 할지 두 분은 고심하는 것 같았다. 몇 분이 지났지만 쉽사리 답을 하지 못했다. 변호사 사무실을 나와 K 변호사를 선임해야 되는지 말아야 되는지 고민이 되었다.

다음 날 아침부터 변호사 사무실 사무장에게 전화가 왔다. 꼭 빚을 독촉하는 사람처럼 변호사 선임을 할 건지 말 건지 甲에 선 입장에서 통화를 했다. 사무장의 일방적인 통화에 아무 말도 하지 못했다. 은행에 대출을 신청해도 심사 등 3~4일은 족히 걸릴 것이다. 형님과 누나들께 변호사 비용을 대출받을 동안 돈을 빌려 달라고 부탁했다. 모두들 흔쾌히 대답을 했고 그렇게 빌린 돈을 가지고 오후에 변호사 선임 계약을 하기로 마음먹었다. 지푸라기라도 잡아야겠다는 생각! 그리고 선택의 여지가 없다는 것을 알고 최 선배와 각각 500만 원씩 도합 1,000만 원을 들고 다시 변호사 사무실을 찾았다.

각각 500만 원씩 1천만 원의 변호사 선임 비용을 지불한 후 변호사 선임계를 작성하고 도장을 찍었다. 변호사 비용이 아까웠지만 어쩔 수 없는 현실이었다. 사무장은 도장을 힘껏 눌러 찍으면서 한 건 했다는 듯 회심의 미소로 우리를 바라보았다. 아침에 통화할 때 소리 지르던 사무장의 모습은 전혀 찾아볼 수 없었다. 그저 풍랑이 몰아친 후 잔잔하게 너울거리는 물결 같은 얼굴로 굶주린 늑대에서 순한 양으로 변해 있었다. 정말 이렇게까지 해야 되는지 나 자신이 원망스러웠다. 변호사 사무실을 나왔지만 잘하고 있는 건지 판단이 서지를 않았다. 지금의 이 상황을 도저히 이해할 수가 없었다. 정당한 공무수행의 결과가 이런 것인가? 이런 식이라면 과연 사건을 제대로 처리할 경찰이 몇 명이나 있을 것인지 하늘을 보며 혼자 외쳤다. 모든 것이 너무하다는 생각이 들었다. 그냥 난 피해자라는 단어만 머리에 맴돌았다. 피해자!

11. 시련

변호사 선임 후 며칠이 지나 사무실로 나오라는 연락을 사무장으로부터 받았다. 좋은 소식을 기대하고 최 선배에게 연락한 후 함께 택시를 타고 변호사 사무실로 갔다. 사무실에 들어서며 사무장의 얼굴 표정을 보니 그리 좋은 소식은 없는 듯했다. 그리고 변호사가 뒤따라 들어왔다. 내어 준 커피잔을 앞에 두고 김이 모락모락 피어오르는 것을 멍하니 바라보고 있었다. 가만히 지켜보던 변호사가 먼저 말문을 열었다.

"허위공문서작성죄 하나로 가는 게 어떻겠습니까?"
"네? 아니 허위공문서작성죄라뇨? 그리고 제가 정당한 공무집행을 했는데, 왜 이런 처벌을 받아야 합니까?"

흥분하며 언성을 높였다. 변호사는 흥분한 우리를 진정시키며 차분히 이야기를 이어 나갔다.

"검찰 쪽에서도 CCTV도 보여 주지 않고, 뭔가 있으니 이렇게 나오는 것 아닙니까? 허위공문서작성죄는 벌금형이라 직업을 유지할 수 있습니다."

변호사는 우리를 설득했다. 그러나 최 선배와 난 이런 법은 없다고 단호하게 거절했다. 최선을 다해 줄 것을 다시 한번 간절히 부탁드렸다.

화가 오를 대로 올라 참지 못하고 말을 했지만 지금의 상황에서 누군가를 의지할 사람도 없었다. 겉으로는 강한 척 세게 나갔지만, 마음만은 약해질 대로 약해져 있었고, 몸은 지쳐 있었다. 잠시 정적이 흐르고 변호사는 우리가 사건에 대하여 수긍할 수 없음을 알고 고개를 끄덕였다. 짜증도 나고 어떻게 해야 할지 모를 막막함과 두려움이 휘몰아쳤다. 사건 처리가 빨리 진행됐으면 좋으련만 도움을 받는 데에도 한계가 있음을 알았다. 택시기사와 변호사 선임 등 문제로 신경을 쓰며 지내고 있는 사이 담당 검사가 렌터카 사장에 대하여 불기소처분 한 내용을 받아 볼 수가 있었다.

담당 검사는 특수공무집행방해죄에 대해 '증거불충분', 업무방해에 대해 '기소유예' 처분을 했다. 칼을 든 자체로 특수공무집행방해죄가 성립됨에도 불구하고, 렌터카 사장이 칼을 휘둘렀다는 것을 인정할 자료가 없다는 이유로 '증거 불충분 혐의 없음'[3]으로 불기소처

---

3 검사의 불기소처분 "2008 형조 ○○○○호"

분을 하였다.

아! 정말 우리나라 대한민국 썩어도 너무 썩었다는 생각이 들었다. 출동 경찰관에게 온갖 폭언과 욕설을 하고, 칼로 위협까지 한 행동은 삼척동자라도 용서받지 못할 범죄행위라는 것을 알 수 있는데, 특수공무집행방해죄를 어떻게 이렇게 처리한단 말인가? 도대체 검사는 무슨 근거로 특수공무집행방해죄에 대해 불기소처분(증거불충분)을 내렸을까? 이렇게까지 장난을 칠 수 있을까? 검사의 무소불위 권력이 이렇게 대단하단 말인가? 담당 검사도 검사이기 이전에 대한민국 국민의 한 사람으로 대한민국 법을 따라야 함이 마땅하지 않는가? 나도 모르게 욕지거리를 하며 혼자 중얼거리고 있었다. 이러다 실성한 사람이 되어 가는 것은 아닌지 이런저런 생각들이 머리를 더욱 복잡하고 혼란스럽게 만들었다.

며칠이 지나 불기소처분[4]을 받은 A 사장은 자기 집으로 전화하듯 지구대에 전화를 해 대기 시작했다. 직접 통화는 안 했지만 직원들에게 통화 내용을 전해 들을 수 있었다. 며칠 시간을 줄 테니 김종구 씨가 나에게 와서 무릎 꿇고 빈다면 봐주겠다. 만약 그렇게 하지 않는다면 언론에 보도하겠다며 엄포를 놓았다고. 또한 며칠간 구속되었다가 풀려난 사장은 경찰한테 칼은 들었지만 검사가 무죄로 해 줬

---

4 사건이 죄가 되지 않거나 범죄의 증명이 없을 때 또는 공소의 요건을 갖추지 못했을 때 검사가 피의자를 기소하지 않는 처분

기 때문에 아무 잘못이 없다며 억울함을 호소했다는 이야기를 종업원으로부터 전해 들었다. 그리고 사장은 관내에 자기가 무죄임을 외치고 다녔다.

그리고 출근 할 때마다 직원들은 렌터카 사장에게 찾아가 보라고 말을 했다. 처음에는 그냥 넘어갔지만 계속해서 들으니 정말 짜증이 났다. '경찰 직업을 그만두고 농사를 짓든 길거리에서 폐지를 주어 하루하루 끼니를 때우는 한이 있더라도 그렇게는 못 하겠다!'라고 마음을 다졌다. 며칠 지난 후 모 방송사 기자가 정말 지구대로 찾아왔다. 사건에 대해 기자를 피할 이유가 없어 소신 있게 당당하게 인터뷰에 응했다. A 사장이 그냥 겁을 주려고 했던 것이 아니구나! 양심 있는 사람이라면 절대 그러지는 못 할 것이지만 기어코 A 사장이 기자를 시켜 언론 보도를 하겠다는 것에 사람이 무섭다는 생각이 들었다.

하루가 지났다. 이곳저곳에서 전화가 빗발쳤다. 사건과 관련하여 8시 뉴스에 나왔다는 것이었다. 뉴스를 보기 싫었지만 그래도 봐야 했다. 내 사건이니 대처를 해야 할 것 같았다. 인터넷을 켜고 뉴스 방송을 시청했다. 뉴스를 보고 있는 동안 온몸에 소름이 돋았다. 언론 보도는 99% 모두가 사장 편에 서서 기사화되어 있었고, 경찰은 모든 것이 잘못된 사건 처리로 나왔다. 주위의 상황은 마녀사냥을 하듯 흘러가고 있었다. 모든 게 부정적인 시선으로 보였다. 이렇게 사람이 미쳐가는 구나.

뉴스를 시청한 지인들이 "용기를 잃지 말고 힘내라!"라며 격려 전화와 문자를 보내 왔다. 나를 아껴 주는 직원들이 있기에 조금이나마 힘이 나는 것 같았다. '폭언과 욕설, 경찰관을 칼로 위협한 것이 사실인데 일이 잘 풀리지 않아도 떳떳하게 살자! 경찰직을 그만둔다면 시골 가서 조용히 농사를 지어야겠다. 비굴하게 살지 말고 강하게 살아남자!'라며 굳은 결심을 했다.

'어떻게 인간의 탈을 쓰고 저럴 수 있단 말인가? 어떻게 이 어려운 고비를 헤쳐 나간단 말인가?'

언제쯤 이 억울한 고통의 시련이 끝날지 아직 시작도 하지 않았는데 벌써부터 지쳐 가는 느낌이 들었다. 상대는 무소불위 권력인 '대한민국 검사'다. 게다가 언론 보도까지…… 머리가 아파 왔다.

12. 좋은 일 vs 나쁜 일

살아도 사는 것이 아닌 것 같았다. 몸은 지치고 스트레스까지 쌓여 쇠락해 갔지만 그래도 시간은 흘러갔다. 억지로 밥을 먹고 산에 가서 운동을 하면서, 아직까지 체력이 바닥나지 않아서 다행이라는 생각이 들었다. 최 선배와 나는 사건 스트레스 때문에 서로 아무 말도 못 하고 그냥 멍하니 쳐다보고 있었다. 112 신고 출동을 나가도 다른 사건에 또다시 휘말리는 것은 아닌지 걱정부터 앞섰다. 술을 잘 하지도 못하는 내가 사건 이후 술에 의지해 지내다 보니 알코올 중독자가 되는 것은 아닌지 걱정이 들기도 했다.

그러던 중 경찰 모임인 '폴네띠앙(Polnetian)'[5] 회장에게서 전화가 왔

---

[5] 현) 경감 김학무. 모임의 목적은 회원들 간의 화합을 기반으로 지식과 정보를 공유하고 결집시켜 시민과 경찰관들이 함께 살맛 나고 일할 맛 나는 세상, 좋은 경찰 만들기를 그 목적하고 있다.

다. 처음 들어 보는 모임이었고, ○○경찰서 상황실에 근무한다는 회장과 간단한 인사를 나눴다. "○○ 사건을 접하고 너무 억울한 사건으로 도와주고 싶다."라고 말했다. 자세한 이야기는 가까운 시일 내에 만나 이야기하기로 하고 전화를 끊었다.

며칠 후 폴네띠앙 회장을 만나기 위해 택시를 타고 ○○경찰서를 찾아갔다. 정문을 지나 2층 상황실 앞에 서서 노크를 했다. 문을 열고 들어서자 폴네띠앙 회장은 반갑게 나를 맞아 주었다. 따뜻한 악수만으로도 마음의 위안이 되는 느낌이 들었다. 서로 인사를 나누며 차를 마셨다. 한숨을 돌린 뒤 지금까지의 사건 내용을 차근차근 이야기했다. 이야기를 듣고 난 회장은 나 못지않게 울분을 토해 냈다. 당사자로부터 이야기를 직접 들으니 왜곡된 사실이 많았고, 직접 만나 이야기를 들을 수 있어 다행이라며 진정으로 고마움을 표현했다. 회장은 "어떻게 그런 일이 있을 수 있는지 이해가 가지 않는다."라며 말을 이어 나갔다. '한 개인의 사건이기도 하지만 경찰의 자존심이 걸린 사건'임을 강조했다. 폴네띠앙 회원들과 의논을 한 후 도움을 줄 수 있도록 노력해 보겠다며 나의 손을 꼭 붙잡았다. 그리고 쓰러지지 말고 끝까지 싸워 줄 것을 당부했다. 정말 구세주를 만난 기분이었다. 사람은 죽으라는 법은 없나보다.

요 며칠 의기소침하며 기운이 없었는데 나의 마음을 알아주는 분이 있기에 너무나 감사하고 견디기 힘든 어려운 상황을 헤쳐 나갈 수 있겠다는 자신감과 용기를 얻은 기분이 들었다. 몇 번이고 고개를 숙여 감사를 표시하고 경찰서를 나왔다. 택시를 타고 피곤함에 지쳐 잠시 눈을 감고 있던 중 전화벨이 울려 휴대폰 화면을 보니 변호사 사무실 전화였다. 목소리를 들으니 사무장이었다.

"어이, 김종구 씨 나요! 김종구 씨 사건 관련해서 우리 변호사님이 ○○지방검찰청에 아는 분과 친분이 있어 부탁을 했나 봐. 허위공문서작성죄 죄명 하나로만 하기로 했어. 너무 걱정하지 말아요. 사건에 대해 너무 큰 걱정을 하고 있는 것 같아 반가운 소식을 전하려고 일부러 전화했어. 허허."

전화를 끊고도 반갑지 않았다. 검찰 쪽에서 많은 죄를 기소할 줄 알았는데 하나의 죄명만 한다니 마음이 찝찝했다. 사무장과 전화 통화가 끝나자마자 또다시 전화벨이 울렸다. 큰형의 친구였다. 인천 쪽에서 변호사 사무장을 하신다고 한 큰형의 친구분을 변호사 선임하고 난 후 뒤늦게 알게 되었다. 큰형으로부터 익히 나의 사건 이야기를 들은 것 같았다.

"종구야, 형이야. 일은 어떻게 잘 되어 가냐? 변호사 사무실에서는 어떻게 한다든?"
"그렇지 않아도 선임한 변호사 사무장이 방금 전화가 왔어요. 허위공문서작성죄 하나만 담당 검사가 기소하기로 했나 봐요."

"그래? 너 주민번호 한번 불러 봐. 형이 알아보고 다시 전화할게."

잠시 후 택시에서 내려 길을 걷던 중 큰형 친구분으로부터 다시 전화가 걸려 왔다.
"야, 근데 뭔가 좀 이상하다."
"네에? 뭐가 이상하다는 건가요?"
"뭐 이리 죄명이 많아! 4가지 죄를 엮었네?"

전라도 사투리를 쓰는 형은 나 못지않게 억양이 치솟고 있었다. 4가지 죄명이라니 땅바닥에 주저앉을 것만 같았다. '망연자실(茫然自失)'. 힘없이 걷다가 놀이터 의자에 털썩 주저앉았다. 난 할 말을 잃었다. 사무장이 말하던 하나가, 4가지 죄명(罪名)이라…….

"종구야! 변호사 사무실 가서 다시 알아봐!"
형님은 나를 몇 번이고 부르는 것 같았지만 축 늘어진 몸과 마음으로는 더 이상 입이 열리지 않았다.
"종구야, 정신 차려! 선임한 변호사 사무실에 다시 한번 알아봐."

내가 어떻게 되든 아무런 상관이 없는 그들! 담당 검사를 생각하며 이를 부득부득 갈았다. 검사가 말했던 '선량한 사람'과 경찰을 향해 '칼 든 자'가 오버랩되면서 '칼 든 자가 선량한 사람?'이 입속에 맴돌며 실성한 사람처럼 헛웃음이 나왔다. 택시를 타고 곧장 변호사 사무실로 향했다. 변호사 사무실에 다다라 허겁지겁 뛰어 올라갔다. 문을 밀치고 들어갔지만, 변호사 두 분은 공판 때문에 검찰청에 들어가 없었으며, 사무장이 자리를 지키고 있었다.

"나도 죄가 하나인 줄 알았는데…… 우리 경리 아가씨가 전화를 받았거든. 새로 온 아가씨라 잘못 이해를 했나 봐. 미안허이."
사무장은 쓴웃음을 마지못해 웃었다.
"사무장님! 제가 선임한 변호사 맞습니까? 왜 계속 끌려다니는 기분입니다. 제가 그냥 돈으로 보이는 겁니까?"

사무장하고는 더 이상 대화가 되지 않았다. 변호사를 기다렸지만 오지 않았다. 밖으로 나와 먼 하늘을 쳐다보니 한숨만 나왔다. 변호사 선임을 취소하고 싶었지만 어떻게 해야 할지 판단이 서지 않았다. 취소한다고 하더라도 그때까지 수행한 일에 대한 대가를 제하면 한 푼도 돌려받지 못할 것 같았다. 아니 돌려주지 않을 것이다. 대낮에 호프집에 홀로 앉아 술잔을 기울였다.

피사체 없는 눈빛으로 창밖을 바라보며 해법을 찾으려 머리를 쥐어짜다가 다시 변호사를 선임해야겠다는 생각이 들었다. 지금 하는 것으로 봐서 선임한 변호사는 승산이 없을 것 같았다. 더 이상 선임한 변호사에 대해 신뢰가 가지 않았다. 그저 내가 돈으로 보이는 사람들인 것 같았다.

13. 함께하는 동료들

　매일 술을 마시고 아무 생각 없이 푹 자서 그런지 잠자는 시간만큼은 사건에 대해 생각을 하지 않아 좋았다. 하지만 술이 깨고 또다시 제정신이 들 때면 사건 생각에 머리가 아파 왔다. 처음 선임한 변호사들을 신뢰할 수 없다는 생각이 들어 며칠 동안 변호사 재선임 여부에 대한 고민을 계속했지만 판단이 잘 서지 않았다.

　문제는 돈인데, 경제적 어려움 때문에 쉽사리 결론을 내리지 못하고 갈등을 반복하다가 새로운 변호사를 선임하기로 했다. 지인들을 통해 종로에서 사무를 보고 있다는 L 변호사를 찾아가 보기로 했다. 그 변호사 사무실은 로펌 회사로 한참을 서성이다가 L 변호사를 만나게 되었다.

　사무실은 너무 좁았다. 사건에 대해 조금 알고 있었겠지만 또다시 차근차근 사건에 대해 설명해 나갔다. 사건 설명이 끝나고 L 변호사의 얼굴을 보니 무언가 골똘히 생각한 후 간단하게 의견을 표명했다. "칼을 든 것은 사실이고, 자해할 소지는 없는 것 같습니다. 그러나 객관적으로 봤을 때 현장 CCTV를 보지 못해서 김종구씨 말을 전적으로 다 믿어주기는 어려울 것 같습니다. 아무튼 긍정적으로 대처하겠습니다."라고 말씀했다. 선임료 이야기가 나왔다. 얼마를 줘야 하는지 말도 꺼내지도 못하고 얼굴이 굳어졌다. L 변호사와 사무장이 앉아 있는 자리를 바라보며 고개를 숙인 채 가만히 있었다. 선임료 500만 원과 성공사례비를 요구했다. 생각보다 많은 선임료를 요구하지는 않았다. 처음 선임했을 때 비용 1,000만 원에 비하면 반으로 줄었다는 생각에 기분이 홀가분했다. 서류 작성을 하고 밖으로 나왔다. 사건 생각은 뒤로한 채 또다시 '돈을 어디서 구하나?' 걱정이 앞섰다.

며칠 후 출근하여 112 신고 사건을 마무리하고 사무실에 들어오는데 직원들이 기쁜 소식을 알려 왔다.
"경찰서와 지구대 직원들이 소송 비용을 모아 주셨어!"
놀라움 반, 감사함 반으로 할 말을 잃어 입을 다물지 못했다. 그저 감사하다는 생각뿐 더 이상 할 말이 없었다. 너무나 감격하여 무릎이라도 꿇고 감사함을 직원들에게 표시하고 싶었다. 소송을 하다 보면 경제적·정신적·육체적 고통이 따르고, 변호사 비용이 뒷받침되지 않아 재판을 하고 싶어도 중간에 포기하는 경우가 많음을 소송을 통해 알게 되었다.

지난번 선임한 K, Q 변호사와 어제 선임한 L 변호사 비용을 해결할 수 있어 너무 기뻤다. 감사함을 마음속으로 수십 번 외쳐 댔다. 다음 날 동료들이 모아 준 변호사 비용을 들고 종각역으로 향했다. 직원들이 정성들여 모아준 피 같은 변호사 비용에 엊그제보다 발걸음이 한결 가벼웠다.

14. 공소장(소설)

작은방 침대에 엎드려 있다가 다시 똑바로 누웠다 하기를 서너 번 반복했다. 복도에서 누군가 걸어오는 소리가 들렸다. 예민할 때로 예민해진 신경이 곤두섰다. 곧이어 "계세요?" 하는 목소리와 함께 초인종 소리가 울렸다. 집배원 아저씨라는 것을 직감으로 느꼈다. 일상의 집배원은 좋은 소식과 택배를 전해 주는 반가운 분이지만 지금의 나로서는 그리 반갑지 않은 사람이었다. 매번 검찰 출석을 받다 보니 예민할 때로 예민해진 것 같다. 집배원이 내민 것은 이미 짐작하고 있던 등기우편! 보지 않아도 공소장임을 알 수 있었다. 편지 봉투는 두툼했으며 보내는 이에는 'ㅇㅇ지방검찰청'이라는 글자가 선명하게 돋보였다.

굳이 봉투를 열어 보지 않아도 검사가 4가지 죄명으로 기소한 공소장임이 뻔했다. 보고 싶지도, 읽고 싶지도 않았다. 오른손에 들린

편지 봉투를 그냥 책상 구석을 향해 던져 버렸다. 편지 봉투는 날카롭게 수평으로 날다가 벽 어딘가에 부딪혀 땅바닥에 곤두박질쳤다. 다시 침대에 누웠다. 초점 없는 눈으로 천장을 응시하던 중에 '종구야! 네 사건이잖아. 인마! 관심을 가져!' 내 마음속 어디에선가 스스로를 채근하는 울림이 들렸다. 지칠 대로 지친 몸으로 일어나 벽 한쪽 구석에 있던 봉투를 집어 들었다. 그리고 검사가 작성한 소설 같은 공소장을 한 줄 한 줄 읽어 내려갔다.

서울○○지방검찰청 2008호형 제○○○○호 죄명은 엊그제 사무장과 실랑이를 벌였던 내용 그대로였다. '직권남용감금죄, 직권남용권리행사방해죄, 허위공문서작성죄, 허위작성공문서행사죄' 별지를 보니 헛웃음이 나왔다. 검찰 조사를 받으면서 당시 현장 상황을 진실되게 이야기하고 담당 검사와 언쟁을 벌였던 기억이 났다.

"김종구 씨는 아직 돌아가는 판을 모르는 것 같네요?"

담당 검사의 비아냥거리는 말투가 새삼 떠올랐다. 최 선배는 '직권남용권리행사방해죄'가 빠진 3개의 죄명, 그리고 난 4가지의 죄명! 참 우습지도 않았다. 마냥 헛 웃음이 나왔다. 피고인으로 시작하는 나의 범행은 '택시기사가 렌터카 사무실 밖으로 나와 그 이후의 상황을 전혀 목격한 사실이 없음에도 택시기사에게 진술서를 불러 주어 직권을 남용하여 택시기사로 하여금 의무 없는 일을 하게 하였다'는 직권남용권리행사방해죄로 시작하여 현행범체포서·112신고현장 출동보고서·수사보고서 허위 작성으로 '허위공문서작성죄', 허위로 작성한 서류들을 진정하게 작성한 것처럼 경찰서에 송부하여 '허위 작성공문서행사죄', 허위로 서류 작성 등으로 신병을 인계할 때까지 렌터카 사장을 구금, 직권을 남용하여 렌터카 사장을 감금하였다는 '직권남용감금죄' 등의 죄명들이었다.[6]

초여름 날씨임에도 얼굴 턱선을 따라 흘러내린 땀이 온몸을 적셨다. 억울함에서 나오는 땀방울이었다. 정신적으로도 육체적으로도 지쳤다. 공소장은 같은 공무원으로서 조금의 재량도 허용하지 않은 잘 꾸며진 조서를 기초로 만들어진 그냥 한편의 소설이었다. 그저 아무 죄 없는 경찰관을 죽이려고 일부러 똘똘 말아 버린 공소장 내용임을 다시 확인했다. 담당 검사와 사건계장을 생각하니 쓰레기와 별다를 바 없는 생각에 헛구역질이 났다. 그렇게 위선 속에 세상을 살고 싶은 것일까? 이렇게 나는 왜곡된 수사에 대한 희생양이 되는 것인가? 이왕 이렇게 된 거 이제 악밖에 남지 않았고 이렇게 그냥 당하고만 있을 수 없다는 생각이 저 깊은 마음속에서 솟구쳐 나왔다. '이제 불의에 맞선 기나긴 싸움이 시작되는구나!' 새로운 마음으로 다시 정신을 가다듬었다.

새로 선임한 L 변호사로부터 만나자는 연락이 왔다. 약속을 잡고

---

6 2008형 제○○○○○호 공소장.

변호사 사무실이 있는 종로로 향했다. 변호사 사무실에 도착하여 L 변호사와 마주 앉았다. L 변호사는 서랍에서 무언가를 꺼내 들었다. 생각은 하고 있었지만 설마하는 생각과 마음속에서 전율이 느껴졌다. 그렇게 기다렸던 사건 당시 현장상황 CD 아닌가? 아! 얼마나 감격스러운 순간인가? CCTV 녹화 영상을 보고 싶었지만 이제야 보게 되는구나! 생각 같아서는 같이 보고 싶었지만 L 변호사는 CD를 내 앞으로 내밀었다.

"사건에 대해 가장 많이 알고 있는 김종구 씨가 한번 판독해 보세요."

나의 운명이 이 CD에 달려 있다고 생각하니 너무 귀중하고 고마운 증거물인 것 같았다. 몇 개월 만의 현장 상황 영상. 그렇게 보고 싶었던 영상을 5개월이 지난 이제야 보게 될 줄이야. 지금이라도 보게 되니 다행이라는 생각이 들었다.

전철과 버스를 번갈아 가며 가방 속 CD를 움켜쥔 채 집에 도착하자마자 허둥지둥 작은방으로 달려 들어가 컴퓨터 전원을 켰다. 그리고 CCTV 영상을 하나하나 클릭했다. 사건 후 5개월 만에 처음 보는 영상이다. 도대체 어떤 영상이길래 담당 검사와 사건계장이 내 주장을 묵살하면서 일방적이고 편파적인 수사를 한 것일까? CD가 돌아가는 소리가 들리며 영상이 보였다. A 사장이 최 선배에게 욕을 한 후 바지와 상의를 벗은 후 주방으로 들어가는 모습이 보였다. 식칼을 들고나와 최 선배에게 칼을 한번 휘두르는 모습은 사각지대라 보이지 않는다. 뒤로 물러서는 최 선배를 향해 칼자루를 거꾸로 잡으며 다시 위협하며 다가선다. 이때 종업원이 쫓아와 칼을 빼앗는다. 그리고 앞에 있는 최 선배에게 삿대질을 한 후 나를 밀치며 시비를 한다. CCTV 영상을 확인한 후, 분명 경찰관을 칼로 위협한 것이 맞으며, 특수공무집행방해죄를 위반한 현행범임을 다시 확인했다.

그런데 왜? 담당 검사와 사건계장은 그렇게 편파수사로 사건을 처리한 것일까? 객관적인 입장에서 봐도 렌터카 사장이 자해하려는 흔적은 전혀 보이지 않으며 출동 경찰관을 위협하는 상황밖에 보이질 않았다. CCTV 영상을 보는 동안 흥분과 원망이 앞섰지만 내가 생각했던 생각과 CCTV 영상이 일치함을 확인하고 희망을 보았다. 처음으로 '이젠 살 수 있겠구나······.' 안도의 한숨을 내쉬었다. 바로 담당 검사가 작성한 공소장 내용과 CCTV 영상의 비교 작업에 들어갔다. 서랍 안쪽에 넣어 두었던 공소장을 다시 꺼내 CCTV 영상과 일일이 비교를 했다. CCTV 영상과 공소장 내용이 확연히 다름을 찾아볼 수가 있었다.

공소장에는 "피고인이 웃는 모습으로 그대로 서 있을 뿐 뒤로 물러선 사실이 전혀 없었다"고 기재되어 있지만, CCTV 영상은 위협을 느낀 최 선배가 뒤로 물러선 상황이 분명히 나타났다. 또한 "택시기사는 렌터카 사장이 칼을 들자 사무실 밖으로 나와 그 이후 상황을 전혀 목격한 사실이 없음에도 진술서 내용을 불러 주어 기재하게 하였다"고 공소장에 나와 있지만 CCTV 영상은 택시기사가 사무실 밖으로 나와 2층 계단을 내려가지 않고 통유리로 된 출입문을 통해 내부의 상황을 지켜보고 있었다.[7] CCTV 영상이 나의 생각과 주장대로 맞아떨어졌다. CCTV 영상을 보고 있는 내내 화가 나서 한숨을 내쉬기만 했다. 손에 땀을 쥐며 움켜지고 있던 연필이 두 동강이 났다. 지금이라도 당장 검사에게 달려가 따지고 싶었다. 소설 같은 공소장을 만들면서까지 담당 검사가 이렇게 나온 이유는 무엇일까? 계속해서 의구심만 들었다.

'나쁜 사람들! 그리고 용서받지 못할 사람들!'
칼 든 자보다 담당 검사가 더 나쁘고 미웠다. 실성한 사람처럼 책상 위에 있던 공소장을 양손으로 움켜쥐며 온몸을 부들부들 떨었다. 입에서 하염없이 욕밖에 나오지 않았다.

영상을 보기 전 사건 현장에서 택시기사는 렌터카 사장이 칼을 휘두르며 경찰관을 위협했다고 진술했고, 택시회사 과장은 "검찰 조사를 받던 중 CCTV 화면에 택시기사 자신이 없었다고 이야기했어요."라고 이야기했는데, 택시기사는 왜 검찰에서 현장의 진술과 상반되게 진술한 것일까? 소송을 진행하면서 택시기사에 대한 의문이 가득했다.

검찰 조사가 시작되고 며칠 후 택시기사는 검찰에서 조사를 받았

---

7 2008형 제○○○○○호 공소장.

을 것이다. 여러 개의 CCTV 화면 중 거실이 나오는 일부분만을 컴퓨터 화면에 꽉 차게 띄워 놓고 '현장 거실 영상에 택시기사가 없는데, 어떻게 진술서를 작성했는지'에 대해 사건계장은 택시기사를 다그쳤을 것이다. 위협을 느껴 거실에서 나온 택시기사는 처음 접한 컴퓨터 CCTV 영상에 자기 자신이 없는 것을 보고 검찰 진술을 받으면서 당황했을 것이다.

검찰은 CCTV 영상을 바탕으로 회유와 특유의 조사 방법으로 조사를 진행했을 것이고, 택시기사는 오직 살아남기 위해 현장 상황에 대해 경찰관이 진술서를 불러 줬다고 진술했을 것이다. CCTV 영상을 보고 난 지금 택시기사에 대한 의문과 검찰의 조사 등 사건에 대한 퍼즐이 맞춰졌다. 담당 검사는 공소장 변경은 절대 하지 않을 것이며, 의미 없는 기나긴 싸움을 해야 한다는 것에 더 화가 치밀어 올랐다. 책상 앞에 앉아 반론을 제기할 영상 판독 자료를 정신없이 만들었다. 영상 판독 자료는 쉴 새 없이 만들어져 캄캄한 밤이 되어서야 마무리가 되었다. 나의 진실이 밝혀진다고 생각하니 힘이 들지도 않았다. 한없이 몸이 가벼워지는 느낌이 들었다. CCTV 판독영상을 변호사, 경찰청 그리고 사건에 관심을 갖고 있는 주위사람들에게 말했다. 지금까지 사건에 대해 자세하게 몰랐던 분들도 나의 이야기를 듣고 믿음의 눈길을 주었다. 이제는 내가 반격에 나설 차례라는 생각이 들었다.

15. 증인

    7월이다. 무척이나 뜨거운 여름이지만 날씨가 덥다는 느낌이 들지 않았다. 몸 상태가 좋지 않아 식은땀도 흐르고 감기 기운이 돌았다. 으스스 떨리는 몸을 움츠리며 약국에서 몸살감기약을 사 들고 집으로 들어왔다. 약을 먹었지만 온몸에 한기를 느껴 이불로 온몸을 감쌌다. 잠이 오려는지 눈이 감기기 시작했다. 약 기운을 빌려 그냥 눈을 감고 깊은 잠을 자고 싶었다. 눈이 반쯤 감기면서 눈앞이 아른거리며 눈이 흐릿해졌다. '그래, 이렇게 자는 거야.' 잠이 드는 느낌이 왔다. 그렇게라도 꿀잠을 자고 싶었다. 그때 누군가 복도에서 걸어오는 소리가 들린다. 옆집 사람이기를 바랐다. 초인종 소리가 들려도 가만히 있었다. 아무런 소리가 없으면 그냥 가겠지…… 생각했지만 초인종 소리는 계속해서 울렸다. 어쩔 수 없이 무거운 몸을 애써 움직여 나가 보니 ○○지방법원으로부터 온 등기우편이었다. 언뜻 보니 재판 출석요구서인 것 같다.

'8월 11일 14시 ○○지방법원 8호 법정 재판'

며칠이 지나 몸 상태가 원래대로 회복되는 것 같았다. 출근 후 관내 순찰을 돌다가 공판에 곧 증인으로 나올 택시기사에게 전화를 하려다 순간 참았다. 사건 초기에 그렇게 찾아가고 전화를 해도 통화가 되지 않았는데, 지금에 와서 통화가 될 리 없었다. 법정 증인으로 나와서 경찰관이 자꾸 찾아와 사람을 괴롭히고, 받기 싫은 전화를 억지로 받았다고 진술한다면 나에게 마이너스가 될 것이다. 그렇지만 택시기사가 분명 법정 증인으로 출석할 텐데 전화를 딱 한 번만 해보자는 마음으로 전화를 걸었다. 통화 신호음이 한참 울렸다. 안내멘트인 음성사서함 메시지가 나올 시점에서였다.

"여보세요!"

아! 몇 달 만인가? 수십 통의 전화를 했는데 이제야 통화가 되니 정말 전화 연결이 된 것인지 내 귀를 의심했다. 꿈을 꾸는 것만 같았다. 어떤 말부터 꺼내야 할지 떠오르지 않았다. 정신을 가다듬고 휴대폰 녹취 버튼을 눌렀다.

"기사님, 안녕하세요. 잘 계셨죠? 어떻게 지내셨어요?"
"교통사고로 병원에 입원해 있습니다. 지금은 많이 괜찮아졌어요."

여러 가지 이야기를 할 상황이 아니었기에 본론으로 들어가 사건에 관해 물었다.

"저, 렌터카 사장이 칼을 들고 나왔을 때 그 사람이 자해하려는지 그게 보였었나요?"

"제가 봤을 때는 칼 가지고 나와서 자기가 자해하려고 그걸 가지고 나왔겠어요? 난 그건 좀 이해가 안 가요. 자기가 뭐 때문에 자해하려고 칼을 가지러 들어갔겠어요? 그게 말이나 돼요? 그래서 말인데 어떻게 그게 검찰청에서도 판결이 그렇게 나요? 칼 가지고 나오는 것 자체가 그게 경찰관을 위협하려고 나오는 게 아닌가? 나도 그런 생각이 드는데 어떻게 자해를 한다고 그래서 자해로 판결이 그렇게 나 버리는지 솔직한 얘기로 일하시는 경찰관들이 어떻게 그렇게 맘 놓고 다녀요? 하여튼 제가 재판 중인 나가기 전 8월 초에 전화 한번 주세요."[8]

택시기사는 사건이 잘못되었다는 것과 칼로 경찰관을 위협했다는 사실을 법정에서 진실되게 증언하겠다는 취지로 통화를 마무리했다. 실타래가 하나씩 하나씩 풀려 가는 기분이다.

'진실은 역시 밝혀지는구나! 그리고 정의는 살아 있구나!'

강한 자가 살아남는 것이 아니라, 살아남는 자가 강한 것이다.
- M. Miller -

---

8 택시기사 녹취록 中에서.

제2부   재판의 시작

1. 1차 공판(두 얼굴의 검사)

8월 11일 첫 공판 그날이 왔다. 잠이 오지를 않아 아침 일찍 일어나 새벽 기도를 다녀왔다. 이제는 어느 정도 '마음의 안정을 찾아야 하는데……' 하는 생각만 있을 뿐 쉽사리 안정을 찾기가 힘들었다. 법정 출석을 위해 입고 갈 와이셔츠를 다림질하며 경찰관으로서 법정에 선다는 것이 두렵고 낯설게 느껴졌다. 전철을 타고 걷다 보니 어느새 ㅇㅇ지방법원과 검찰청 정문에 서 있었다. 개정 시간이 14시인데 30분 전에 도착했다.

8호 법정이 보이고 그 앞에 최 선배가 서 있었다. 서로 얼굴을 쳐다보고 간단히 눈인사를 건넸다. 내 사건에 관심 있는 동료들이 응원을 위해 와 있는 것을 보고 얼마나 감사하고 위안이 되던지 말로 표현할 수가 없었다. 그리고 옆으로 눈길을 돌리다가 나도 모르게 깜짝 놀랐다. A 사장 및 그의 가족들과 눈이 마주친 것이다. 언젠가 렌터카 종업원이 해 준 이야기가 생각났다.

"사장님이 이 사건으로 ○○구치소에서 며칠간 살다 나왔기 때문에 그 기간 동안 일하지 못해 생긴 경제적 손해와 정신적·육체적 고통 등에 대한 손해에 대해 민사소송을 준비하고 있습니다."

이야기는 익히 들었지만 이렇게 현실로 다가오리라는 것은 전혀 생각도 못 했다. 어떻게든 경찰관을 구속시키려고 하는 담당 검사와 재판 결과에 따른 사장과의 싸움 등 나로서는 상대할 사람이 너무 많았다. 이 사건으로 인해 ○○지방검찰청 자체에서도 여러 번 대책회의가 있었고, 검사들의 찬반론도 심했다고 들었다. 양심 있는 몇몇 검사들은 칼 든 렌터카 사장을 증거불충분으로 무혐의 처분을 했으면 됐지, 굳이 정당한 공무수행을 한 경찰관을 기소하면 되겠냐는 목소리를 냈다고 들었다. 하지만 담당 검사는 자신의 수사 결과를 번복하지 않았다.

기소권자가 직접 수사를 하면 안 되는 이유가 여기에 있다. 수사기관은 수사를 하게 되면 유죄를 향해 달린다. 그래서 형사사법제도는 경찰이 수사한 결과를 기소권자인 검찰이 다시 검토하도록 설계되어 있다. 객관적인 입장에서 판단하기 위함이다. 그런데 우리나라는 검찰이 직접 수사하고, 직접 기소까지 하고 있다. 검찰이 직접 수사할 경우에는 객관적으로 판단하는 절차가 없는 것이다. 죄가 없는 사안을 수사해서 기소하고, 죄가 있는 것을 덮는 게 가능한 사법제도 때문에 생긴 많은 문제로 인해 기소기관인 검찰은 직접수사에서 손을 떼야 한다는 주장이 학계 및 법조계에서 비등해지고 있는 것이다.

법정 복도 게시판에 붙어 있는 벽보 중간쯤에서 내 이름이 눈에 띄었다. 조금 후에 Q 변호사가 오셨다. 가벼운 인사를 하고 있는 사이 A 사장과 그의 가족들이 법원 출입문을 들어섰다. 단독 판사 재판이라 그리 법정이 크지는 않았다. 오늘 내가 맞서야 하는 상황들을 생각하니 마음이 그리 편하지가 않았다.

'피할 수 없으면 즐겨라'라는 말이 있지만 그런 배부른 생각의 여유는 없었다. 맨 앞자리에 최 선배, Q 변호사와 같이 앉아 혼자 지그시 눈을 감았다. 그리고 짧은 시간에 마음의 여유를 찾기 위해 잠깐 동안 마음속으로 간절히 기도를 드렸다. 앞에 재판이 끝나고 다음은 내 차례다. 판사 자리를 중심으로 좌측에는 피고인과 변호인석, 우측에는 공판검사석, 피고인석에 가려면 앉아 있는 자리에서 두세 계단을 올라가야 하는데 무척이나 멀게만 느껴졌다.

피고인석에 Q 변호사, 나, 최 선배순으로 앉았다. 공판에 함께한 동료들 뒤로 A 사장과 그의 가족들이 나를 응시하고 있었다. 잠시 후 법복을 입은 검사 두 명이 들어섰다. 공판 검사와 날 조사했던 담당 검사가 들어와 내 건너편에 앉았다. 담당 검사를 쳐다보니 아무렇지도 않은 듯 공판 검사와 웃으면서 우리 쪽을 쳐다보고 무언가 속삭이며 비아냥거리고 있는 것 같았다. 책상을 넘어 앞으로 나가 담당 검사 멱살이라도 잡아 흔들어 버리고 싶었다. 방청석에는 렌터카 사장과 그의 가족들, 앞에는 담당 수사 검사 모두가 보기 싫어 고개를 숙여 바닥만 쳐다보고 있었다. '정신 차리자!' 지금 이 순간 다른 곳에 신경 쓴다고 흥분하며 정신을 쏟아서는 안 된다는 생각을 했다. 잠시 후 판사가 들어섰다.

"피고인 김종구 씨 주민번호와 주소를 말하세요? 피고인들은 4가지 죄명에 대해 다 인정하시죠?"

판사의 말이 채 끝나기도 전에 난 기다렸다는 듯이 바로 답변했다.

"아니요, 인정 못 하겠습니다. 판사님! 이 사건의 전후 관계도 모른 채 CCTV 영상 하나만을 가지고 사건을 판단하는 것 자체가 담당 검사의 잘못된 기소라고 생각합니다. 허위공소장을 작성하면서까지 경찰관을 기소하면 그 누가 죄를 인정하겠습니까?" 누구의 눈치도 볼 필요가 없는 상황에서 담당검사를 뚫어지게 쳐다보며 내뱉는 나의 말에 건너편에 앉아 있는 담당 검사의 얼굴이 붉게 물들었다.

판사는 이해할 수 없다는 듯 나를 쳐다보며 "무슨 허위공소장을 작성했단 말입니까?"

판사는 예상 밖의 나의 말에 놀라는 듯했다.

"공소장 내용 중 피고인이 웃는 모습으로 그대로 서 있을 뿐, 물러선 사실이 전혀 없다고 기재되어 있지만 CCTV 영상은 위협당하는 칼에 맞서 위협을 느낀 최○○ 경위가 뒤로 물러선 사실이 분명히 나타납니다. 또한 공소장에 택시기사가 사무실 밖으로 나갔으나 이후 상황을 전혀 목격한 사실이 없음에도 진술서 내용을 불러 주었다고 기재되어 있지만 CCTV 영상을 보면 택시기사가 사무실 밖으로 나와 2층 계단을 내려가지 않고 통유리로 된 출입문을 통해 내부의 상황을 지켜보고 있는 장면이 나옵니다. 재판장님! 담당 검사의 허위공소장 작성을 보고 그 어느 대한민국 경찰관이 죄를 인정하겠습니까?"

반대편에 앉아 있는 담당 검사를 노려보며 거침없는 말을 하고 나니 몇 개월간 억눌려 있던 나의 마음이 조금 풀리는 듯했다. 담당 검사는 할 말을 잊은 채 얼굴이 또다시 상기되었다. 판사는 피고인석에 앉은 경찰관이 용서를 빌어야 함에도 굽힘이 없이 당당하게 나오는 모습을 보고 어이가 없는 듯 바라보았다.

"그럼 다음 재판 때 CCTV 영상을 보도록 하겠습니다. 다음 공판기일은 9월 29일 11시, 이것으로 오늘 공판을 마치겠습니다."

첫 공판에서 강하게 밀어붙이기를 잘했다는 생각이 들었다. 담당 검사와 공판 검사는 오늘 첫 공판을 분석한 후 보충자료를 또 준비할 것이다. 나는 진실되기에 당당하게 맞서기를 잘했다는 생각이 들었다. 검사의 공소장 내용에 대해 조목조목 강력하게 반론 제기를 한 내 자신이 자랑스러웠다.

재판이 끝난 후 방청 온 동료들과 이야기를 나눴다. 몇몇 분들은 오늘 재판 전 내 주장의 신빙성에 대해 반신반의(半信半疑)하는 것처럼 보였다. 그러나 오늘 공판을 통해 내가 무죄라는 것을 확신하는 눈빛을 읽을 수 있었다. 그리고 담당 검사의 기소가 잘못돼도 한참 잘못되었고, 무리한 기소임을 동료들도 느끼는 듯했다. 해가 지려면 이른 시간이었지만 근처 식당으로 들어갔다. 한 경찰관이 억울함을 겪으면서도 꿋꿋하게 버텨 온 용기와 더 험한 역경을 참고 이겨 나가기를 바라는 마음을 담아 건배를 외치며 나에게 힘을 불어넣어 주었다.

고마움과 감사함을 마음속에 되새기면서 은혜를 잊지 않겠다고 다짐했다. 헤어지는 길에 한 사람 한 사람 손을 꼭 잡고, "관심 가져 주셔서 정말 고맙고, 이 힘든 자리를 선후배님들이 같이해 주지 않았다면 너무 힘들었을 것입니다. 정말 너무 감사드립니다." 하고 허리를 굽히며 몇 번이고 인사를 했다. 참석해 주신 분들의 "다음 재판 때도 함께하겠다."라는 말에 천군만마를 얻은 기분이 들었다.

2. 2차 공판(공공의 적)

검찰청과 법원에서 오는 등기우편이 더 많아졌다. 법정 출석일은 2008년 9월 29일 11시 형사 4단독 8호 법정이다. 시간이 흘러 드디어 2차 공판일이다. 전철에서 내려 법원 앞에 섰다. 그리고 마음속으로 '오늘도 무사히'라는 말을 수십 번 되풀이 하며 기도를 했다. 오늘도 법정에 함께해 준 동료들에게 감사 표현으로 악수를 청했다.

오늘도 저쪽 편에 A 사장과 그의 가족들이 보였다. 같이 근무하는 3팀 직원 한 명이 나를 보고 스쳐 가면서 인사를 했다. 친한 사이는 아니지만 나를 위해 법정에 와 준 것에 대해 감사한 마음을 담아 악수를 청했다. 너무 감사하고 고마울 뿐이었다. 그런데 그 직원은 나와 악수를 하는 둥 마는 둥 발걸음을 재촉하며 저쪽으로 황급히 가는 것이 아닌가? 직원이 가는 방향을 쳐다보니 렌터카 사장 쪽으로 가서 서로 인사를 하고 악수를 청하며 웃으면서 대화를 하는 것이 아닌가? 그리고 그들은 멀리서 나를 쳐다보고 있었다. 기분은 썩 좋지 않았다. 그냥 멍하니 있다가 한 대 얻어맞은 기분이 들었다.

관내 시민과 경찰 한 사람으로 둘은 사건 전부터 관내에서 알고 지내던 사이인 것 같았다. 같은 직원끼리도 동료를 위해 법정에 참석한다는 것은 근무하면서 녹녹치 않다. 사장의 편에 서서 법정에 올 정도면 사장과 한 두 번이 아닌 여러 번 만남은 충분히 있으리라 생각된다. 그냥 길 가다 또는 사건 출동나가서 몇 번 만났다고 해서 법정까지 올 수 있는 사이가 아님을 충분히 알 수 있을 것 같다. 나를 위해 법정에 온 것이 아니라 A 사장을 위로하기 위해 법정에 온 것이었다. 참 어이가 없어 말이 나오지를 않았다. 어떻게 저럴 수 있는지 의구심이 들었다. 동정은 하지 못할망정, 같은 사무실 동료보다 렌터카 사장을 위로하기 위해 법정에 왔다고 생각하니 배신감이 치밀어 올랐다. '참자! 참자!' 하며 나를 다독였다. 세상에 별의별 사람들이 있다고 들었지만 그래도 이것은 정말 아닌 것 같았다. '공공의 적'이라는 생각이 들었으며, 짧은 순간이지만 잊혀지지 않는 상황이었다. 오늘 재판이 중요하다는 것을 상기하며 법정에 들어섰다.

오늘의 쟁점인 CCTV 영상 화면! 15분간 CCTV 영상 시청을 한 후 화면을 보고 두 번째 선임한 L 변호사가 설명에 들어갔다. L 변호사는 칼 앞에선 최 선배가 위협을 느껴 뒤로 물러서는 장면에 대해 이야기하자 건너편에 앉아 있던 수사 검사는 얼굴이 상기 된 채 "저게 무슨 뒤로 물러나는 겁니까?"라는 말로 응수했다.

그때 최 선배가 미리 준비해 온 노란 서류봉투 속에서 카센터 사장이 휘둘렀던 칼과 똑같은 크기의 은박지로 만든 모형 칼을 꺼내 들었다.

"검사님이 그럼 현장에 있어 보세요! 제가 이 재판장에서 칼 들고 난동을 피우면 위협을 느끼는지 안 느끼는지 한번 보세요."

최 선배의 복받쳐 오르는 말투에 법정이 숙연해졌다. 갑작스러운 최 선배의 행동은 지금까지 참아왔던 나의 억울함을 그대로 대변해 주었다.

다시 L 변호사는 택시기사가 밖으로 나가 통유리를 통해 내부 상황에 대해 지켜보는 CCTV 영상을 지적하자 수사 검사는 "뭐 저게 목격하는 겁니까?"라며 반론을 제기를 하면서도 얼굴이 상기되는 것을 볼 수 있었다.

판사는 "쟁점화되는 부분은 여러 번 봐야 하므로 이것만 보고 판단할 수 없습니다. 향후 현장 검증이 필요하다면 검증 여부에 대해 말씀드리겠습니다. 다음 증인 심문은 검찰 측에서 신청한 렌터카 사장 먼저, 다음에는 택시기사, B 종업원순으로 하겠습니다. 다음 심문기일은 2008년 10월 20일 16시 30분에 진행하겠습니다. 이것으로 오늘 공판을 마치겠습니다."라고 말했다.

CCTV 영상 공판은 그런대로 잘 마무리된 것 같았다. 보고 싶지도 않은 담당 검사와 사장 그리고 그의 가족들이 밖을 나가고 난 후 자리에서 일어섰다. 어차피 할 재판 담담하게 받아들이자는 생각이지만 고요한 마음속에 언제 또다시 화가 치밀어 올지 몰랐다.

'용서가 안 되는 사람들! 정말 용서받지 못할 사람들!'

기소되기 전 담당 검사에게 호소하며 무릎이라도 꿇고 선처를 바랐다면 난 얼마나 억울했을까? 검사는 날 구속했을 것이고, 구치소에 구속되어 쇠창살 너머로 밖을 바라보며 억울함에 하루하루 보냈을 것이다. A 사장은 민사소송을 시작으로 변변치 못한 합의금에 집 압류를 했을 것이다. 담당 검사는 허위공문서를 작성하여 선량한 시민을 구속했던 파렴치한 경찰관들을 구속한 성과로 자화자찬(自畵自讚)하며 동료 검사들한테 의기양양(意氣揚揚)하게 어깨를 펴고 수사능력을 과시했을 것이다. 아내는 작은 아이를 둘러업고 첫째 손을 잡고 면회를 와서 살길이 막막하다며 울부짖고, A 사장의 욕설과 비아냥을 참아 가며 A 사장으로부터 합의서를 받기 위해 손이 발이 되도록 비는 모습이 눈에 아른거렸다.

'이런 생각을 하다 정말 사람이 미쳐 버리겠구나!' 생각만 해도 끔찍했다.

더 이상 아무런 생각도 하기 싫었다. 법원 정문을 나온 후 법정에 같이 동참 한 동료들과 저녁을 먹으면서 앞의 로의 일과 법정 싸움 등을 이야기 했다. 조금씩 진실이 밝혀지면서도 어딘지 모르게 답답함이 밀려왔다. 오늘 이시간만이라도 술에 의지해 잠시나마 이 상황을 잊고 싶다.

3. 3차 공판(위증)

소송이라는 수렁에 빠져 하루하루의 시간이 더디게 가는 것처럼 느껴졌지만 재판 일정은 금세 다가왔다. 새벽에 일찍 잠이 깼다. 이제 습관이 된 듯 바닥에 무릎을 꿇고 앉아 두 손을 모았다.

'오늘도 주님께서 법정을 주관하시어 검사의 잘못함을 시인하게 해 주시고, 판사의 올바른 판단을 이끌어 주실 줄 믿습니다. 흔들림 없이 당당히 맞설 수 있도록 도와주시기를 간절히 기도합니다.'

기도를 마친 후 간단하게 식사를 하고 집을 나섰다. ○○지방법원 8호 법정에 들어서려는데 양복을 입은 A 사장이 앞에 들어가는 것이 보였다. L 변호사, 최 선배와 함께 피고인석에 앉았다. 잠시 후 A 사장이 증언대에 서자 수사 검사가 A 사장에게 질문을 시작하였다.

"경찰관들을 향해 칼끝을 겨눈 적이 없으며, 욕설은 전혀 하지도 않았습니다. 존댓말만 썼으며 저의 말을 들어 주지 않아 자해하려고 했습니다. 체포 당시 경찰관들의 미란다원칙은 전혀 고지받은 사실이 없습니다."

사장은 자기 유리한 쪽으로만 대답했다. 우리 L 변호사는 증거로 제출한 CCTV 영상을 보여 주며 증인석에 있던 렌터카 사장에게 질문을 하기 시작했다.

"영상을 보면 김종구 씨와 몸싸움을 하는 장면이 있는데 그 이유는 무엇입니까?"
"밀치지는 않았습니다. 대화하는 장면입니다."
"그럼 경찰관들이 증원 요청을 하러 나간 사이 무엇을 했나요?"
"저는 경찰관들이 나가고 난 후 평화롭게 사과를 깎아 먹고 있었습니다."

L 변호사는 CCTV 영상을 가리키며, "경찰관이 증원 요청을 하러 나가자 증인은 밖으로 쫓아 나가려 하고 종업원이 말리는 장면이 영상에 나오는데 사과를 깎아 먹고 있는 장면은 영상에 없는데요?"라고 말했다.
"저는, 사과 깎아 먹으려고 생각하고 있었습니다."
사장도 자기의 진술이 앞뒤가 맞지 않는 거짓 진술임을 처음부터 알고 있었을 것이다. 사장의 오른손 중지 손끝에서 땀방울이 떨어지는 것이 선명하게 보였다.

증인석의 A 사장은 위증하고 있었다. 앞뒤 상황이 맞지 않는 거짓 증언을 계속하여 주장했다. 제3차 공판에서 렌터카 사장의 허위 진술에 수사 검사도 어쩔 줄 모르며 난처해하는 모습을 엿볼 수가 있었다.

"다음 공판기일은 2008년 11월 24일 16시 30분 택시기사 증인신문을 하겠습니다. 이것으로 오늘 공판을 마치도록 하겠습니다."

오늘은 경찰교육원[9]의 교육원장님[10]을 비롯하여 직원분들이 오셨다. 법정 안에서 모르는 얼굴들이 많아 기자인 줄 알았는데 교육원장님과 경찰교육원 교수님들이었다. 교육원장께서 직원의 억울함을 아시고 이렇게 법정까지 오셔서 격려를 해 주시니 어떻게 해야 할지 몰라 아연 긴장을 했다.

교육원장님은 "그동안 김종구 씨를 비롯하여 가족들의 심려가 많았을 것으로 생각되며, 누구보다 경찰의 소임을 믿어 왔습니다. 검

---

9   경찰종합학교는 인천 부평에서 충남 아산으로 이전하면서 경찰교육원으로 현재는 경찰인재개발원으로 명칭 변경함.
10 박종환 청장, 현재는 자유총연맹 회장, 경찰 재임 중 수사권 조정, 개방형 경찰청장제, 4조2교대 시행 등 조직 발전과 현장 경찰관 복지를 위해 소신 있는 행보를 펼침.

사의 무소불위 권력 앞에 어려운 역경을 겪고 있는데 지휘부로서 도 와주지 못해 미안할 뿐입니다. 지금까지 힘들었을 텐데 잘 참고 이겨 내며 여기까지 와 준 것에 대해 경찰의 한 사람으로서 자부심을 느낍니다. 앞으로도 남은 소송이 잘 마무리되도록 관심을 갖도록 하겠습니다."라고 말씀하셨다.

얼굴도 모르는 나에게 전화를 주고 법정까지 찾아온다는 것은 결코 쉬운 일은 아니다. 법정까지 와서 위로와 격려를 해 주시고 힘을 실어 주는 모습은 감사와 놀라움 그 자체였다. 조직원의 고통을 함께하며 어루만져 주는 지휘관만 있다면 아무리 힘들고 어려워도 이겨 낼 수 있을 것 같았다. 지금 현실에서 경찰의 참 모습은 지휘관 다운 지휘관이 절실히 필요한 시기 인 것 같다.

가까운 식당으로 자리를 옮겼다. 사건의 전말에 대해 조금이나마 알고 있겠지만 지금까지 진행 과정을 말씀 드렸다. 나의 이야기를 들어주며 고군분투에 응원해 주시는 모습을 보고 한결 힘이 솟았다. 교육원장님을 비롯하여 직원 분들께 다시 한 번 감사의 말씀을 전하고 싶다.

4. 4차 공판(변심)

택시기사의 증인신문이 있는 4차 공판 날이다. 법정 시작 전 1시간 전 법원에 도착하여 많은 생각을 하고 있는 가운데 멀리서 택시기사가 걸어오는 것이 눈에 보였다. 반갑게 맞이하려다가 서로 가벼운 눈인사를 보냈다. 오늘 공판이 '진실은 밝혀진다'는 것을 다시 깨닫게 해 주는 계기가 될 것이라고 믿으며 법정에 들어섰다. 판사가 들어오고 시작된 재판 그리고 잠시 후 택시기사가 들어왔다. 택시기사와 전화 통화 내용을 생각하니 수사 검사와 공판 검사의 당혹스러워하는 모습이 그려졌다.

우리 L 변호사는 렌터카 사장의 가족들이 방청석에 있는 것을 보고 택시기사가 증언하기에 어려움이 있을 것 같아 출입 통제를 신청했지만, 택시기사는 괜찮다고 말을 하였다. 아마도 지난번에 나와 통화한 녹취록 때문에 증언하기 불편할까 봐 사전에 L 변호사가 이야기를 한 것 같았다.

수사 검사의 질문이 시작되었다. 수사 검사가 택시기사에게 물어볼 중대한 사안은 '당시 현장에서 경찰관을 칼로 위협한 상황과 택시기사 진술서' 두 가지일 것이다.

"증인이 작성한 진술서는 언제 작성한 것인가요?"
"지구대 도착하여 바로 작성하였습니다."
"현장을 목격한 대로 작성했나요?"
"그대로 작성한 것은 아니고, 지구대에 가서 경찰관이 조금 불러 준 대로 작성했습니다."
"누가 불러 주었나요?"
"저기 저 젊은 경찰관이 불러 줘서 진술서를 작성하게 되었습니다."
택시기사는 오른손으로 나를 가리켰다.

택시기사의 증언 내용을 듣고 내가 들은 말이 정말 맞는지 내 귀를 의심하지 않을 수 없었다. 지난번 통화했던 녹취록의 내용과 전혀 딴판이지 않은가? 있는 그대로 진술하면 좋으련만 택시기사는 "기억이 나지 않습니다. 모르겠습니다."라고만 했다. 그리고 통화에서 그렇게 외쳤던 식칼 이야기는 한마디도 하지를 않았다.

"뭔가를 가지고 나왔는데 밖으로 나와 모르겠습니다."

"당시 렌터카 사장은 식칼을 들고나오면서 무엇이라고 말하였나요?"
"기억나지 않습니다."

변호인의 질문이 이어졌다.
"피고인 김종구가 증인에게 렌터카 사장이 경찰관을 칼로 위협한 것과 욕설 및 폭언을 옆에서 본 건가요?" 물었고,
증인이 보고 들었다고 말하자,
"피고인 김종구가 있는 그대로 내용을 육하원칙에 따라 진술서를 작성하라고 말한 것을 들으셨죠?"
"뭐라고 말한 것 같은데 모르겠습니다."

피고인석에 있던 나는 답답한 나머지 판사의 지시를 무시한 채 '잘못되면 법정 구속 될 수 있다.'고 순간 생각했지만 거침없이 말을 했다.
"보고 들은 대로 있는 사실을 육하원칙에 따라 진술하라고 했을 뿐인데, 그것을 불러 줬다는 게 말이 됩니까?"
"그런 것 같기도 합니다."
너무 성의 없는 대답을 하는 택시기사에게 피고인석을 박차고 나가 "어떻게 사람이 그럴 수 있냐?"고 소리를 지르고 싶었다.

"사장이 뭔가를 들고 나왔을 때 경찰관이 위협을 느끼는 상황이었나요?"

"제가 봤을 때 무슨 흉기를 들고 나왔기에 위협을 느꼈다고 생각합니다. 경찰관들도 사람인데 경찰관이라고 그 상황에서 위협을 안 느꼈겠습니까?"

택시기사와의 통화에서 A 사장이 경찰관을 칼로 위협한 사실에 대해 검찰의 사건 처리가 잘못되었음을 진실되게 법정에서 진술하겠다고 말했고 진심으로 간절하게 부탁을 했건만, 이건 정말 아니라는 생각이 들었다. 동전 양면을 뒤 집듯이 마음이 싶게 변하는 것을 보고 '정말 인생을 저렇게 살고 싶은 걸까?' 진실 되게 이야기를 하지 않는 택시기사를 보고 답답함과 원망을 느꼈다.

판사는 "이것으로 사건의 상황 파악은 충분히 된 것 같습니다. 다음 공판은 12월 15일 16시 30분 당시 사건 현장에서 렌터카 사장의 칼을 빼앗았던 종업원을 증인으로 채택하겠습니다."라고 했다.

사람에 대한 배신감 때문에 아무것도 손에 잡히지 않았다. 착하게만 느꼈던 택시기사에게 배신감만 들었다. 숨만 쉬고 있을 뿐 지옥이 따로 없었다.

5. 제보자

 택시기사의 법정진술 등 재판에 대해 여러 가지 생각을 하고 있을 때 쯤, 호주머니 속 전화벨이 울렸다.

"여보세요?"

"저는 당시 사건 때 사장과 같이 술을 마셨던 C 종업원입니다. 경찰관들이 너무 당하고 있어 너무 답답하기도 하고 조금이나마 도움을 주려고 전화드렸습니다."

"왜 저를 도와주려고 하는 거죠?"

"제가 경찰관님을 도와드리려고 하는 것은 경찰관님들이 너무 착하시고 당하고만 있는 것 같아 전화를 드렸습니다. 제가 도와드리고 싶어 그러는데 한번 만나시죠?"

"도와주실 거면 처음부터 도와주시지, 지금 사건이 몇 개월이 지난 이 시점에서 왜 저를 도와주려고 하는 건지 저로서는 납득하기가 어렵습니다."

"전화상으로는 그렇고 자세한 이야기는 만나서 하는 것이 좋을 것 같아요. 지금 ○○입구 건너편에 있는데 20~30분 후 ○○지구대 앞에서 만나시죠?"

엊그제 법정에서 택시기사가 한 행동을 보면 누구든 믿고 싶지를 않았다. 갈까 말까 또 속는 것은 아닌지 망설여졌지만 '그래, 내가 물불을 가릴 때가 아니다.'라는 생각이 들었다. 지금 누군가의 도움이라도 받아 사건을 빨리 해결해야겠다는 생각밖에 없었다.

"지금 오후 4시니까 5시에 ○○지구대 앞에서 보시죠?"

종업원과 통화 후 집으로 들어갔다. 옷을 대충 주워 입고 황급히 택시를 잡았다. 가는 도중 그를 믿어도 되는 것인지, 왜 굳이 지금 이 시점에서 전화를 하는 건지 의구심이 들었다. ○○지구대 앞에 도착해 잠시 기다리자 멀리서 담배 연기를 내뿜으며 무슨 이야기를 하듯 속삭이며 걸어오고 있는 두 사람이 보였다. 통화했던 종업원임을 직감했다. 키가 큰 친구는 사건 당시 처음 본 C라는 종업원 그리고 옆에 키가 작은 친구는 처음 보는 사람이었다. 덩치가 있는 종업원은 사건 당시 CCTV 영상에서 A 사장과 술을 마시고 렌터카 사무실로 들어갔던 종업원으로 영상과 비교해 보니 비슷했다.

"안녕하세요!"

서로 인사를 건넨 후 곧바로 종업원에게 진술서를 부탁했다. 택시기사 증언 이후 그 어느 누구도 믿고 싶지 않았다.

"기분 나쁘시겠지만 진술서 한 장만 부탁드리겠습니다."

○○지구대 경찰관에게 진술서 양식을 빌린 후 종업원에게 건넸다. C 종업원은 앉아서 진술서를 작성하며, 그때 상황을 재현이라도 하듯 있는 그대로 적은 것 같았다.

"이것을 증거로 제출해도 되죠?"

"네, 그러시죠."

키가 큰 종업원은 덩치에 맞게 말을 시원시원하게 했다. 다 쓴 진술서를 받아 가방에 넣은 다음 지구대를 나왔다. 지구대 옆 한적한 곳에서 함께 담배를 피웠다. 담배 연기를 내뿜는 덩치 큰 종업원은 키가 작은 종업원을 보며 같이 렌터카 사무실에서 일하는 D 동생이라며 소개를 했다. 그리고 사장 밑에서 몇 년간 같이 일을 했고 지금은 그만둔 상태라고 했다. C 종업원은 사건 이야기를 하기 전 A 사장에 대한 이야기를 먼저 하기 시작했다.

사장의 이야기를 쭉 하고 난 후, 나 또한 사건의 전반적인 상황에 대해 이야기를 했다. 그리고 덩치 큰 종업원이 다시 말을 이었다.

"당시 제가 ○○동에서 술을 마시고 사장님하고 사무실로 들어갔죠. 택시기사와 시비가 있자 조금 있다가 경찰관님들이 들어오셨고, 제가 사무실 안쪽에 있는 주방에서 다 지켜봤는데 저희 사장님이 경찰관들에게 칼로 위협하고 개새끼 등 입에 담지 못할 욕설을 하며, 칼로 위협한 것도 모두 다 봤습니다. 밤낮으로 힘들게 일을 하는데 도와드리고 싶은 심정으로 이렇게 만나자고 한 겁니다."

종업원은 열변을 토해 가며 렌터카 사장에 대해 말을 했다. 한참 사건에 대한 이야기를 하더니 갑자기 말을 멈췄다. 담배를 한 모금 길게 빨아들였다가 흰 연기를 내뿜고는 먼 하늘을 쳐다보며 무언가 골똘히 생각에 잠겨 있다가 다시 입을 열었다.

"김형사님, 제가 법정에서 있는 대로 이야기를 다 하겠습니다. 그리고 제가 A 사장님한테 600만 원 월급을 못 받았거든요?"
"네? 저랑 그쪽이 월급 못 받은 것과 무슨 상관입니까?"
"형사님 제가 진실되게 법정에서 말하는 조건으로 500만 원을 주셨으면 합니다."

C 종업원의 이야기를 듣고 여러 가지 생각이 오갔지만 '500만원 이라' 잠시 시간이 지난 후 여러 가지 생각을 했다.

"알았습니다. 법정에서 당시 상황을 진실되게 이야기해 준다면 500만 원을 드리겠습니다."

변호사 비용 등 여러 곳에 돈을 쓴 것에 대해 억울했지만, C 종업원이 법정에서 진실만을 이야기해 준다면 500만 원도 아깝지 않다는 생각이 들었다. 택시기사에게 속았는데 이 사람을 믿어야 하는 건지 돈으로 접근한 종업원을 다 믿어서는 안 된다는 생각도 했다. 길을 가다 음식점이 눈에 들어왔지만 마음에 차지 않았다. 정면으로 보이는 소고깃집이 눈에 들어왔다. 법정에서 증언을 해 주는 종업원에게 의미 있는 식사를 대접하고 싶었다.

"생각도 못 했는데 종업원 두 분의 전화로 이렇게 도움을 받게 되어 너무 감사합니다."
"뭘요, 서로 도우면서 살아야죠."
소주 몇 잔을 마시고 C 종업원이 다시 말을 했다.
"저희 렌터카 사장님이 가끔 경찰 친구가 있다고 자랑합니다. ○○경찰서에 친구가 한 분 계시는데 이 사건의 처음부터 도움을 줬고, ○○경찰서에도 청문관인가? 경찰분이 한 분 계시는데 친분이 있는 후배라고 합니다. 사건 당시 ○○경찰서 형사계에 렌터카 사장의 고향 친구가 근무하는 것을 종업원을 통해 들었다. 사건 담당자는 아니었지만 그날 당직근무로 사건의 내막을 아침까지 쭉 지켜보고 있었다고 한다.

"고향 친구 분이 당직근무로 그날 있었으니 분명 코치라도 하지 않았을까요?"

종업원의 퉁명스런 말투가 이어졌다. 그런 식이라면 아무래도 첫 단추부터 잘 맞춰지지 않아 지금까지 하지 말아야 될 나의 사건이 이어지고 있는지도 모르겠다. '고향 친구인 형사가 코치는 했으리라' 증거는 없지만 충분한 의심은 갈 뿐이었다. 속고 속이는 세상 같다는 생각이 들었다. 이 사건에 대해 두 분 경찰관들에게 많은 자문을 구했다고 사장님은 저희랑 술만 마시면 항상 자랑스럽게 사건에 대해 이야기합니다. 이번 사건도 난 아무 잘못이 없으며, 칼 든 나를 검사가 무죄로 해 줬으니 난 무죄다, 세상에서 무서울 게 없다, 경찰도 검사도 난 무섭지 않다고 항상 이야기하거든요."

C 종업원은 술이 들어가자 A 사장에 대한 이야기를 노래 부르듯 자연스럽게 계속했다. 종업원은 처음 만난 사람에게 사건 이야기뿐만 아니라 사장에 관련된 모든 이야기를 두 시간이 넘도록 계속했다. A 사장 친구인 경찰, 친분이 있는 후배 경찰관을 생각하니 참 세상이 어쩌면 이렇게 돌아갈 수 있는지 말이 나오지를 않았다. 덩치 큰 C 종업원이 다시 말을 꺼냈다.

"김 형사님, 제가 오늘 형사님 만나서 사장님과 사건에 대해 모든 것을 이야기했고, 법정에서 진실을 말하겠습니다. 500만 원은 주실 수 있으시죠?"

법정 증언과 500만 원에 대해 다시 각인을 시키는 듯했다.

"500만 원! 네, 당연하죠, 아까 이야기하지 않았습니까? 저는 돈이 문제가 아닙니다. 억울함에 처해 있고 법정에서 진실만을 말해 주신다면 저는 기꺼이 돈을 드릴 테니 걱정하지 마세요!"

대화를 하는 사이 밤이 깊어 자리에서 일어나 밖으로 나왔다.

"오늘 너무 감사합니다."

C 종업원이 변심할 수 있다는 생각에 마음 같아서는 낼 당장이라도 법정 증인석에 세우고 싶었다.

모레 다시 만나기로 하고 헤어졌다. 걸어가는 종업원들의 뒷모습을 바라보며 과연 저 친구들의 말을 믿어도 될지 돈으로 접근하는 저들이 어디까지 진실일까? 택시를 타고 오면서 내내 생각했다. 그리고 어떻게 해야 할지 머리가 복잡했다. 그래도 이렇게 사장 밑에 있던 두 종업원이 찾아와 이야기를 해 주니 나로서는 정말 고맙고 감사했다. 택시기사에게 속았다는 생각에 마음이 편하지는 않았지만 그와 반대로 나의 편을 들어주며 이야기하는 종업원의 증언을 생각하니 마음이 한결 가벼웠다.

며칠 후 엊그제 만났던 C 종업원에게 전화가 왔다.

"시간 되시면 ○○지방검찰청 앞에서 만나시죠?"

꼭 빚 독촉하는 사람처럼 느껴졌다. 저녁이 되어 ○○지방검찰청 앞 식당가에서 기다렸다. 법정에서 신빙성 있는 종업원들의 증언을 위해 만나는 동안 특별 대우를 해 줘야 한다고 생각을 했다. 약속 장소에 나온 두 종업원과 가볍게 악수를 하고 일식집으로 장소를 옮겼다. C 종업원은 자리에 앉자마자 엊그제 만나서 들었던 이야기를 다시 상기시키듯 사장 이야기를 하였다.

자기 이야기만 계속하기에 미안했는지 사건 진행 상황을 물어왔다. 지금까지의 사건 진행 이야기를 하고 난 후 택시기사에 대한 이야기를 했다. 어떻게 사람이 그럴 수 있는지 도저히 이해가 가지 않을 뿐만 아니라 내가 정말로 억울한 상황에 처해 있음을 다시 토로했다. 나의 이야기가 끝난 후 C 종업원이 말을 꺼냈다.

"김 형사님, 참 순진하시네!"
"네?" 종업원의 말에 정신이 번쩍 들었다.
"김 형사님, 그것도 모르세요? 그건 말이죠, 우리 사장님이 택시기사와 택시비 5,000원의 100배인 50만 원을 주고 합의했잖아요. 아마 돈을 주면서 무슨 이야기를 했겠습니까? 합의금을 주면서 그냥 순순히 미안하다고 이야기했겠어요? 우리 사장님은 일반 사람과 다름을 아서야죠!" C 종업원은 적지 않게 마신 술 탓에 홍조 띤 얼굴로 신이 나 이야기를 했다.
"우리 사장님은 택시기사와 합의를 하면서 별의별 이야기를 다 했을 겁니다. 그리고 택시기사가 증인으로 나간다면 잡아 가둬 놓고 못 나가게 할 수도 있어요! 그렇게 하고도 남을 사람입니다. 아마 못해도 저희 사장님은 최소한으로 욕이라도 했을 겁니다."

C 종업원의 말을 듣고 그냥 멍하니 앉아 있었다. 사람으로서 어떻게 그럴 수 있는지 이해가 가지 않았다. C 종업원은 A 사장에 대한 이야기를 안주 삼아 이야기를 이어 나갔다.

"김 형사님, 우리 사장님 주특기가 뭔지 아세요?"
"제가 그것을 어떻게……."
"우리 사장님은요, 렌터카를 사람들이 반납할 때 한쪽 구석에 주차하라고 시키거든요. 그리고 2층 사무실에서 계산하는 사이 우리 보고 차량에 송곳 같은 것으로 흠집을 내라고 시킵니다. 그리고 돈 계산을 하고 온 손님은 그것을 보고 황당해할 것 아닙니까? 그런 식으로 돈을 또 받는답니다. 허허허!"

종업원의 이야기를 듣고도 진실인지 사실인지 분간이 가지를 않았다. 종업원의 소설 같은 이야기를 어디까지 믿어야 하는지 마냥 듣고만 있었다. 종업원은 사장에 대한 좋지 않은 이야기를 계속했다.
"또 하나 더 있어요."
"그게 뭔데요?"
"택시를 타고 오면 택시기사에게 그냥 시비를 겁니다. 김 형사님 사건처럼 택시기사를 1시간이고 2시간이고 일을 못 하게 잡아 두고 시비를 거는 거죠. 그러면 제풀에 지쳐 그냥 택시기사는 가 버립니다. 그리고 택시비를 안 내는 거죠."

C 종업원의 이야기를 듣고 딴 세상에 와 있는 기분이 들어 그만 입을 다물지 못했다. 종업원의 이야기를 듣고 이렇게 나의 사건이 진행되었다는 것을 생각하니 정말 나쁜 사람이라는 생각이 들었다. 사장 이야기는 쉬지 않고 계속되었다. 종업원의 말이 취중 진담일 수 있지만, 증거가 없는 이상 어디까지 믿어야 하는지 종업원의 말에 신뢰가 가지 않았다. 지금 종업원이 이렇게 이야기하지만 법정에서 어떻게 진술할지 또 모를 일이었다. 사장 이야기를 장황하게 늘어놓았지만 C 종업원은 불리하면 언제 내가 그랬냐는 식으로 마음이 바뀔 수 있는 사람이다. 사장이 정말 그런 사람이라면 C 종업원이 증인으로 나간다는 것을 알게 되었을 때 어디에다가 가두어 놓든 잡아 놓든 못 나가게 할 수도 있을 것이다.

"김 형사님, 사장 이야기를 이렇게 했으니 이젠 절 믿으시겠죠, 제가 법정에서 진실만을 이야기한다면 500만 원……."
"그것은 걱정하지 마세요. 제가 얼마나 억울하면 여기 계신 분들에게 이렇게까지 하겠습니까? 법정에서 진실되게 이야기만 해 주신다면 돈은 걱정하지 마세요."

지금 이 시점에서 누구를 믿을 수는 없지만 나쁘지 않은 상황임이 틀림없었다. C 종업원은 술에 취기가 돈 듯 사장의 좋지 않은 행위 등 똑같은 이야기를 계속했다. 사장과 좋지 않은 사이 때문에 내 편이 되어 줄 수도 있기에 듣기 싫어도 들어야 했다. 사건에 대해 자기가 본 것을 나에게 각인이라도 시키는 듯했다. 일식집을 나온 후 다시 만날 것을 기약하며 '법정에 선다면 진실되게 증언해 줄 것'을 또다시 당부했다. C 종업원은 너무 걱정하지 말라며 나를 위로해 주었다. 그런 따뜻한 마음까지 겸비한 종업원을 믿지 않을 수가 없었다.

종업원을 만난 지 며칠 후 또다시 전화가 왔다.
"잘 계시죠, 김 형사님 오늘 저녁에 좀 보시죠!"
다른 일이 있어도 종업원은 꼭 만나야 한다고 생각을 했기에 약속 장소와 시간을 정했다.

"오랜만입니다!"
간단한 인사를 하고 난 후 근처 참치집으로 들어갔다. 자리에 앉자마자 불쑥 종업원이 말을 꺼냈다.
"김 형사님, 절 못 믿으시죠? 절 못 믿으시는 것 같아서요." C 종업원이 퉁명스러운 목소리로 내뱉었다.
"아닙니다. 전 못 믿는 것이 없습니다. 법정에서 진실되게 이야기해 준다면 저야 감사할 뿐이죠. 당연히 믿는데 왜 그런 말씀을……."
"느낌이 그래요! 내일 저와 같이 변호사실에 같이 갔으면 해서 오늘 만나자고 한 겁니다. 제가 보기에 절 못 미더워하는 것 같아 변호사님께 가서 공중이라도 해야 제가 마음이 편할 것 같아요."

C 종업원의 말을 듣고 어차피 변호사님께 이야기를 해야 하니 한편으로 잘되었다는 생각이 들었다. 식사를 마치고 함께 밖으로 나온 C 종업원은 담배 한 개비를 꺼내어 물었다. 담배연기를 가슴속 깊이 들어마신 후 깊은 포부를 갖은 사람처럼 밤하늘을 향해 연기를 내뿜었다. 연기는 홀연히 사라져가고 담배를 다 피운 종업원은 불똥이 붙어 있는 담배를 손가락으로 만지작거렸다. 그리고 C종업원은 변호사 사무실에서 변호사와 같이 만날 시간을 나와 정한 후 담배 불똥을 손가락 끝으로 튕겼다. 불똥은 땅에 부딪히며 산산조각이 나면서 아스팔트 위로 흩어져 날렸다. 다음 날 10시 종각역에서 만나자는 약속을 하고 서로 헤어졌다. 걸어가는 종업원의 뒷모습을 바라보며 모든 게 잘됐으면 하는 바람으로 집으로 돌아왔다.

다음 날 전철을 타고 종각역에서 내렸다. 밖으로 나와 5분 정도 기다리고 있으니 두 종업원이 걸어오는 것이 보였다. 가볍게 인사를 하고 난 후 서로 아무 말 없이 L 변호사 사무실을 향해 걸었다. 약속시간에 도착하여 L 변호사 사무실 출입문을 노크했다. L 변호사는 반갑게 맞아 주셨지만, 못내 불편해하는 눈치였다. L 변호사에게 그동안 있었던 이야기를 하고 난 후, C 종업원이 변호사 앞으로 나서며 말을 꺼냈다.

"저희 사장님과 술을 마시고 왔던 그날, 경찰들이 왔었는데 저희 사장님께서 욕설과 폭언을 하며 출동 경찰들에게 칼로 위협하는 것을 직접 보고 들었습니다."

말을 듣고 있던 L 변호사는 무언가 골똘히 생각하는 것 같았다. 그리고 갑자기 L 변호사는 "그걸 직접 봤어요? 정말 종업원 당신이 봤어요?" 종업원을 다그치며 질문했다. 가만히 종업원의 말을 듣고 있던 변호사는 정반대의 사람이 되어 있었다.

종업원은 그냥 말을 아끼는 건지, 가만히 있는 건지 L 변호사의 말을 듣고 가만히 있었다. 종업원은 꿀 먹은 벙어리가 되어 나에게 하던 말과는 전혀 다른 행동을 하고 있었다. 흥분한 변호사는 나를 향해 말을 건넸다.

"김종구 씨! 정신 차리세요."

종업원을 보고 있던 L 변호사는 다시 갑자기 성난 황소처럼 C 종업원을 보며 말을 했다.

"당신이 현장 상황을 봤습니까? 당신은 식당 안쪽에서 그냥 자고 있었잖아요?"

C 종업원은 아무 말이 없이 가만히 있었다. L 변호사 말이 사실이라면 C 종업원은 대체 무슨 속셈으로 날 만나고 법정에 선다는 것인가? L 변호사와 나는 종업원이 있는 가운데, 옆에서 지켜보는 두 종업원이 민망할 정도로 이야기를 나눴다.

"변호사님! 제가 종업원에게 증언을 부탁한 것이 아닙니다. 출동 경찰관이 너무 억울한 것 같아 도와주고 싶다고 해서 저에게 먼저 전화를 한 것입니다. 지금 저는 지푸라기라도 잡고 싶은 심정입니다. 한 번만 종업원을 법정 증인으로 세워 주셨으면 합니다. 간절히 부탁드립니다."

변호사님과 나는 10여 분간 실랑이가 벌어졌다.

변호사는 여러 가지 생각을 하는 것 같았다. 많은 것을 생각한 끝에 종업원의 말이 신뢰가 가지 않았지만, 나의 간곡한 부탁에 종업원을 법정 증인으로 세우기로 했다.

"죄송합니다. 변호사님!"
"그럼, 다음 공판 때 종업원을 법정 증인석에 설 수 있도록 하겠습니다."
"아까 흥분해서 죄송합니다."

L 변호사는 나의 무례함을 이해해 주었다. 오늘 C 종업원의 행동

을 보고 신뢰가 가지 않았지만, 그래도 법정에 증인으로 나왔으면 했다. 만약 C 종업원의 증인 출석 조건으로 500만 원을 변호사님께 이야기했다면 무산이 됨과 동시에 많은 욕설을 L 변호사로부터 들었을 것이다.

"다음 공판 때 나오실 거죠? 진실되게 증언만 해 주신다면 정말 감사하겠습니다. 그리고 이 은혜는 잊지 않겠습니다. 돈 걱정은 안 하셔도 됩니다."

대화하는 도중에 C 종업원의 얼굴을 힐끗 살펴봤다. 종업원은 변호사를 만나고 난 후 자신감이 없어 보였다. 변호사 사무실을 나와 서로 반대 방향으로 헤어졌다. 멀어져 가는 두 종업원은 무언가 이야기를 나누면서 담배 연기를 하늘로 내뿜었다. 그 뒷모습이 보이지 않을 때까지 그냥 보고만 있었다. 내가 이용당하고 있는 것은 아닌지 내심 또 다른 걱정이 들었다. 내가 또다시 속는 것은 아닌지, 내가 잘하고 있는 건지, C 종업원의 진솔한 증언을 법정에서 기대할 뿐이었다.

6. 5·6차 공판(무너진 믿음)

2008년 12월 15일 16시 30분 5차 공판이다. 법정에 가는 것이 이제는 무덤덤해졌다. 사건 당일 출동 현장에서 사무실 문을 열어 주었고 렌터카 사장이 식칼을 들고 나와 최선배를 위협하자 뒤쫓아 나와 칼을 빼앗았던 종업원 B의 증인신문 날이다. 종업원 심문을 하면 또다시 사장 편에 서서 진술할 것으로 생각됐다. 택시기사도 법정에서 그렇게 진술했는데 팔은 안으로 굽는다고 하지 않았던가? B 종업원은 더하면 더하겠지 하는 생각이 들었다.

사건 이후 10개월이 다 되어 간다. 12월 중순이라 그런지 곧 눈이 올 것만 같은 날씨다. 오후가 되고 어느새 법정에 갈 시간이 다가오고 있었다. 똑같은 법정 그리고 똑같은 사람들, 오늘은 늘 함께하던 동료들이 아무도 보이지 않아 주위를 둘러보았다. 법정에는 A 사장과 그의 가족들뿐. 평상시 방청석에 앉아 나를 지지해 주던 동료들이 있을 때는 알게 모르게 힘이 되었지만 아무도 없다는 생각이 들자 어깨가 축 늘어지고 힘이 빠졌다. 누군가 있고 없고가 이렇게 다르구나 하는 생각이 들었다. 사장 편에 서 있는 가족들, 증인, 검사까지 '내 편이 없구나!' 하는 생각이 들자 피고인석에 앉아 있는 내 자신이 초라하고 비참해졌다.

B 종업원이 증언대에 올라 선서를 했다. 들어 보나 마나 한 이야기들이다. 렌터카 사장 편에 서서 사장의 위협 및 칼 든 당시 현장 상황들을 아주 그럴싸하게 묘사하며 증언을 했다. 전적으로 모든 것이 경찰의 잘못임을 진술했다. 불리한 것은 "기억나지 않습니다."라고 똑같은 대답을 했다.

종업원은 경찰 이야기만 나오면 눈에 힘을 주며 말을 하였다. 오늘 공판은 아예 기대도 하지 않았다. 증인신문이 거의 마무리되어 가는 것 같았다. 판사는 다음 공판기일을 2009년 2월 2일 16시 30분으로 정하고, 현장에 출동한 경찰관들과 담당 형사를 증인으로 채택하였다. 공판이 끝나고 사장의 가족들이 밖으로 나간 후 한참 후에 자리에서 일어섰다. 다리에 힘이 빠지고, 곧 쓰러질 것만 같았다. 작년 12월, 그리고 2009년 1월. 매서운 추위도 모르고 오로지 재판에 매달려 하루하루를 보냈다. 몇 달이면 끝날 줄 알았던 재판이 장기전으로 기울어 간다는 생각에 머리가 아파 옴과 동시에 눈이 흐릿해졌다.

2009년 2월 2일 출동했던 직원들과 담당 형사의 증인신문이 있는 날이다. 법정 앞에 다다르니 증인신문을 나온 직원들이 보였다. 인사를 하고 함께 법정에 들어섰다. 세 명의 직원들에 대한 인정신문과 증인선서가 있었다. 증인으로 나온 직원들은 그날 있었던 상황 그대로 진술을 해 주었다.

피고인석에 앉은 나는 오늘 증인으로 나온 직원들이 현장 상황을 진실되게 진술해줘서 감사할 뿐이었다.

공판이 끝나갈 무렵 판사의 말이 이어졌다. "렌터카 사무실에 같이 근무했던 C 종업원 녹취록이 제출되었는데 소환할 수 있나요?" 소환할 수 있으면 증인신청서를 빨리 제출해 주시고, 다음 기일은 2009년 3월 12일 16시로 하겠습니다."

판사의 마무리 말로 그날 공판이 끝났다. 렌터카 C 종업원과 만나 이야기 나누었던 상황의 녹취록과 진술서를 법원에 제출했지만 몇 달 전부터 전화가 되지 않아 안절부절못하고 있는 상태였다. C 종업원과 같이 만났던 D 종업원만 통화가 되어 다음 달에 C 종업원의 증인신문이 있는데 어떻게든 연락을 하고 싶다고 부탁했다. 계속 연락을 시도했지만 연락이 닿지 않았다. 앞으로 어떻게 해야 할 것인가? 헤쳐 나가야 할 일들에 대한 두려움이 앞섰다. 애초에 너무 사람을 믿었기 때문에 잘못은 나에게 있다는 생각밖에 없었다. 종업원을 탓하지도, 욕하고 싶지도 않았다.

7. 7 · 8차 공판(배신)

7차 공판을 하는 날이다. D 종업원에게 전화하여 C 종업원 연락이 되면 오늘 법정에 꼭 출석하도록 부탁을 했다. C 종업원의 진술이 주요 관건이 되겠구나 하는 생각이 들었다. 그리고 이제 몇 개월간의 재판의 종지부를 찍는구나 하고 생각했다. 결과가 어떻게 나올지 마음은 그리 편하지 않았다. 전철을 타고 도착한 ○○지방법원 정문 현판을 바라보고 크게 숨을 내쉬며 법정으로 들어섰다.

"오늘 C 종업원이 증인으로 나오기로 했는데 나왔나요? C 종업원 나왔나요? C 종업원!"

계속 판사가 방청석을 향해 물었다. 그러나 아무런 대답이 없었다. 이 상황을 어떻게 대처해야 될지 몰라 멍하니 앉아 있었다. 옆에 앉은 Q 변호사가 눈치를 줬다. 그러나 방청석에서는 아무런 대답도 들리지 않았다. 지금이라도 법정 문을 열고 들어왔으면 하는 바람이었지만 나의 희망사항이었다. 기어코 날 속이고 배신했다는 생각에 또다시 억장이 무너지고 한숨이 나왔다.

"피고인 김종구 씨! 오늘 C 종업원이 나오기로 했는데 연락이 안 되었나요?"
"오늘 나오기로 했었는데요."
난 죄지은 사람처럼 기어들어 가는 목소리로 말끝을 흐리며 힘없이 답했다. 판사는 퉁명스러운 어투로 말을 이었다.
"다음 공판 때 다시 증인을 참석시켜 줬으면 합니다. 오늘은 이상으로 마치겠습니다."

시간이 흘러 또다시 법정이 열렸다. 8차 공판이라고 생각하니 많이 왔다는 생각이 들었다. 매번 똑같은 사람들이 앉아 있는 것을 보니 별다를 것도 없다는 생각이 들었지만, 법정에서 사장과 그의 가족들 그리고 수사 검사는 아예 보고 싶지가 않았다.

"자, 오늘 C 종업원 나왔나요?"

몇 번이고 불러 댔지만 방청석에서는 아무런 대답이 들려오지 않았다.

"피고인 김종구 씨! C 종업원과 연락이 안 됐나요?"

정적이 흘렀다. 매번 이름 앞에 '피고인' 자를 붙여 부르니 마음은 썩 좋지가 않았다. 판사는 증인을 참석시키지 못한 나를 좋지 않게 보는 듯했다. 이런 것으로 인해 불이익을 받는 것은 아닌지 내심 걱정도 앞섰다.

"다음 공판 때 선고를 하겠습니다. 오늘 공판은 이것으로 마치겠습니다."

종업원이 원망스러웠고 욕이 나왔다. 종업원을 만날 때마다 간절하게 원하고 부탁했는데 결과는 너무 무의미 했다. 한번 법정이 열릴 때마다 한 달씩 걸리는데 지금 C 종업원을 증인으로 세우려고 몇 달이 흘렀다. 그렇지 않았다면 벌써 재판이 끝났을 일이었다. 무심하고 야속하다는 생각밖에 없었다.

8. 숨바꼭질

　이른 아침에 공원의자에 앉았다. 서로 이야기하며 떠드는 사람들 모습과 정 반대로 난 온갖 근심걱정을 않은 채 먼 하늘을 멍하니 쳐다보고 있었다. 어제 공판이 끝난 후 C종업원에 대한 생각이 머리에서 떠나지 않았다. 소송비용 등 풍족하지 않은 경제적인 여건에 음식대금 카드를 긁어가며 진실 된 법정진술을 C종업원과 약속 했었다. 정말 나로서는 종업원에 대해 예의를 갖추며 정성스럽게 대접을 했건만 지금은 만남 자체가 아무런 의미가 없어져 버렸다. 몇 개월 간 내가 한 행동이 과연 무엇이란 말인가? 사람을 그렇게 쉽게 믿으면 안 되었는데 공판 후 술잔을 기울이며 자신을 원망스럽게 욕한 기억밖에 나지 않았다.

　소송을 하다 보니 잘 마시지도 못한 술을 한잔 한잔씩 마시다보니 술이 술을 마시게 되고, 술 중독자가 되는 기분이다. 비둘기가 내 앞에 와서 왔다 갔다 하지만 난 아무것도 줄 것이 없다. 앞으로 어떻게 해야 하나 그냥 법정 공판을 마냥 기다려야 하는지 머리가 복잡해졌다. 진퇴양란의 기로에 서서 고민에 고민을 한 끝에 처음 화양지구대에서 같이 만났던 D종업원에게 전화를 걸어 C종업원의 주거지가 어딘지 물었다. 어렴풋이 ○○구 ○○동 ○○○-○번지 주소를 알려주었지만 거기가 맞는 것인지 자기도 확실하지 않다고 했다. 공원의 자에서 갑자기 일어나 집으로 뛰어갔다. 재판과 술 그리고 여러 가지 생각을 하다 보니 몸에 신호가 온 것 같다. 뛰는 다리가 자연스럽지는 못했다. 뛰면서도 예전의 나의 몸이 아님을 느낄 수가 있었다. 재판을 하다 보니 정신적인 고통은 고스란히 육체적인 고통으로 이어지는 것 같다.

    오늘이 야간 근무라 C종업원의 집 근처로 가서 만나보기로 했다. 마을버스를 타고 걷고 전철을 타고 1시간 반 정도가 지나 주소지에 도착 할 수가 있었다. 아파트 보다는 주택가 촌으로 형성된 마을로 출입문을 '똑똑' 두드렸지만 인기척은 없었다. "계십니까? 아무도 없나요?" 계속해서 종업원의 이름을 불러 댔지만 들여오는 것은 아무 말도 없었다. 1시간 정도 대문 앞에 있다가 주위를 둘러보았다. 혹시나 만나지 않을까 말이다. 종업원을 찾아야 된다는 생각 뿐 점심때가 되도 배고 픔을 몰랐다. 주위에서 더 기다려 봐도 만나지 못할 것 같았다. 야간 근무라 근무 끝나고 내일 다시 오기로 마음먹고 집으로 돌아왔다. 샤워 후 한 숨 잠을 청한 후 저녁을 먹고 출근을 했다.

야간 근무에 임하면서 어떻게 하면 만날 수 있을지 생각에 생각만 했다. 업무를 하는데 하는 것인지 마는 것인지 눈에 들어오지 않았다. 오직 재판 선고공판 전에 '종업원을 한번 만나야겠다.'는 생각에만 몰두해 있었다.

"김종구 씨, 김 부장!"

누군가 부르는 소리가 들렸지만 다른 사람을 부르는 것 같아 멍하니 사무실 창가만 바라보고 있었다.

"멀 그리 생각해, 이리와 커피나 한잔해."
"아, 네."

"너무 걱정하지 말고 잘 될 테니 자 커피 한잔해."
"지금 몇 개월이 지났는데 사건이 잘못되었다면 벌써 징계를 먹거나 교도소에 있겠지 검사나 판사도 종구씨 진실에 어찌할 바를 모르니 지금 이렇게 있는 거 아니겠어?"
오직 재판에 신경 쓰고 있는 나를 위로차하는 말이다.

선배의 말이 맞기는 맞는 거 같았다. 커피를 마시면서 내일 C종업원 거주지에 '다시 한 번 가봐야겠다.'는 생각 밖에 없었다. 어제는 아침에 갔지만 오늘은 저녁에 가봐야겠다고 생각했다. 근무 중 112

사건이 그리 많지 않았다. 그러나 뜬눈으로 날을 샜다. 아침이 찾아오고 집으로 향했다.

근무에 지친 몸으로 한 숨 자고 저녁을 먹은 후 옷을 입었다.

"저녁에 어디가 여보."
"어 누구 좀 만나러."

소송이 지속 된 후 사건 관련하여 변호사, 직원들 및 지인을 만나는 게 일상이 되어버린 지금 아내는 걱정이 되지만 내색을 하지 않았다.

버스와 전철을 번갈아 타고 C종업원 거주지에 다시 도착했다. 그리고 어제처럼 집 근처를 돌아보다 출입문을 노크했다. 더 이상 인기척이 들리지 않았다. 마지막으로 옆집에 물어보기로 했다. 한 아주머니가 나오셨는데 종업원의 인상착의는 본적이 없다고 하신다. 지금으로서는 정말 종업원의 주소가 맞는지 주소만 이전해 두었는지 확실하지가 않았다. 2~3시간이 지나 자정이 가까웠다. 더 이상 희망이 없음을 알고 난 후 무거운 짐을 뒤로 한 채 집으로 향하기로 마음먹었다. 돌아가는 길은 가볍지도 않고 막막한 기분만 들었다.

선고공판 전에 종업원을 만나야 되는데 참 일이 왜 이리 풀리지 않는 것일까? 여러 가지 생각에 집 근처에 다다랐다. 그냥 들어갈까 하다 재판 때문에 잠이 오지 않을 것 같아 소주잔을 또다시 기울이며 혼 술을 했다. 사건을 헤쳐나 가는 게 쉽지가 않았다. 이런 저런 생각을 하다 보니 새벽2시가 되었다. 길을 걸으면서 증인을 서기로 한 종업원이 원망스러웠다. 그리고 이대로 선고공판을 받아야 하는 길목에서 마음은 한층 참참하고 무겁기 만 했다.

9. 9차 공판(속고 속이는 세상)

아침 출근을 하던 중 지인으로부터 전화가 왔다.

"접니다. C 종업원이 지금 ○○구치소에 있나 봐요."

짧게 통화를 했다. 엊그제 법정에 나오지 못한 이유를 뭐라고 하는지 듣고 싶었다. 몇 달 만에 얼굴이라도 보고 말이라도 하고 싶었다. 다음 날 택시를 타고 ○○구치소로 향했다. 구치소 정문을 들어선 날씨는 따사로왔다. 면회객들이 많았다. 주민등록증을 제시하고 난 후 C종업원의 면회를 신청했다. 면회 신청을 하고, 무슨 이야기를 할지 의자에 앉아 곰곰이 생각했다. 면회 시간 때문에 간단명료하게 물어볼 것을 마음속으로 정리했다. 20분 정도 기다리다 주황색 죄수복을 입은 C 종업원을 만날 수 있었다. 유리창 쇠창살을 중간에 둔 채 통화를 하기위해 전화 수화기를 들었다. 그리고 확인이라도 한 듯 서로 눈을 바라보며 서로 인사를 주고받았다.

"약속을 하고 법정에 왜 나오지 않으셨나요?"
"어떻게 하다 보니 그렇게 됐어요."
"그럼 이번 법정에 나올 수 있나요?"
"네, 이번만큼은 나갈 겁니다."

면회 전 의자에 앉아 곰곰이 생각했던 많은 대화를 하고 싶었는데 뭐라 말할 여유도 없이 마음 졸이다 면회 시간이 금방 흘러갔다. 다음 공판 때 중인 출석 확답을 받은 후 등을 돌려 나오는 순간이었다.

"잠깐만요, 그리고, 저……."
"이야기하세요."
"제가 법정 중인 나가는 조건으로 300만 원 주셨으면 합니다."
돈 이야기에 갑자기 화가 치밀어 올랐지만 꾹꾹 참아냈다.
"돈 이야기는 그만하세요. 법정에서 진실만 말해 준다면 돈을 줄 테니 걱정하지 마세요!"

돈밖에 모르는 종업원 면회를 괜히 온 것 같아 갑자기 짜증이 확 몰려왔다. 며칠 후 안 사실이지만 A 사장이 종업원 월급을 주지 않아 C 종업원이 사무실 돈을 훔쳐 달아났고, 이에 사장이 신고하여 수사기관이 기소중지 후 수배 중 체포되어 구치소에 수감됐다고 들었다. 그래서 구치소에 있는 C 종업원이 왜 자꾸 돈 이야기를 하는지 알 것 같았다. 아마 내가 면회 오기 전 A 사장이 면회를 하여 C 종업원을 만났을 것이다. 만약 법정에서 이상한 이야기를 한다면 C 종업원과 A 사장 사이에 합의는 전혀 없을 것이고, 구치소에 더 수감된다는 이야기도 충분히 오갔을 것이다. 이번에 증인으로 안 나갈 수도 있겠구나 하는 추측이 들었다. 하지만 C 종업원이 사실대로 진실되게 이야기한다면 법정의 판도가 뒤바뀔 것이라는 일말의 희망을 품었다.

며칠 만에 신선한 아침을 맞았다. 일찍 일어나 오늘 9차 공판으로 사건이 마무리될 거라고 생각하니 한편으로 마음이 편했다. 처음 법정에 갈 때는 소가 도살장에 끌려가는 기분이 들었지만 이젠 재판도 일과 중의 하나라는 생각을 하니 마음이 한결 가벼웠다. 오늘도 ○○지방법원 정문 앞에 또다시 섰다. 마음속으로 힘차게 소리를 지르며 법원에 들어섰다. 여전히 보이는 렌터카 사장과 그의 가족들. 신경 쓰지 않고 당당히 걸어 들어갔다. 재판이 시작되었다. 판사가 C 종업원 증인을 부르자 종업원은 진한 주황색 죄수복을 입고 손과 발목에 수갑을 찬 채 종종걸음으로 걸어 들어왔다. 교도관들이 수갑을 해제하고 증인석에 섰다. 증인선서를 한 C 종업원은 나를 한 번 힐끗 쳐다보았다. C 종업원은 잠시 침묵을 한 후 말을 하기 시작했다.

"판사님, 할 말이 있습니다. 판사님, 저희 사장님과 김종구 씨 좀 밖에 나가 있게 해 주셨으면 합니다."

아무 영문도 모른 채 증인으로 나온 C 종업원의 말 한마디에 법정 밖으로 나가게 되었다. 렌터카 사장과 나는 대각선 방향 쪽 멀지 않은 거리에 떨어져 있었다. 결과에 따른 응징을 하겠다는 듯 서로 쳐다보기보다는 째려본다는 의미가 더 어울릴 것 같은 상황이 연출되었다.

렌터카 사장은 "너 유죄가 떨어지면 민사소송이 준비되어 있으니 두고 보자." 난 내가 무죄를 받으면 "당신을 가만두지 않을 것이다."며 중간에 보이지 않는 스파크가 튀듯 서로를 쳐다보며 증오하고 있었다. 시간이 흐르고 법정 상황이 어떻게 벌어졌는지 너무나 궁금했다. 법정 출입문을 뚫어지게 쳐다보고 있는 순간 문이 열렸다. L 변호사가 문을 열고 걸어 나오는 것을 보고 쫓아 다가갔다.

"변호사님 C 종업원이 뭐라 하든가요?"

L 변호사는 얼굴에 화가 나 흥분 된 얼굴표정을 지으며 걸어나오고 있었다. 그리고 나를 위아래로 한번 훑어본 후 한심하다는 듯 나를 쳐다보며 말을 했다.

"종업원이 술 마시고 김종구 씨한테 헛소리 좀 했답니다. 됐어요?"

L 변호사는 어이가 없다는 듯 한마디 던지고 법정 안을 유유히 사라졌다. 변호사의 뒷 모습을 멍하니 바라보며 난 처량하게 법정 천

장을 쳐다보며 허무한 한숨을 내쉬었다. 내가 잘못 들은 것인가? '헛소리, 헛소리라!' 내가 그렇게 억울함을 호소하며 진실을 요구했건만 '헛소리!' 법정 앞에 있던 의자에 힘없이 털썩 주저앉았다. 변호사님의 말을 들었어야 했는데 내 자신이 원망스럽고 싫었다. 화가 났지만 '받아들이자. 그리고 잊자. 안 좋은 것은 빨리 잊는 게 낫다.'라고 생각했다. 기대만큼 실망도 큰 법이다.

사람에 대한 배신감으로 대낮부터 술을 마셔 댔다. 그냥 무작정 취하고 싶었다. 택시기사도, 종업원도 믿는 게 아니었는데 내가 바보 같은 짓을 한 것에 대해 짜증이 났다. 돈으로 접근한 C 종업원의 이야기와 A 사장에 대한 이야기를 믿지 말았어야 했는데 나 자신이 한심하고 원망스러웠다. 왜 이렇게 일이 풀리지 않는 것일까? 하늘을 멍하니 쳐다보았다. 황금빛 저녁노을이 나를 비췄다. '속고 속이는 세상'. 소송을 통해 많은 것을 느꼈다. 이제는 그 누구를 믿을 수도, 믿고 싶지도 않았다. 정말 사람들이 무섭다는 생각을 했다. 이제 선고공판에 대한 결과만 남았고, 나의 운명을 하늘에 맡기는 수밖에 없었다.

10. 선고공판(절반의 승)

　2009년 7월 20일! 작년에 진행되었던 사건이 벌써 1년 반이 지났다. 검사의 부당한 기소와 렌터카 사장의 위증으로부터 시작되어 1년 넘게 이어져 온 결과가 오늘 결정되는 날이다. 참 멀리 왔다는 생각이 들었다. 그리고 잘 참고 여기까지 와 준 내 자신에게 고맙고 감사함을 마음속으로 표했다. 공판 결과가 어떻게 나올는지 생각을 하다 보니 가슴이 뛰고 요동쳤다. 잠이 오지 않아 새벽에 몸을 뒤척이다 뜬 눈으로 아침을 맞았다. 문득 오늘 선고공판이 잘못되기라도 한다면 어쩌나 걱정이 앞섰다. 일이 잘 풀리지 않는다면 바로 법정구속이 되어 구치소로 갈 텐데…… 아내와 아들 녀석들을 볼 시간이 많지 않음을 생각하니 밥맛이 나지 않았다. 누군가는 웃고, 누군가는 결과에 승복을 못 해 소리를 지르며 울부짖을 것이다.

　버스에서 내려 매번 가던 법원 정문 앞에 섰다. 종이 몇 장 안 되는 판결문 하나로 나의 운명이 엇갈린다고 생각하니 마음이 참 답답했다. 잘되면 좋으련만 잘못된다면 구치소로 바로 간단 말인가? 구치소 가기 전 가족들에게 전화할 시간은 주겠지 하는 생각이 들었다.

멀리서 최선배가 오고 있었다. 서로 미소를 띠고 있었지만 그렇다고 울 수도 없는 일 아닌가?

속마음은 서로 동병상련의 마음을 먹고 있으리라.

법정 피고인석에 최 선배와 나란히 앉아 깊은 심호흡을 하고 눈을 감았다. 모든 것을 잊고 김이 오르는 사우나탕 욕조에 몸을 푹 담그고 싶다는 생각을 했다. 판사가 들어오는 것을 보고 정신이 번쩍 들었다. 평생 살아오면서 이렇게 떨리고 두려웠던 적은 처음이다. 판사가 주문을 읽기 시작했다.

"······ 위 각 서류를 작성함에 있어 사실관계를 정확히 사실대로 기재하여야 함에도 불구하고, 사장은 피고인 최○○의 약 2m 앞에서 B 종업원에게 식칼을 빼앗겼고 피고인 최○○의 가슴을 향해 칼을 찌르려 한 사실이 없음에도 피고인 최○○의 가슴 부분을 찌르려고 했다는 취지로 기재하였는바, 피고인들의 이러한 행위는 허위공문서작성죄에 해당한다.

택시기사는 사장이 주방으로 들어가 식칼을 가지고 나오자 곧바로 렌터카 사무실을 나왔으나 통유리로 되어 있는 출입문 밖에서 통유리를 통하여 사무실 안에서 일어나는 상황을 계속하여 지켜보고 있었던 사실을 인정할 수 있는바, 피고인이 기사에게 진술서 내용을 불러 주어 이를 기재하게 하여 직권을 남용하여 택시기사로 하여금 의무 없는 일을 하게 하였음을 인정할 증거가 없는 것으로 직권남용권리행사방해죄에 대해 무죄를 선고한다.

또한, 사장은 B 종업원에게 칼을 빼앗기자 피고인들에게 접근하여 피고인들에게 삿대질을 하고 피고인 김종구를 손으로 밀치는 등 계속하여 큰 소리로 시비하였고, 피고인들은 당시 사장을 특수공무집행방해 등의 피의사건으로 현행범 체포할 수 있는 적법한 사유가 있었다고 보아야 할 것이어서 그 체포는 적법한 것이라 할 것이고, ○○경찰서로 신병을 인계할 때까지 지구대 사무실에서 구금한 것을 불법감금이라고 할 수는 없다 할 것이고, 달리 위 공소사실 기재의 구금이 불법감금에 해당한다고 인정할 증거가 없다.[11]"

잠시 후 판사가 형을 선고했다. 허위공문서작성 벌금 200만 원! 아무런 생각 없이 자리에 멍하니 앉아 있었다. 일어서서 법정 밖으로 나가야 하는데 자리를 벗어날 수가 없었다.

"모든 죄에 대해 무죄가 나오지 않았다."

나도 그렇지만 옆에 앉은 최 선배도 무죄가 나오지 않음을 억울해 했다.

---

11 '2008고단 ○○○○' 판결서 중에서.

법정 천장을 멍하니 쳐다보았다. 사장이 칼을 들고나와 우리를 향해 휘둘렀던 CCTV 영상 장면이 사각지대여서 나오지 않는다고 하여 '허위공문서작성죄'라니 어이가 없었다. 앞뒤가 맞지 않는 어이없는 판결! 난 무죄를 받기 위해 다시 재판을 해야 되고, 기나긴 소송의 여정을 다시 해야 된다는 생각에 그만 힘이 빠져 버렸다. 검사는 무조건 항소를 할 것이고, 또다시 재판을 시작하려니 먹구름이 밀려오는 느낌이 들었다. '또 누가 변론을 해 줄 것이며 변호사 비용에 대한 부담감으로 내가 또다시 할 수 있을까?' 다시 시작하기도 전에 자신감이 서서히 사라지는 것 같아 힘이 빠졌다.

1심 선고공판에 경찰교육원 박종환 청장님, 서민 님, 손창현 님, 반진석 님, 황정현 님, 노태환 님, 박민영 님, 경찰청 수사구조개혁단 민갑룡 님(現, 경찰청장), 이준형 님, 강동경찰서 황순철 님, 김학구 님, 김학무 님, 류진기 님, 송파경찰서 박종철 님, 박윤근 님 등 응원을 위해 오신 분들과 근처 식당으로 자리를 옮겨 선고공판 결과에 대해 토론을 했다.

'항소를 할 것인가?'
'판사의 판결이 앞뒤가 맞지 않는다.'
'잘 짜여진 각본처럼 검사의 위신을 세워 주기 위한 1심 판결이었다.'

세 가지 쟁점으로 한참 동안 격론이 이어졌다. 이 사건이 나 혼자

만의 사건이 아니라 경찰의 자존심이 걸린 사건이기에 더욱더 논쟁은 치열했다. 모두들 편파수사, 억지 기소에 분노했다. 검사의 기소 내용에 비춰 절반의 승리를 거둔 것으로 만족해야만 했다.

11. 항소(드러나는 진실)

 어제 마신 술에 머리가 아파 왔다. 길을 걸으면서 마음을 바로잡으려 해도 되지 않았다. 내가 무엇을 잘못했단 말인가? 정당한 공무집행을 했을 뿐인데, 거대 조직인 검찰을 상대로 홀로 싸운다는 것이 '계란으로 바위 치기'밖에 안 된다는 생각이 들었다. 어떻게 이 수난을 헤쳐 나갈지 망설여졌다. 하루하루 큰 산을 오르는 기분이 들어 너무 힘이 들었다.

 하지만 거기서 멈출 수는 없었다. 인생이 걸린 문제에 대해 '앞으로 나아가야겠다'는 생각밖에 없었다. 항소기한이 끝나기 전에 새로운 변호사를 선임하려고 변호사실 여러 곳을 방문하기로 했다. 1심 때 선임한 세 분 변호사들 말고 또 다른 변호사를 선임하기 위해 ○○지방검찰청 부근에 있는 변호사 사무실을 찾아다녔다. 주위를 둘러보다 눈에 띄는 변호사 사무실 노크를 하고 들어섰다. 사건에 대한 이야기를 하자 이미 나의 사건에 대해 전반적으로 알고 있는 듯 말을 했다. 주요한 관심은 사건 실체보다 변호사 수임료에 대해 초점이 맞춰져 있었다.

"7,000만 원이요?"
"TV 등 언론에 나오지 않았습니까?"

기가 막혔다. 내가 사람이 아니라 돈으로 보인다는 것을 새삼 다시 깨달았다. 또 다른 변호사실을 찾아갔지만 5,000만 원을 부르는 것이 아닌가? 처음 간 변호사 사무실과 똑같은 이야기를 했다. 언론에 많이 나와서 어쩔 수 없다는 식이었다. 5일 후면 항소심 결정 마지막 날인데 어찌해야 하나 망설여졌다. 이대로 그냥 벌금형을 받아야 하는 건지, 지인들에게 변호사 선임 문제에 대하여 도움을 요청했다. 하루 지나 지인으로부터 항소심에 대한 변론을 맡아 주실 새로운 변호사를 찾았다는 반가운 소식을 받았다.

항소심 변론을 해 줄지 안 해 줄지 모르겠지만, 그래도 한번은 지인들이 소개해 준 김○○ 변호사에게 부탁을 드려야겠다는 생각이 들었다. 이틀 후 김 변호사와 약속을 잡고 사무실을 찾았다. 경제적인 부분도 가장 큰 문제이지만 얼마나 열의와 성의를 다해 자기 사건처럼 힘써 주는지가 관건이었다. 그런 나의 걱정은 얼마 지나지 않아 기우였음을 소송을 통해 알게 되었다. 노크를 하고 사무실에 들어섰다. 김 변호사님은 마른 체구에 몸이 왜소해 보였지만 부드러우면서도 강직함이 외모에서 풍겨 나왔다. 인자하고 차분하면서도 사건에 대해 펼치는 논리적 해석에 매서움을 느꼈다. 사건에 대한 자초지종(自初至終) 이야기를 듣고 너무 억울하겠다는 표정을 지으시며 항소심을 같아 주기로 하셨다. 수임료가 500만 원이라는 이야기에 감사함을 어떻게 표현해야 할지 몰랐다. 그리고 변호사님은 그때 당시 사건 담당형사에게 진술서 한 장 받아줄 것을 요구했다. "예, 알겠습니다." 짧게 인사를 마친 뒤 감사의 뜻을 전하고 변호사실을 나왔다. 말을 하지 않아도 그때 담당형사는 흔쾌히 사건 당시 진술서 한 장 써주는 것은 '동료끼리 얼마든지 해주리라'고 생각했다.

도로를 걸으면서 그 당시 사건 담당 형사인 ○○○에게 전화를 걸었다.

"안녕하세요, 김종구입니다. 잘 지내시죠? 다름이 아니라 오늘 항소를 하려고 변호사님을 찾아뵈었는데 사건 담당형사님의 진술서 한 장을 요구해서요, 어렵게 부탁을 드리려고 전화 드렸습니다." 최대한 기분상하지 않게 하기 위해 굽신 굽신 취임새를 취해가며 공손히 말을 이어나갔다.

"뭐요? 그 사건 신경 쓰기도 싫은데 참~~! 지금 사건 현장에 불이 나 신고 받고 화재현장 나가봐야 합니다. 지금 바쁘니 다음부터 아니 앞으로 절대 전화하지 마세요!"
 "뚜-뚜-뚜"하는 전화 소리만 들린다. 어이가 없고, 내가 생각하고 기대했던 그런 희망사항하고는 전혀 생각지도 못한 답변을 듣고 그냥 휴대폰 전화기를 귀에 댄 채 아무 말 없이 서있었다.

 "종구야, 뭐라고 하냐? 써준데" 옆에 있는 최선배의 말에 정신이 들었다.
 "ㅎ 아뇨."
 "○○○ 담당형사가 뭐라고 하는 거야."
 "못 써준다고 하네요." 아니 안 써준다는 말이 더 어울릴 것 같다.

 최선배와 난 말을 잃은 채 서로 바라보며 깊은 한 숨을 또 내쉬었다. 소송이란 게 내 마음 같지 않고 정말 쉽지 않다는 생각이 들었다.

 그 후 항소 신청 기간 하루를 남기고 김 변호사님으로부터 서울○○지방법원에 항소이유서를 제출했다는 전화를 받았다. 원심판결에서 무죄를 선고한 부분을 제외하고 검사 주장이 잘못됨을 주장하는 항소이유서였다. 검찰은 직권남용감금죄 등 4가지 죄에 대하여 다시 항소를 했다. 그냥 퍼즐 맞추기 식으로 누가 봐도 억지에 가까운 항소이유서 내용이었다. 검찰의 항소이유서는 나의 사건에 대해 모두가 위법하고 부당하다고 적혀 있었다. 김 변호사님은 검찰의 항소이유서에 대하여 사실오인의 점, 법리오인의 점, 양형부당의 점 등 일

목요연하게 반론 제기를 하였다.

　내 사건이라 억울해서 그런 것이 아니라 보통 사람이 객관적으로 봐도 항소이유서와 답변서 중에 억지 글이 어느 것인지 그대로 나타나 보였다. '검찰의 항소'를 기각해 주기 바라는 답변서 내용으로 김 변호사님의 성의와 열정이 고스란히 담겨 있었다. 김 변호사님의 답변서를 읽고 나니 막혔던 마음 한구석이 확 뚫어지는 기분을 느꼈다. 그리고 자신감과 희망의 빛이 보였다. '이제 한번 해 볼만 하겠구나!' 하는 용기가 부풀어 올랐다. 시간이 지나 김 변호사님 사무실을 찾았다. 변호사님은 찻잔을 들어 한 모금 마시더니 이야기를 하였다.

　"택시기사를 증인으로 내세웠으면 하는데 어떻게 생각하세요?"
　"택시기사는 사건 당시 그날 상황에 대해 진실되게 이야기를 했습니다. 그러나 얼마 후 검찰 진술에서 현장 상황을 모른 채 제가 진술서를 불러 줘 작성했다고 진술했으며, 법정 증인으로 나오기 전, 저와 통화를 했을 때는 제 편이 되어 법정에서 진실을 말하겠다고 했으나 법정 증인으로 나와서는 다시 검찰 편에 선 것입니다. 진술이 왔다 갔다 하는 사람이라 진술에 대한 신빙성도 없고 신뢰할 수 없는 사람입니다."

　"혹시 택시기사가 CCTV 영상 자료는 봤나요?"
　"검찰 진술 당시 사건 현장 사무실에서 벌어진 상황만 조금 본 것으로 알고 있습니다."

"전체적인 영상은 보지 않은 거죠? 그럼, CCTV 영상 전체를 본 다음 증인신문을 하는 것은 어떨까요?"

내심 택시기사의 항소심 증언을 믿을 수 있을지 신뢰가 가지 않았지만 재판에 경험이 많으신 김 변호사님의 말을 따르기로 했다.

○○지방법원에서 항소심 첫 공판인 법원출석요구서를 받았다. 2009년 11월 4일 항소심 첫 공판은 눈이 내려 길은 미끄럽고, 날씨는 매섭도록 추웠다. 나의 마음을 대변하는 것 같았다. 날씨만큼이나 내 마음도 얼어붙어 있었다. 항소심 첫 공판은 택시기사에 대한 증인신문이 있을 것이다. 그가 어떻게 증언할 것인지 궁금해하며 뒤척이다가 뜬눈으로 아침을 맞았다. 오후에 있을 재판에 대비하여 소송 관련 서류를 뒤적였다. 책상에 앉아 사건에 대해 머릿속으로 하나하나 정리해 나갔다.

어느덧 법정 출석 시간이 다가와 버스를 타고 법원 앞에 내려섰다. 그리고 항상 하듯 심호흡을 한 후 법정에 들어섰다. 오늘만이라도 진실하게 택시기사가 법정 증언을 해 주면 좋으련만 나의 희망사항일까? 저 멀리 택시기사가 걸어오고 있는 것이 보였지만 믿음을 저버린 택시기사를 그냥 외면해 버렸다. 사건으로 만났던 사람들은 보기만 해도 겁이 났다. 어디까지 누구를 믿어야 하는지 마음을 종잡을 수 없었고, 더 이상 믿고 싶지도 않았다. 법정에 들어서 피고인석에 앉았다. 법정 안 분위기는 너무 어둡고 침침했다.

잠시 후 택시기사가 법정에 들어섰지만, 그도 그리 마음이 편하지 않는 듯했다. 김 변호사로부터 CCTV 시청을 요구받은 판사는 허가를 하고 처음부터 CCTV를 보기 시작했다. CCTV 영상을 모두 보고 난 후 판사가 말을 꺼내려 입을 열려는 순간 갑자기 택시기사가 손을 들며 이야기하기 시작했다.

"판사님, 저는 당시 사건 현장에 있었습니다. 그리고 그날 사건 현장에서 죽을 것 같은 기분을 느꼈습니다. 또한 그 좁고 밀폐된 공간에서 살기를 느껴 도망쳐 나왔습니다. 렌터카 사장이 경찰관들에게 욕을 하고 칼로 위협하는 것을 똑똑히 제가 본 후 죽을 것 같은 기분으로 도망쳐 나왔습니다."

피고인석에 앉은 나는 택시기사의 말을 듣고 어이가 없었다. 어떻게 저런 말을 지금에 와서 하는지, 마음의 변화가 어떻게 바뀌어 저렇게 이야기를 하는 건지, 누가 마음을 바로잡아 준 걸까? 처음부터 진실을 이야기했다면 2년이 다 되어 가는 세월 동안 여기까지 오지는 않았을 텐데 택시기사가 원망스러웠다. 공판 검사가 이에 질세라 끼어들어 택시기사에게 되물었다.

"증인은 1심 때 그렇게 이야기를 하지 않았고 칼은 못 봤다고 하지 않았습니까? 그리고 왜 이제 와서 진술을 번복하는 겁니까?"

"존경하는 판사님, 검사님. 저는 당시 죽을 것 같은 기분으로 도망쳐 나왔고 렌터카 사장이 경찰관을 칼로 위협하자 살기를 느껴 도망쳐 나왔습니다. 밀폐된 공간에서 죽을 것 같은 위협을 느꼈습니다."

택시기사는 판사와 검사를 각인 시키듯 다시 한 번 앞 진술을 번복하고 있었다.

중간에 김 변호사님이 택시기사에게 물었다.

"그럼 피고인 김종구가 사건 당시 최초 지구대에서 진술서를 육하원칙대로 작성하라는 말도 들었나요?"

"예, 들었습니다."

공판 검사가 뭐라 해도 택시기사는 똑같은 말만 계속 이야기했다.

'욕설, 위협, 칼, 살기, 죽음'

택시기사의 증언은 나의 입장에 서서 90% 이상 대변해 주었다고 생각했지만 고맙다는 생각은 전혀 들지 않았다. 사건 초기부터 나에게 처음 진술했던 것처럼 검찰에서 일관되게 진술해 줬다면 이렇게 억울함과 고통 속에 피 말림의 날들도 없었을 것이며, 이 지경까지 오지도 않았을 텐데…… 정말 너무 무책임한 사람이라는 생각만 들었다.

몇 년이 지난 이 시점에, 왜 이제 와서 진술을 번복하는지 이해가 가지 않았다. 지금 생각하면 검사와 사건계장은 택시기사를 상대로 한 첫 조사에서 속칭 '짜 맞추기' 수사를 진행했을 것이다. 무고한 사람이 구속되었다가 풀려났다며 큰소리를 쳐 위축시켰다가 타이르듯 위로해 주며 어르고 달래며 밀고 당기는 수사 기법에 택시기사는 진술서를 경찰관이 불러 주었다고 진술했을 것이다. 그런데 오늘 법정에서 CCTV 영상을 보고 난 후 당시 현장에서 목격한 기억에 대한 확신이 서고, 위증할 경우의 처벌도 두려워 진실되게 증언했을 것이다. 택시기사가 이제야 마음의 변화가 왔는지 한편으로 이해가 가기도 했지만 그냥 원망스러울 뿐이었다.

증인신문은 사건에 대한 다툼의 소지가 없이 간단명료하게 끝났다. 재판장은 다음에 항소심 선고공판을 한다고 하였다. 김 변호사님과 간단한 인사를 하고 난 후 법정 밖으로 나와 시간을 보니 19시. 퇴근 시간도 지났고 겨울이라 그런지 어두웠다. 법원 한쪽 귀퉁이에 있는 자판기에서 커피 한 잔을 뽑아 들어 한 모금 마셨다.
담배를 피우지 않은 나는 생각에 사로잡힐 때 밀크커피 한잔에 여러 가지 생각을 하곤 한다.

"휴······." 겨울 찬 공기에 따뜻한 커피를 한 모금 마시며 큰 숨을 들이켜니 막혔던 가슴이 뚫렸다. 공판 검사가 법정에서 나오는 것이 보였다. 검사들은 다 똑같다는 생각에 보기 싫어 다른 곳으로 시선을 돌렸다. 공판 검사는 검찰청 쪽으로 가다 말고 나에게 발길을 옮기는 것이 아닌가? 나에게 무슨 볼일이 있는 것은 아니겠지 생각했지만 공판 검사는 나에게 걸어와 내 앞에서 멈췄다. 그리고 나의 정면에 서있었다.

'내가 법정에서 무슨 잘못을 했나?'
내 앞에선 공판 검사는 90도는 아니지만 75도 정도로 깍듯이 인사를 하는 것이 아닌가?
"고생이 많으십니다."
갑작스러운 공판 검사의 말에 얼떨결에 목례를 했다. "고생이 많으십니다."라는 검사의 공손한 말 한마디에 '정말 양심 있는 분이구나!' 하는 생각이 순간 들었다. 어떻게든 억지 기소로 재판에서 이기려는 수사 검사와는 달리 이런 검사도 있다는 것에 새삼 놀랐다. 나에게 다가와서 여덟 글자의 인사를 건네기까지 많은 생각을 하고 자존심을 내려놓았을 것이다.
칼 든 렌터카 사장은 증거불충분으로 무혐의 처분하고 도리어 출동 경찰관을 기소한 부분에 대해 검찰들 사이에 찬·반론이 많았다고 들었는데 이분은 나의 입장을 대변해주는 것 같아 한편으로 감사했다.

검찰 대 경찰을 생각하기보다는 인간 대 인간으로 생각을 하고 나에게 다가온 것 같았다. 한편으로 생각하기에 정말 용기 있는 분인 것 같았다. 검찰총장도 담당 검사도 잘못한 부분에 대해 사과의 말 한마디 하지 않고 있는 이 시점에서 공판 검사가 담당 검사를 대신하여 소신 있게 사과한다는 것 자체가 인간적으로 보였다. 어떻게 생각하면 검찰 전체를 대신하여 사과한 것이나 다름이 없다는 생각이 들었다. 검찰에 대한 나의 불신이 조금은 누그러지는 느낌이 들었다.

12. 항소심 선고공판

　제야의 종소리가 울리며 2010년 새해가 밝았다. 며칠 후 선고공판 출석요구서가 왔다. 2010년 1월 15일 ○○지방법원에서 항소심 선고공판이 있는 날이 되었다. 6시 18분 알람이 울렸고, 항상 그랬듯이 몸을 뒤척이며 잠을 설쳤다. 소파에 앉아 두 손을 모으고 간절히 기도했지만 마음이 답답했다.

　법원 가는 길에 항소심 선고공판에 맞춰 많은 직원분들이 응원의 문자 메시지를 보내왔다.

　- 함께하지 못해 미안하지만 잘 되리라 믿어요. 힘!!! 승리의 여신이 함께하길. (장○○)
　- 악한 자의 길과 패역(悖逆)을 말하는 자에게서 건져 내리라! 주님 의지하시고 힘내세요. (○○교회)

- 시련은 기린의 목처럼 길지만 그만큼의 높이에 희망을 매달고 있습니다. 그 희망을 위해 다가가세요. (추○○)

나를 염려하고 생각해 주시는 분들이 있기에 혼자가 아님을 다시금 느끼게 하였다. 이번을 마지막으로 끝났으면 하는 소원을 마음속으로 간절히 기도했다. 법정 안 출입문을 들어서자 오히려 마음이 담담해졌다. 이런 심정을 당사자가 아니면 그 누가 알 것인가? 어떤 판결이 나올지 모르겠지만 그냥 있는 그대로 받아들이기로 했다. 세상일이 다 나의 뜻대로 되지 않는다는 것을 알기에 마음을 굳게 다졌다. 길게 심호흡을 하며 눈을 지그시 감은 후 마음을 비웠다.

판사가 항소심 판결문을 읽어 내려갔다.

"직권남용감금죄와 직권남용권리행사방해죄는 1심 때와 같이 무죄를 받았다. 그리고 허위공문서작성죄 부분에 대해 적법하게 조사하여 채택한 증거들에 의해 종합하여 보면, 이 사건 공문서가 허위로 작성된 것으로 보이지 아니하고, 달리 이를 인정할 증거가 없다. 위 공소사실이 범죄의 증명이 없는 경우에 해당함은 앞서 본바와 같으므로 공소사실에 관하여 무죄를 선고한다.[12]"

오직 유죄인지 무죄인지만 귀에 들어왔다. 마음속으로 소리를 질

---
12 2009노○○○○ 판결서 중에서

러 댔다.

무죄! 무죄다!

이제야 사건의 진실이 밝혀졌다.

더없이 기뻤다. 어떻게 말을 할 수가 없었다. 아니 표현할 수가 없었다. 2년이 다 되어 가는 사건에 대한 진실이 드러나면서 긴장이 풀렸다. 이 기쁨을 어떻게 표현해야 할지 한참을 눈을 감고 있었다. 지나온 소송세월에 잠시 눈을 감고 무죄의 안도감에 자유를 만끽하고 싶었다. 그 순간도 잠시 흐리지 않아 옆에 있던 최 선배가 옆구리를 찔러 정신이 들었다. '무죄', 얼마나 기다렸던 판결인가? 판사가 나간 후 옆에 앉은 김 변호사님께 감사의 인사를 드렸다.

박종환 청장님이 또 오셨다. 결과가 좋지 않으면 도움이 필요할 것 같아 도움을 주려고 오셨단다. 이루 말할 수 없이 기뻤다. 너무 기분이 좋아 막걸릿집으로 향해 축하 건배를 얼마나 들었는지 모른다. "뭐라 감사의 말을 해야 할지 모르겠습니다. 지금까지 제가 여기 있을 수 있었던 것은 다 여러분들 덕분이고 저를 도와준 경찰 직원분들이지 않나 싶습니다. 앞으로 더 열심히 조직에 감사함을 느끼며 생활하고 싶습니다. 감사합니다!"

하루가 지나고 근무에 들어서며 그 어느 때 보다 가벼운 발걸음으로 사무실로 향했다. 출입문을 들어서자 직원 분들의 축하 악수를 받았다. 감사함으로 서로 웃고 있지만 몇 분은 진실 된 축하의미가 아님을 익히 알고 있다. 모두가 자기가 겪는 사건처럼 근심하고 걱정하는 나의 마음같이 하나가 아님을 소송 진행 중 알 수가 있었으며, 인간 세상사임을 세삼 깨달았다.

예전 1심 재판 진행 중 근무 때 출근하여 근무복으로 갈아입고 있으면 항상 나와 같은 시간 때에 옷을 갈아입는 선배가 있었다. 나를 걱정하고 위로의 말 보다는 매번 이런 말을 건 냈다. "김종구 씨, 검사한테 무릎 꿇고 빨리 가서 비는 건 어때?" 비아 냥 거리 듯 건네는 그의 얼굴에서 선배라는 말도 아깝다는 생각과 검사의 얼굴이 오버랩 되어 보였다. 한편으로는 검사의 편에 서서 내가 구속되기를 바라는 말투였다. 선배에서 그 사람으로 변해버린 존칭은 이제는 낯설지가 않았다. 나보다 10여년 연배인 그는 퇴직이 가까운 것으로 아는데 아들이 경찰 들어온 지 1년도 되지 않은 것으로 경찰 들어온 아들을 매번 자랑 하곤 했었다. 아들도 나와 같은 사건을 겪을 수 있는데 정말 마음에 거슬렸다. 그렇다고 재판 소송비용에 대해 도와줄 것을 구걸한 것도 아니고 정말 어렵고 힘들 때 쓰디 쓴 소주한잔 얻어먹지도 않았다. 그랬던 그 사람이 항소심에서 무죄를 받고 출근한 날 "김종구 씨, 고생 했어"라며 악수를 청했다. 끝내 생각지도 않은 웃음 띤 미소로 악수를 받았다. 세상은 나쁜 사람보다 좋은 사람이 더 많다는 것을 알기에 사람들이 다 내 마음 같지 않아도 이해하기로 마음먹었다.

다음 날 최 선배와 김 변호사 사무실을 찾았다. 그리고 여러 가지 이야기를 하고 항소심에서 무죄판결을 받게 해 주심을 다시 한번 감사드렸다. 김 변호사님도 "소송할 사안이 아닌데……." 하시면서 분통하고 억울한 선배와 나의 마음을 감싸 안아 주었다. 두 번 세 번 큰 인사를 하고 사무실에서 나왔다. 생각 같아서는 무릎이라도 꿇고 큰 절이라도 하고 싶었다. 길을 걸으면서 검사의 말이 떠올랐다.

'누군가의 책임'.

13. 상고(검찰권 남용)

 항소심 선고공판이 끝난 후 세상이 모두 아름답게 느껴졌다. 그냥 기분이 좋았다. 무죄를 받고 다시 태어난 기분이었다. 이런 기분을 어떻게 표현해야 할지 이루 말할 수 없이 좋았다. 날씨가 좋으면 좋은 대로 흐리면 흐린 대로 비가 오면 비가 오는 대로 좋았다. '아! 이게 살아 있다는 거구나!' 그 누군가의 잘못된 판단으로 2년의 세월 동안 지옥 같은 세상에서 살았다는 생각이 들었다. 며칠 동안 평화로움을 만끽하고 있는 사이 고요한 나의 마음에 파장을 일으키는 전화벨이 울렸다. 휴대폰 창을 보니 김 변호사 사무실이다.

"김종구 씨, 검찰에서 상고를 했습니다!"

 '상고'라는 단어가 귓가에 맴돌았다. 김 변호사님께 인사를 하고 전화를 끊었는지 생각도 나지 않았다. 또다시 재판을 해야 된다는 생각에 심장이 멎을 것만 같았으며, 억장이 무너져 내릴 것만 같았다. 검찰에서 상고를 했다니 믿어지지가 않았다. 너무하다는 생각이 들었다. 담당 검사가 일말의 양심이라도 있을 줄 알았지만 역시나였다.

'또다시 어떻게 재판을 한단 말인가? 변호사 비용도 이제는 없다. 그렇다고 뒤로 물러설 수 없지 않은가?'

갑자기 나도 모르게 입에서 욕이 나왔다. 나쁜 인간들! 누가 봐도 그렇고 억지 기소 사건인데 반성은커녕 검사의 자존심 하나 때문에 검찰권을 남용하면서까지 상고를 하는 것 같다. 또다시 김 변호사와 약속을 하고 사무실을 찾았다.

"변호사님, 한 번만 더 도와주셨으면 합니다. 제가 믿을 분은 김 변호사님밖에 안 계십니다."

머리 숙여 부탁을 드렸다. 김 변호사님은 내심 많이 생각하고 고심하는 눈치였다. 사무실에서 한참을 생각하더니 흔쾌히 나의 요구를 들어주셨다. 문제는 돈이다.

'선임료'.

김 변호사님은 상고심 선임료로 최소한의 비용만을 요구했다. 돈이 있으면 더 드리고 싶었지만 나의 처지를 알고 계시기에 일부러 많은 돈을 요구하지 않으신 것 같았다.

'그래, 한번 해 보자. 검사 당신도 사람이고 나도 사람이다. 똑똑한 것은 당신이 더 나을지 모르겠지만 난 진실의 힘을 믿을 뿐이다. 사건 같지도 않은 사건을 가지고 법원에 기소하여 이렇게 나뿐만 아니라 가족들을 몇 년 동안 힘들게 하는 것을 하나님께서는 알 것이다.'
 조금이라도 양심이 있다면 그렇게 하지는 않았을 텐데, 검찰 권력에 사로잡혀 인간의 도리로서 하지 말아야 할 자행을 한 것에 대해 참 우습기도 하고 말이 나오지 않았다.

'이번이 마지막이다. 이제 끝이 왔다. 조금만 참자 종구야!'를 외치며 나 자신을 응원했다. 누구도 하지 못하는 누구도 겪지 못하는 일을 혼자 겪고 있다. 경험해야 되는 일은 아니지만 이런 인생을 사는 것도 한편으로 감사하게 생각하자며 마음을 다독였다.

언젠가 아내에게 "세상 사람들이 나를 몰라줘도 나를 알아주는 당신 한 명만 있다면 험난한 이 세상을 헤쳐 나갈 수 있는 힘이 있다."라고 한 말이 떠올랐다. 희망을 가지고 긍정적으로 생각하기로 했다.

14. 대법원 선고공판(덫으로부터의 탈출)

　항소심이 끝난 후 몇 개월이 지나갔다. 공판기일을 확인하기 위해 대법원 홈페이지에 접속하여 검색해 봤으나 공판 날짜는 잡히지 않았다. 대법원 공판도 당연히 무죄라고 확신하고 있지만 기일이 오래 걸리다 보니 당사자인 나로서는 안절부절 마음이 편하지가 않았다. 며칠이 지나 다시 인터넷에 접속해 보니 공판 날짜가 잡혔다. 2010년 9월 30일 대법원 선고공판. 공판기일이 다가오자 법정에 출석할지 말지가 망설여졌지만 내 사건이기에 가야만 했다. 그리고 재판 결과를 다른 사람을 통해 듣는다면 얼마나 마음 졸일지, 그냥 법정에 직접 가서 내가 듣는 편이 나을 것 같다는 생각이 들었다. 가을 하늘은 높고 청명했다.

　법정으로 향하면서 '결과가 좋지 않으면 어떻게 하나.' 하는 걱정으로 만감이 교차했다. 서초동 대법원 정문에 섰다. 대법원 콘크리트

벽은 굳어 버린 내 심장을 보여주는 듯했다. 법원으로 들어가는 중에 전화벨이 울렸다. 박종환 청장님 전화였다.

"점심 안 먹었지? 법원 뒤로 와라! 점심 한 그릇 하고 들어가자."

전화를 끊고 식당으로 걸어가면서 '법원까지 와 주시고 이 은혜를 어떻게 갚아야 하나…….' 혼자 중얼거렸다. 멀리 청장님의 모습이 보였다.

"바쁘신 와중에 와 주셔서 정말 감사드립니다."
"지난번에는 현직이라 법정에 들어가지 못하고 밖에서 구경만 했는데, 이제는 퇴직했으니 법정에 당당하게 같이할 수 있겠더구나. 너무 미안해하지 마라."
법정에 오는 것이 쉽지 않음을 난 익히 알고 있다.

청장님의 말씀에 고개가 절로 숙여졌다. 간단하게 식사를 마친 후 청장님과 함께 법정에 들어섰다. 연락도 하지 않았는데 강동경찰서 황순철, 김학무 님 두 분이 법정 앞에서 기다리고 있어 인사를 나누고 법정 중간쯤 자리를 잡고 앉았다. 머리가 복잡해 아무런 생각 없이 조용히 눈을 감았다. 주위가 조용해지는 것을 보고 눈을 떴다. 대법관 여섯 분이 차례로 걸어 나오며 자리에 앉았다. 방청석에는 피고인 및 가족들로 보이는 사람들로 웅성거렸다. 시간 순서대로 피고인 이름을 부르며 판결 주문을 형량과 같이 읽어 내려갔다.

어떤 사람은 환호하고, 어떤 사람은 울분을 토하며 소리를 질러 법원 경위들에게 제지를 당했다. 내 사건을 선고할 시간이 되었으나 재판 진행 지연으로 선고가 미뤄지고 있었다. 법정 천정과 재판관들 그리고 주위를 두리번거리며 안절부절못하고 있었다.

시간을 보니 15시 5분. 이어서 나의 이름을 부르는 재판장의 음성이 들렸다. 피고인 김종구 징역 8월. 판사의 말에 '징역 8월'만 귓가에 맴돌았다. 내가 징역 8월이라니 도저히 믿기지가 않았다. 지긋지긋한 3년간의 재판 세월이 이렇게 징역 8월로 마감한단 말인가? 함께한 청장님과 직원들이 놀란 눈빛으로 나를 쳐다보며 어떻게 이런 결과가 나올 수 있는지를 믿기지 않아 했다. 나 또한 항소심에서 무죄를 받았는데 '징역 8월이라니?' 하며 내 귀를 의심했다.

청장님과 직원들은 망연자실(茫然自失) 서로 멍하니 쳐다보고만 있었다. '이것은 아니다!' 나 스스로 선고 결과를 애써 부정했다. 손으로 감싸 쥔 이마를 무릎에 대고 일어설 수가 없었다. 어떻게 해야 하나? 이 상황을 어떻게 해야 하나? 머리를 숙인 채 고통에 몸부림치고 있는데 대법관의 주문을 낭독하는 목소리가 이어서 들렸다.

"절도 8범인 피고인 김종구!"

그제야 절도사건 피고인 김종구와 내가 아무런 관련이 없는 동명이인(同名異人)임을 알아차렸다. 처박고 있던 머리를 번쩍 치켜들었다. 청장님과 직원들 모두 안도의 한숨을 내쉬었다. 나 또한 지옥과 천당을 왔다 갔다 하는 기분이었다. 잠시 정적이 흘렀다. 나의 사건을 언제쯤 발표를 할지, 시간이 왜 지나지 않는 건지 마음속으로 전전긍긍했다. 그리고 20여분의 시간이 흘렀다.

"피고인 김종구 사건번호 2010도 ○○○○! 검사의 상고를 기각한다."

'기각'이란 말에 모두들 소리 없는 환호를 얼굴 표정으로 드러냈다. 항소심 무죄판결을 그대로 확정한다는 의미의 '기각'이었기 때문이다. 눈물이 날 것 같은 것을 꾹 참고 밖으로 나왔다. 당연한 결과지만 '무죄' 두 글자를 받아 내기 위해 2년 7개월이 걸렸다.

방청 온 분들과 손을 잡으며 축하 인사말을 건넸다. 정말 당연한 결과지만 그렇게 '억지 수사, 무리한 기소'를 하며 경찰을 구속시키고자 했던 무소불위(無所不爲) 권력인 검사를 이겼다는 것에 대해 너무나도 기뻤다. 난 무죄다 무죄! 마음속으로 소리를 질러 댔다.

'종구야, 정말 고생했다!'

더럽고 지저분한 그들과 타협하지 않고, 비굴함 없이, 끝까지 소신을 꺾지 않고 싸워 이긴 나 스스로에게 감사 인사를 했다. 겪어서는 안 될 사건이었지만 그래도 잘 참고 이겨 낸 부분에 대해 마음속으로 하나님께 감사함을 간절히 기도했다. 나의 인생에 있어 한 획을 긋는 큰 의미가 있는 날이었다. 청장님께서 축하 자리를 만들어 주셨다. 기쁨의 순간을 모두와 함께하면서 자정을 넘겨서야 축하 자리가 끝이 났다.

집으로 가는 길에 앞만 보고 걸어왔던 소송을 가만히 되돌아보았다. 무죄를 받기까지 얼마나 억울한 날들과 역경의 세월을 보냈는지 당해 보지 않은 사람은 아무도 모른다. 2년 7개월간 잠을 편히 자 본 적이 없었다. 꿈속에 그들의 빈정거림과 야유 그리고 식칼을 휘두르는 모습이 나타났다. 가정에 충실하지 못했고, 아내는 항상 두려움과 근심 걱정에 아무 말도 하지 못하고 숨죽이며 하루하루가 천년의 세월이었다. 나로 인해 가족들마저 주위 사람들의 외면과 따가운 시선 속에 주홍글씨가 되어 생매장당한다고 생각하니 헤아릴 수 없을 만큼의 고통으로 가슴이 아렸다.

소송이 한참 진행 중이던 어느 날 큰아들이 유치원을 다녀와서 나에게 물었다.
"아빠 직업이 뭐야?"
"어……."
소송 중에 경찰직을 계속할 수 있을지 확신이 서지 않았기에 말을 하지 못하고 머뭇거렸다.

"아빠 직업은 컴퓨터 고치는 사람이야."

"그럼 오늘은 몇 대 고쳤어?"

"오늘은 5대."

"우리 아빠 멋지다!"

해맑게 웃는 아들 녀석의 얼굴에 대고 거짓말을 하는 내 자신이 너무 미웠다.

미래에 대한 희망이 보이지 않았다. 나 하나 죽으면 일이 다 해결될 것 같은 생각에 아파트 옥상에서 뛰어내릴까? 산에 올라 목을 맬까? 어떻게 하면 소리 없이 한 번에 죽을 수 있을까? 하는 생각을 수도 없이 했다. 서러움에 복받쳐 누구든 붙잡고 소리 내어 엉엉 울고 싶었던 적이 한두 번이 아니었다. 가족들에게 약한 모습을 보이고 싶지 않아 새벽녘에 조용히 일어나 뒷산에 올라 목 놓아 울었던 아픈 기억들이 주마등처럼 스쳐 지나갔다.

새벽녘의 찬 공기는 시원했고 밤하늘의 별빛은 너무도 찬란했다. 나를 위해 만들어 준 밤의 풍경인 것 같다. 집 앞 중학교 운동장으로 향했다. 늦은 시간이지만 운동장에서 무릎을 꿇고 두 손을 높이 들었다.

'하나님! 감사합니다. 정말 감사드립니다.'

여호와께서 너희를 위하여 싸우시리니 너희는 가만히 있을지니라.
- 출애굽기 14장 14절 -

제3부　　또 다른 재판의 시작

1. 선택의 기로

어제 무죄판결 기쁨에 도취해 술을 얼마나 마셨는지 집에 어떻게 들어왔는지 기억이 가물가물하다. 김 변호사님 사무실을 찾아 감사의 인사를 드렸다.

"이제 마음 놓고 가족들과 즐겁게 보내세요."

김 변호사님의 말을 듣고 사무실을 나왔다. 동료들로부터 수십, 수백 통의 축하 전화와 문자를 받았다. 만나는 사람마다 고생했다며 축하의 악수를 청했다. "제가 잘했다는 것보다 동료들의 도움이 있었기에 여기까지 왔어요."라고 감사함을 표했다. 저녁이 되어 집에 들어가면서 케이크와 통닭 그리고 맥주를 사 들고 집으로 향했다. 거실에 상을 펴 놓은 것을 보니 귀여운 녀석들이 영문도 모른 채 아빠를 기다린 것 같았다. 케이크에 촛불을 붙이고 그냥 생일 노래를 부르며 아이들과 신나게 박수를 쳤다.

대법원 판결 선고 후 손해배상청구소송을 진행할 것인지 말지의 고민이 뒤따랐다. 손해배상청구를 해야겠다는 생각이 들었지만, 가족, 변호사 비용, 새로운 재판의 시작 등 많은 생각들이 머리를 더욱 아프게 했다. 소송을 진행하면 경제적·육체적·신체적 3중(三重)의 고통이 또다시 따를 것을 생각하니 엄두가 나지를 않았다. 또 다른 재판을 잘 헤쳐 나갈 수 있을지 많은 고민에 고민을 거듭했다. 손해배상청구 생각에 빠져 아내가 몇 번이나 부르는 소리를 듣지 못하다가 그제야 고개를 돌렸다.

"여보! 뭘 그리 생각하는 거야? 그만해! 자기는 자기만 생각하지? 가족들 고생하는 것은 하나도 생각 안 하고 말이야?"

아내는 이미 나의 마음을 읽고 있었다. 2년 7개월간 옆에서 지켜보는 소송의 걱정과 괴로웠던 심정, 힘들었던 마음을 처음으로 드러냈다. 내가 너무 무심한 사람이지 않았나 싶었다. 소송 기간 동안 휴가다운 휴가를 한 번도 가지 못하고 항상 머릿속에 맴돌았던 소송! 쉬는 날도 가족들을 돌보지 못했던 순간들이 주마등처럼 스쳐 지나갔다. 그렇게 생각하니 아내에게 손해배상소송을 시작하겠다는 말이 쉽게 나오지 않았다. 그러나 편파수사에 이어 기소를 위해 허위 공소장을 작성하면서까지 정당하게 공무집행을 한 경찰관을 기소한 것에 대해 도저히 용납이 되지 않았다. 내가 여기서 무죄를 받고 멈추단면 그들은 버젓이 또 다른 억울한 사람을 만들어 낼 것이다. 그들은 나에게 했던 것처럼 그렇게 세상을 살아왔을 것이고, 앞으로도 똑같이 권력과 돈의 힘을 빌려 살아갈 것이다. 담당 검사와 사건계장은 내 사건 외 얼마나 많은 무고한 시민들에게 거짓 진술을 강요하고 조작된 조서를 꾸미는 횡포를 저질렀을까? 많은 사람들이 나와 같은 피해를 당했을지를 생각하니 피가 거꾸로 솟고 분노가 치밀어 올랐다.

검사의 '무소불위 권력'과 렌터카 A 사장의 '유전무죄 무전유죄'란 말이 이 사건에 딱 어울리는 표현 아닌가? 비굴하지 않고 정의롭게 살고 싶고, 잘못된 것을 바로잡기 위해 누군가는 바로잡아야 한다는 생각이 들었다. 하지만 또 다른 재판을 시작하기에 앞서 마음의 상처를 받을 일도 많을 텐데 잘 참고 이겨 나갈지 걱정이 앞섰다.

한참을 망설이다가 아내에게 말을 꺼냈다.

"여보, 정말 미안해. 지금 이 순간이 힘들겠지만 퇴임 후 이 사건에 대해 다시 생각한다면 너무 억울해서 남은 인생을 살아갈 자신이 너무 없다. 그리고 하루하루를 후회하며 여생을 살 것 같아. 내가 이렇게 무죄를 받은 것까지만 해도 나 자신과 경찰 조직에 할 도리는 다 했다고 보지만 나를 이렇게 만든 사람들은 하나님께서 벌을 줄 것이고, 다시 소송에 임해 도와주신다면 나 또한 두렵지 않을 것 같아. 내가 비굴하게 살지 않았다는 내 자신에 대한 떳떳함이 먼 훗날 아들에게도 자랑스러운 아버지가 될 수 있을 것 같아. 나의 영달을 위해 소송을 하는 것은 절대로 아님을 자기도 알잖아! 내가 이렇게 함으로써 지금도 공무수행 중에 도리어 피소를 당해 억울하게 소송하고 있는 경찰 선후배님들에게 조금이나마 자신감과 도움을 주고 싶을 뿐이야."

나의 이야기를 듣던 아내는 맥주잔을 들이켜며 넋 나간 사람처럼 가만히 나를 바라보았다.

"여기서 더 잘못되면 어떡해?"

아내의 질문에 말없이 맥주잔만 바라보았다. 앞으로 소송이 잘 될지 안 될지에 대한 불안감과 다시 마음고생을 할 것을 생각하니 아내도 자신이 없어 보였다. 한참을 생각한 끝에 아내는 입을 열었다.

"그냥 옆에서 지켜만 보고 있어도 당신이 힘든 걸 알아. 아무튼 하는 김에 잘하고 잘되길 바라는 수밖에 없네, 여보."

2. 다윗과 골리앗

꿈속에 담당 검사, 사건계장, A 사장이 비웃으며 나를 향해 휘두른 그들의 칼에 찔려 쓰러지는 악몽을 꾸었다. 꿈을 잘 믿지 않는 나였지만 기분은 영 좋지 않았다. 소송을 하기로 마음은 먹었는데 중간에 포기하는 것은 아닌지 검사와 A 사장과의 싸움으로 지금보다 더 악영향이 미치는 것은 아닌지 망설여졌다. 어떻게 해야 할지 머리가 복잡했다. 무작정 하나님께 기도를 드렸다.

며칠 후 나를 도와준 '폴네띠앙' 모임에 감사 인사를 하기 위해 참석하기로 했다. 금요일 저녁 강동구 암사역 부근 어느 한 식당에서 15명 내외의 회원들이 모였다.

"어떻게 할 것인가요?"

회원들이 물었다. 대답을 듣기 위한 시선들이 나에게로 모였다. 선뜻 대답하기가 망설여져, 크게 숨을 들여 마신 다음 말했다.

"사건에 대해 무죄를 받았지만 다시 당사자들을 상대로 소송을 하고 싶습니다. 하지만 제 마음도 중요하지만, 솔직히 경제적인 문제를 논하지 않을 수가 없습니다. 변호사 비용을 어떻게 충당해야 할지 고민을 하게 되었습니다. 여러 가지 문제와 걸림돌이 있지만, 변호사 비용 때문에 선뜻 결정하지 못하고 망설여집니다."

"어떤 죄명으로 다시 소송을 한다는 거죠?"

"1·2·3심 판결문을 보면 렌터카 사장이 특수공무집행방해죄 죄명에 대한 합법적인 현행범 체포라고 명시를 해 놓았습니다. 담당 검사가 렌터카 사장을 특수공무집행방해죄 죄명에 대해 증거불충분으로 무죄를 해 준 상태고, 아직은 판사의 판결을 받지 못한 상태입니다. 따라서 이 사건에 대해 저는 다시 소송을 제기하여 판사의 판결을 받겠다는 취지인 것입니다."

"본인의 마음이 중요하겠지만, 쉽지 않은 소송의 여정으로 생각됩니다. 많은 고심 속에 결단을 내렸나요?"

"저 또한 쉽지 않은 결정 속에 많은 생각과 고민을 했고, 아내와 많은 대화를 나눴습니다. 소송을 다시 함으로써 저에게 닥쳐올 어려움도 생각하고 있습니다. 하지만 득(得)이 될지 실(失)이 될지 그것은 논하고 싶지 않습니다. 이 일을 함으로써 대한민국의 정의가 바로 설 수 있었으면 하는 바람이고, 검사의 무소불위 권력에 당하고 있는 일반 시민들 및 우리 동료 선후배님들에게 조금이나마 힘과 용기를 주고 싶은 마음뿐입니다. 저와 같은 제2의 피해자가 나오지 않게 하기 위해서 다시 소송을 하기로 결심을 한 것입니다."

  한참 동안 듣고 계셨던 황운하(現, 조국혁신당 의원) 님이 소송 비용은 폴네띠앙에서 지원하는 게 어떻겠냐고 자리에 있는 사람들에게 물었다. 모두들 흔쾌히 찬성했다.
  황운하 청장은 항상 토론을 통해 합의점을 찾으려 하고, 후배들의 의견을 경청 후 의견을 표했다. 편안하게 사람을 대하면서도 어떤 사안에 대한 판단이 서면 강한 추진력과 외유내강(外柔內剛)의 모습을 보였다. 지금까지 일생을 검경 수사권 조정과 형사사법구조의 민주화를 위해 걸어왔다고 해도 과언이 아닌 분이다. 모임을 마치고 집으로 향했다. 기온이 차가웠지만, 하늘의 별빛이 너무 밝게 빛나는 밤이다. 오랜만에 별빛이 아름답게 느껴졌다.

  서산대사의 선시 답설(踏雪)이 떠올랐다.

답설(踏雪) - 눈을 밟으며

답설야중거(踏雪野中去)
눈 밟으며 들 가운데를 가는구나

불수호란행(不須胡亂行)
함부로 가서는 안 되나니

금일아행적(今日我行跡)
오늘 내가 간 자취가

수작후인정(遂作後人程)
마침내 뒷사람의 길이 되는 것을[13]

그 어느 누가 걷지 못한 길을 걷는다는 것이 어렵고 힘들더라도 무언가 하고 있고 애쓰고 있으니 감사한 일이 아닌가? 무언가 하고 있고 애쓰기에 어렵고 힘들지만 어렵고 힘든 일이 없기를 소원한 적이 없다. 다만 굴하지 않기를…… 이 감사함이 계속되기를 바랄 뿐이다. 하나님은 인내할 수 있는 만큼의 고통을 주신다고 하셨다. 살아 있는 자체 및 숨 쉬고 있다는 자체에 감사하며 앞으로 나아가기로 마음먹었다. 앞이 깜깜하게 느껴지지만 그래도 내 주위에 나를 아껴 주고 생각해 주는 직장 동료가 있기에 힘들지 않음을 느꼈다.

며칠 후 폴네띠앙에서 변호사 비용을 지불하기로 연락이 왔다. 내가 보답하는 길은 오직 재판에서 승소하는 길밖에 없었다. 소송 비용은 해결되었지만 변호사를 선임하는 것이 급선무였다. 변호사를

---

13   서산대사 선시 中에서.

선임하기 위해 여러 곳을 수소문해 봤지만 대한민국 검사를 상대로 한 다윗과 골리앗의 싸움이다 보니 변호사들이 선뜻 나서서 사건을 맡으려고 하지 않았다. 또한 변호사 선임 비용의 적은 액수에 호감을 갖지 않는 듯했다. 폴네띠앙 회장에게서 전화가 왔다. 내 사건 이야기를 듣고 기꺼이 도와주시겠다는 분이 연결이 됐다고 했다. 정말 일이 잘 처리되는 것 같은 기분이 들었다.

다음 날 예전 종업원과의 통화 내용을 녹음했던 녹취록 그리고 판결문과 지금까지 서류들을 챙겨 들고 미리 연락해 두었던 서초동 허금탁 변호사 사무실을 찾았다. 허 변호사님은 말하는 자체가 긍정적이고 호탕하신 분 같았다. 차를 한 잔 마시면서 사건에 대한 이야기를 나누었다. 지금까지 온 것에 대해 고생했다며 칭찬을 아끼지 않았다. 걱정하지 말라고 하면서 선임료 얘기를 꺼냈다.

"많은 선임 비용을 이야기해야 하지만 공직에 계시고 억울한 소송 세월을 감안하여 선임 비용을 많이 받지는 않겠습니다. 저 또한 도와주고 싶을 뿐입니다. 그리고 이왕 하는 김에 민사·형사까지 같이 해 드리겠습니다."

선임 비용 이야기에 놀라지 않을 수가 없었다. 그러면서도 여기까지 온 것에 대해 변호사님은 정말 고생했다며 자기 사건처럼 가슴 아파하는 것 같았다. 먼저 선임했던 변호사분들 모두가 좋으신 분들이었지만, 허금탁 변호사님은 더 열정이 느껴지는 분이었다.

언제부터인가 난 기도의 힘을 믿었고, 어느 순간 기도를 했던 일들이 이루어질 때마다 놀라움을 금치 못했다. 마음속으로 '감사합니다'를 수없이 외치면서 맑은 하늘을 올려다보았다. 모든 것이 다 아름다워 보였다. 옆에 누군가 있다면 콧 노래를 부르며 말하고 싶다.

"인생은 살 만한 가치가 있지 아니한가?"

3. 제2라운드(감춰진 진실)

변호사 선임 문제를 해결했지만 또 하나 고민거리가 생겼다. 어디에 고소할 것인지 지인들과 고민 끝에 서울지방경찰청 민원실에 고소장을 제출하기로 했다. 많은 고심을 했지만, 이제는 2라운드 재판이 시작되었다. 재판을 다시 시작하면서 '무엇을 얻고자 하는 것도 아니고, 오직 진실에 대한 진실을 밝히기 위한 것'이라고 굳은 결심을 했다. 고소장을 제출하고 전철을 타고 오면서 더 이상 좌고우면(左顧右眄)하지 않기로 했다. 무죄를 받기 위해 2년 7개월, 거의 3년이 걸렸지만 또 다른 재판의 끝이 얼마나 걸릴지 모르기 때문이다. 몇 년간의 재판을 해서인지 이젠 재판에 대한 인이 박히는 것 같았다. 더 이상 두려울 것도, 무서울 것도, 억울할 것도, 손해 볼 것도 없다는 생각이 들었다.

고소장을 제출 후 2~3일이 지나 담당 형사로부터 연락이 왔다. 다음 주 고소한 내용에 대해 조사를 받기로 했다. 고소 사건에 대한 조사를 받기 위해 지금까지의 판결문과 서류, CCTV 영상 자료, 택시기사 녹취록. 종업원 녹취록 등 자료들을 다시 한번 살펴보았다. 그리고 그날의 현장 상황들을 머릿속에 그렸다.

서울지방경찰청 사건 담당 형사와 잡은 날짜에 맞춰 관련 서류들을 챙겨 들고 경복궁역으로 향했다. 엘리베이터를 타고 올라가 복도 끝에 자리 잡은 사무실로 들어가 고소인 조사를 받았다. 피해자 입장에서 조사를 받으니 한결 마음이 가벼웠다. 출동 경찰관들에게 폭언과 욕설을 하며 칼로 위협한 사실에 대한 특수공무집행방해죄, 출동 당시 현장에서 폭언과 욕설을 했지만 렌터카 사장은 경찰관에게 존댓말만 하고 욕 한마디 하지 않았다며 법정에서 자해를 주장한 부분에 대한 위증죄, 렌터카 사장과 사건계장이 뇌물을 주고받은 후 나에게 죄를 뒤집어씌운 사안에 대해 세세하게 진술을 했다.

뇌물 관련 부분에 대해 1심 선고공판이 나기 전 C 종업원의 대화 및 녹취 내용이 머리에 떠올랐다.
"제가 600만 원 월급은 못 받았지만 김 형사님 사건 전부터 우리 사장님하고 검찰청 사건계장이 아는 사이인지 모르고 계셨죠?"
그때 당시 C 종업원의 말을 듣고 난 할 말을 잃었다.
"저랑 같이 일하는 B라는 종업원이 있는데 그 종업원이 저에게 이야기를 해 주었습니다. 저희 사장님이 ○○구치소에 며칠간 구속되어 있다 나온 후 ○○동 ○○주점에서 검찰청 사건계장과 만나 많은 금액을 주며 사건을 바꿔치기해 줄 것을 부탁했고, 사건계장은 뇌물을 받은 후 김 형사님 사건을 바꿔치기한 것입니다."

당시 종업원의 말을 들은 나는 그제야 사건의 전체적인 내막을 알 것 같았다. 이런 사실이 있었기에 그렇게 편파수사와 억지 기소를 하고 사장은 이 사건의 결과를 뻔히 알고 있는 듯 민사소송을 준비하고 있었다니 기가 막힐 노릇이었다. 우리나라 검찰만이 할 수 있는 일이었다. 피해자와 피의자를 바꿔치기하고 봐주는 척하면서 자기들의 이익을 다 챙기는 이 나라가 '검찰공화국'이란 말이 실감 났다.

저희 사장님한테 돈을 받은 검찰 사건계장은 형님, 형님 하면서 허리를 굽신거리며 인사를 했다고 합니다. 이야기를 듣고 있었던 난 입에서 헛구역질이 나왔다. '쓰레기 같은 인간들!' 인간의 탈을 쓰고 어떻게 그렇게 할 수 있단 말인가? 그냥 미친 사람처럼 입에서 욕이 나왔다.

당시 녹취록 관련 사항을 두 번째 선임한 L 변호사께 모든 것을 이야기했지만 L 변호사는 "지금 김종구 씨는 구속되게 생겼는데 C 종업원이 돈을 건넨 사실을 직접 본 것도 아니고 B라는 종업원의 말만 듣고 증거로 제출하기에는 무리가 있다고 생각합니다. 전문증거[14]를 판사가 믿어 주겠습니까? 김종구 씨는 지금 구속당할 처지에 있습니다. 확실한 증거 자료 없이 지금 상황에서는 썩 좋은 판단은 아닌 것 같습니다. 검찰 사건계장의 뇌물 부분에 대한 녹취자료는 제외하고 그 외 C 종업원이 보고 들은 사장의 욕설과 경찰관을 칼로 위협한 상황의 녹취록에 대해서만 법원에 증거로 제출하겠습니다."

뇌물 관련하여 나의 주장을 내세웠지만 지금 생각하면 L 변호사 말을 듣기 잘했다는 생각이 들었다. 만약 L 변호사의 말을 듣지 않고 '뇌물 관련 녹취록'까지 증거물로 제출해 나의 감정만을 앞세워 무리하게 소송을 진행했다면 백전백패(百戰百敗)였을 것이다.

서울지방경찰청에서 조사를 받으면서 뇌물 부분도 녹취록을 같이 제출하고 진술에 임했다. 조사는 오후 늦게 돼서야 마무리했다.

"다시 한번 불러 조사를 받을 테니 그때 나오시면 됩니다."

담당 형사의 이야기를 듣고 서울지방경찰청 정문을 나섰다. 뇌물

---

14 전문증거라 함은 사실인정의 기초가 되는 경험적 사실을 경험자 자신이 직접 법원에 진술하지 않고 다른 형태에 의하여 간접적으로 보고하는 것을 말한다. 이러한 증거는 그 내용이 진실한가 아닌가를 반대신문에 의하여 음미(吟味)할 수 없으므로, 그 평가를 그르칠 위험성이 있다. 그래서 법원 그 증거능력을 원칙적으로 부정하고 있다(형사소송법 제310조의 2).

관련 부분을 고소하리라고는 사건계장과 A 사장은 추호도 몰랐을 것이다. 하늘을 보며 '이제는 정말 제2의 재판이 다시 시작되었구나!' 생각이 들었다. 얽혀 있던 실타래가 풀리듯 사건의 오해와 진실이 하나둘씩 밝혀지고 있었다.

4. 대질조사(드러난 진실)

다시 사건 이전의 생활로 돌아가는 것이 쉽지가 않았다. 출근을 해서도 검사와 사건계장 그리고 렌터카 사장과 칡넝쿨처럼 얽히고설킨 사건의 진행이 어떻게 될지 한 치 앞도 알 수가 없었다. 전화벨이 울렸다. 서울지방경찰청 전화번호였다.

"내일 렌터카 사장하고 대질조사가 있으니 오후에 사무실로 나오시면 됩니다."

대질조사는 생각하고 있었지만, 렌터카 사장 이름만 들어도 정말 만나고 싶은 생각이 없었다. 보기 싫은 사람을 다시 만나야 한다니 그리 마음이 편하지 않았다.

2011년 3월 19일 아침 전철을 타고 가며 대략적인 사건 진행 경과를 되짚다 보니 벌써 서울지방경찰청 정문에 도착했다. 형사과 대질조사실로 들어가니 렌터카 사장이 앉아 있었다. 담당 조사관을 앞에 두고 자리에 앉자 조사가 시작되었다.

렌터카 사장은 무릎을 꼬은 채 의자에 앉아 자기의 사건도 아닌 나의 사건기록을 한 장 한 장 넘겨가며 읽어 보고 있었다. 그것을 본 나는 담당 형사에게

"이래도 되는 겁니까?"

"그냥, 놔두세요" 담당형사는 짧은 말을 건 냈다. 그전에 담당형사는 렌터카 사장을 조사하면서 어떤 사람인지 충분히 파악했으리라 생각했다.

사장은 '자해, 존댓말' 등 전에 했던 진술들을 똑같이 주장했다. 조사를 받는 중간중간에 사장은 '현장에서 위협을 느낀 나의 주장'에 대해 시비를 걸어왔다. 화는 났지만 흥분하면 안 된다는 생각에 크게 심호흡을 하고 마음을 바로잡았다. 담당 형사에게 사장이 칼로 위협한 상황을 재차 자세하게 설명했다. 옆에 있던 사장은 붉게 상기된 얼굴로 "제가 언제 위협을 했다고 그럽니까?"라며 언성을 높였다. 나 또한 사장의 말과 거짓말에 화가 치밀어 올랐지만 숨을 깊게 들이마시고 명상에 잠기듯 눈을 지그시 감았다 뜨면서 사장을 향해 한마디 내뱉었다.

"할 말 있으면 우리 법정에 가서 봅시다!"

지금까지 가슴속에 억눌려 있던 감정을 밖으로 내뱉었다. 짧고 간결했지만 무게가 실린 의미심장한 말에 사장은 아무 말도 하지 못했다. 조서가 마무리될 즈음 경찰관을 향해 칼을 들고나온 자체가 특수공무집행방해죄라 생각되며 엄중한 법 처벌을 바란다고 또다시 언급했다. 진술조서에 도장을 간인하고 급히 사무실을 나왔다. 깊이 반성하고 용서를 구하면 고소를 취하하려고 생각 했는데 사장은 더 기고만장했다. 정말 용서받지 못할 사람 같았다. '이젠 뒤로 물러설 수 없는 상황이다. 이제부터 정말 본격적인 싸움의 시작이다!'라는 생각이 들었다.

며칠 시간이 흘렀다. 담당 형사는 조사한 것을 바탕으로 A 사장에 대한 영장신청을 했으나 기각되고, 수사는 순조롭게 진행되지 않았다. 언론보도를 통해 영장 기각 된 기사를 볼 수 있었다.

『영장을 기각한 검찰청의 한 관계자는 "3년 전 같은 사건으로 열흘 넘게 구속됐던 사람에 대해 다시 영장을 청구하기 어렵고, 법원에 영장이 갔어도 발부 될 가능성이 거의 없었다."

서울 한 경찰의 간부는 "견재 장치 없는 검찰이 무리하게 기소권을 행사한 대표적이 사례였으며, 수사권 조정 논의 과정에서 검찰이 경찰 자질론을 꺼낼 텐데 이런 식이라면 수사권을 가진 자의 횡포나 다름없다"고 말했다.』

기사의 내용은 한 마디로 창과 방패였다.

나를 조사했던 검찰 사건계장은 명퇴 신청을 했다고 들었다. 명퇴 신청이라! 꼭 이 사건 때문에 명퇴 신청을 했을 리는 없겠지만 그래도 나로서는 의심이 갈 도리밖에 없었다. 서울지방경찰청 형사과 담당 형사는 포기를 하지 않고 계속해서 수사를 진행했다. 몇 달이 지나 A 사장과 사건계장의 뇌물혐의가 밝혀졌다.

○○주점에서 접대부, 양주 등 20만 원의 향응을 받았다는 것을 담당 형사가 밝혀낸 것이다. 몇 번의 기각에도 포기하지 않고 뇌물 부분을 끝까지 수사한 담당 형사분이 대단하다는 생각에 이 자리를 빌어 다시 한 번 감사드릴 뿐이다. 당연히 사건 관련하여 렌터카 사장과 검찰 사건계장이 많은 금품을 주고받았다는 이야기는 서로 안 했을 것이다. 정말 그 정황이 사실이라면 정말 나쁜 사람들 아닌가? 도저히 용서가 되지 않았다. 아니 용서를 해서는 안 된다. 처음부터 잘못을 시인하고 사죄를 했다면 이런 일이 발생하지도 않았을 텐데 나의 가족들과 나의 인생을 처참하게 만든 것 아닌가? 욕밖에 나오지 않았다. 이제는 나의 입도 더럽히고 싶지 않았다.

내가 겪고 있는 이 사건에 대해 한번은 짚고 넘어가야 한다. 담당 검사가 책임을 지지 않는다면 앞으로 이런 죄 없는 사람들은 계속해서 나타날 것이고 무소불위 권력을 휘두르는 검사는 국가의 보호 속에 실수라는 변명을 늘어놓으며 그냥 또다시 넘어갈 것이다. 만약 경찰관들이 사건을 이런 식으로 처리하다 진실이 밝혀졌다면 우리나라 언론은 인터넷과 TV에 도배를 했을 것이고, 담당 경찰관은 당연히 징계처분에 인사발령이 났을 것이다. 똑같은 권력기관인데 왜 이렇게 달라야 하는지 도저히 이해가 가지를 않았다.

  A 사장과 검찰계장이 뇌물을 주고받은 후 사건을 바꿔치기한 것도 나쁘지만 담당 검사가 조사 당시 중립을 지키고 나의 말을 들어주며 편파수사만 안 했어도 억울한 세월을 보내지는 않았을 것이다. 담당 검사가 하는 일이 뭐란 말인가? 옳고 그름과 잘잘못을 가리기 위해 검사가 있는 게 아닌가? 법을 공부한 사람이 수많은 사건을 수사하고 결론을 내렸을 텐데 유독 경찰 관련 이 사건에 대해 무리하게 억지 기소한 이유는 무엇일까? ○○지방검찰청은 타 행정공무원 보다 경찰관을 구속시키면 승진의 인센티브가 더 있다고 하던데 정말 그런 것일까? 그래서 담당 검사가 부장검사로 진급한 것일까? 그렇게 남의 삶을 짓밟고 올라간들 무슨 부귀영화와 삶의 낙이 따를 것인가? '인간사 새옹지마(塞翁之馬)'라 하지 않았던가!

  담당 형사는 렌터카 사장과 사건계장을 ○○지방검찰청에 불구속 기소의견으로 사건 일체를 송치하였다. 만약 2년 7개월간의 소송으로 무죄를 받고, 검은돈과 결탁한 썩은 권력을 그냥 두고 지나쳤다면 뇌물 관련과 이번 사건은 영원히 암흑 속에 묻혔을 것이다. 사건계장과 담당 검사는 또다시 다른 사람을 상대로 편파수사와 무소불위 권력을 휘두르며 공직 생활을 했을 것이다. A 사장 또한 권력과 뇌물의 힘을 빌려 법을 무서워하지 않는 편안한 삶을 살아갔을 것이다. 사건을 기사화하고 싶다는 모 신문사 기자와 통화를 했다. 며칠이 지나 인터넷상에서 나와 관련한 기사를 읽어 볼 수가 있었다.

"檢 사건계장 금품수수 '3년 탐문 진실' 밝혔다."

○○지방검찰청에서 다시 조사를 받게 되었다. A 사장과의 대질조사를 위해 검사실 출석요구서를 받았다. 이제는 상황이 180도 다르다. 기도한 대로 사건이 진행되고 있는 것 같았다. 검찰 출석 당일 최 선배와 통화 후 전철역에서 만났다. 어깨를 펴고 당당히 검사실로 들어가 조사를 받았다.

예전에 참고인에서 피의자로 대하던 위압적이고 편파적인 검사의 자세는 보이지 않았다. 너무 대조적이였다. 오히려 친근감이 들 정도였다. 같은 검사인데 왜 이렇게 다를까? 그리고 공정하고 객관적인 입장에서 조사하기 시작했다. 서울지방경찰청에서 송치한 자료에 대한 보충으로 조사를 하겠구나 하는 생각이 들었다. 몇 분이 지나 렌터카 사장과 B 종업원이 들어오는 것이 아닌가? 아무래도 오늘 대질조사를 할 것 같은 느낌을 받았다. 서로 눈이 마주치자 외면을 했다. 한 사람은 땅으로, 한 사람은 사무실 천장으로 눈을 돌렸다. 몇 달 만에 다시 만났지만 여전히 반가운 얼굴들은 아니었다. 내가 몇 년 동안 당한 생각을 하면 당장 A 사장의 멱살을 잡아도 분이 풀리지 않을 것 같았다. 마음대로 한다면 일이 풀리지 않을 것을 알기에 참아야 한다는 생각밖에 없었다. 이제껏 참아 왔는데 앞으로도 참고 이겨 나가야겠다고 마음을 다졌다.

검사 앞에 4명이 대질조사를 받기 위해 좌측부터 나, 최 선배, B 종업원, A 사장순으로 자리에 앉았다. 사장의 진술은 예전에 법정에서, 그리고 항상 이야기했던 똑같은 진술을 또다시 하고 있었다. 자기 잘못을 시인하지 않고, 자기는 잘못이 없는데 왜 대질조서를 받아야 하는지 이해를 못 하겠다는 변명으로 일관했다. 어느덧 대질조사가 마무리되었다.

"김종구 씨 더 할 말 있나요?"
"검사님, 1·2·3심 판결문에 나와 있듯이 경찰관을 칼로 위협한 것은 분명하고 특수공무집행방해죄에 대한 합법적인 현행범 체포라고 명시해 놓았으니 원칙대로 해 주셨으면 합니다. 그리고 뇌물죄도 같이 처벌해 주셨으면 합니다."

검사에게 뇌물죄에 대해 강하게 어필했다.

"그것은 걱정하지 않으셔도 됩니다. 저희가 알아서 수사하기로 하겠습니다."

진술이 끝나고 20~30분 진술조서를 열람했다. 미흡한 부분에 자필로 보충을 했고 신중히 조서를 읽어 본 다음 서류에 간인을 한 후 검사실에서 나왔다. 검찰청 청사 밖으로 나오면서 정말 용서받지 못할 사람이 아닌가 싶은 생각이 들었다. 어떻게 저렇게 사람의 탈을 쓰고 뻔뻔할 수 있는지 그냥 '잘못했다'는 말 한마디면 되는데 말이다. 검찰청 청사 앞을 나와 하늘을 쳐다보았다. 가슴 한구석에 쌓였던 억울함을 조사받는 검사와 A 사장 앞에서 말하고 나니 후련했다.

갑자기 커피 생각이 나서 최 선배에게 차를 한잔하자고 권했다. 여느 때와는 달리 흔쾌히 받아들이는 최 선배의 얼굴에 여유가 보였다. 앞으로 일을 상의하기 위해 최 선배와 커피숍에 들어가 그윽한 커피 향기를 깊숙이 들여 마셨다. 흐르는 음악이 감미롭게 들렸다.
이렇게 커피 향에 잠깐 여유를 갖는 것이 얼마만인가?

그로부터 몇 달이 흐른 후 검찰 조사를 받은 나의 사건 조사 결과에 대한 언론보도를 인터넷상에서 볼 수 있었다. 주간지인 ○○사에서 '졸지에 범죄자가 된 경찰의 기막힌 사연'으로 언론에 보도가 되었다. 기사 제목만 봐도 나의 마음을 대변해 주는 내용임을 알 수 있을 것 같았다.

5. 항고(모순)

 검찰에서 대질조사를 받은 지 몇 달이 지났다. 과연 담당 검사는 나의 고소 사건에 대해 어떻게 처리할 것인지 궁금했으나 사건은 종결이 되지 않고 있었다. 2012년 7월 4일 처분 일자가 찍힌 우편물에 ○○지방검찰청으로부터 렌터카 사장의 고소 사건에 대한 결과 통지가 왔다. 우편물을 확인해 보니 특수공무집행방해죄, 뇌물공여죄는 불구속구공판[15]으로 위증죄는 혐의 없음(증거불충분)으로 적혀 있었다. 어떻게 위증죄가 혐의 없다는 말인가? 정말 이해가 가지를 않았다. 위증으로 인하여 모든 사건이 여기까지 온 것 아니던가? 등기 우편을 받고 며칠 후 렌터카 사장과 사건계장에 대해 '허위조서 논란에 풀려난 피의자 결국 기소'란 언론보도가 나왔다. 그리고 렌터카 사장의 위증죄가 혐의 없음 처분에 대해 어떻게 할 것인가? 고민 끝

---

15 구속을 하지 않은 상태에서 공판에 회부되는 것, 재판은 피고인의 불구속 상태로 하되 공판절차로 진행.

에 허금탁 변호사님과 상의 후 검찰의 불기소처분에 대해 항고를 하기로 했다.

"자해를 하려고 칼을 가지고 나왔다. 욕을 하지 않았다. 당시 현장에서 시선이 어디로 향했는지 기억이 안 난다."

자해 여부 판단 등 위증 관련 A4용지 7장 분량의 항고이유서를 작성하여 서울ㅇㅇ검찰청에 제출했다. 위증죄에 대해서도 기소가 되어야 함을 구체적 진실에 의거하여 명백히 서술했다.

2012년 10월 25일 등기우편이 또다시 왔다. '위증' 항고 부분에 대한 결과물이 온 것을 직감했다. 서울ㅇㅇ검찰청 발신 표시가 된 우편물은 불기소 항고사건에 대해 '항고기각' 결정 주문 내용이 적혀 있었다. 위증에 대한 부분에 대해 '혐의 없음' 처리라니 말도 안 되는 소리다. 재항고를 한다면 똑같은 검사가 결론을 내릴 것으로 예상되어 허금탁 변호사님과 심각하게 고민한 끝에 재정신청[16]을 하기로 했다. 2012년 11월 9일 서울고등법원에 렌터카 사장의 위증죄에 대해 다시 재정신청을 했다. 법원만큼은 올바른 판단을 할 것이라고 믿었고, 검찰의 판단 결과와는 다른 판단을 할 것으로 믿고 싶었다.

---

16 검사의 불기소처분에 불복하여 그 불기소처분의 당부를 가려 달라고 직접 법원에 신청하는 제도.

얼마 후 서울고등법원으로부터 재정신청 결과물이 왔다. 어떤 결정이 내려졌을지 나 또한 마음이 조여 왔다. 살며시 봉투를 뜯고 서류를 펼쳐보았다. 서울고등법원 제24형사부로 위증죄 부분에 대해 '혐의 없음'으로 검찰 항고와 똑같은 결정이 내려졌다.[17] 할 만큼 다했다는 생각이 들었다. 최선을 다했다는 생각! 결정문에 대한 서류를 책상 위에 천천히 올려놓았다. 의자에 등을 기대어 양다리를 책상 위에 올려놓고 정신을 가다듬으며 나머지 재판에 집중하자고 생각했다. A 사장과 사건계장의 형사(특수공무집행방해죄, 뇌물공여, 뇌물수수)소송과 민사소송이 아직 남아 있지 않은가? 다시 나 스스로에게 자신감과 희망 그리고 긍정의 힘을 불어넣었다. 그리고 지금까지 잘 참고 이겨 내며 검찰과 싸워 온 나에게 감사함을 표했다. 지금까지 아픔의 상처들을 어루만지며 긍정적으로 생각하고 싶었다. 이제는 물이 흐르는 대로 모든 것을 맡기고 싶을 뿐이다.

17　2012초 재○○○○ 재정신청, 서울○○법원, 2012. 12. 13.

6. 증인 출석(뒤바뀐 처지)

특수공무집행방해죄, 뇌물공여, 뇌물수수 혐의로 기소된 렌터카 사장과 사건계장의 공판을 보기 위해 2012년 8월 16일 ○○지방법원을 찾기로 했다. 아침부터 와이셔츠에 양복을 입고 법원으로 향했다. 법정에서 그들이 과연 무슨 말을 할지 궁금했다. 많은 사람들이 스쳐 지나갔지만, 나에게는 사건에 대한 생각뿐 눈에 들어오는 것은 아무것도 없었다.

4년 전 꼭 이맘때쯤인 것 같다. 사장의 허위 진술과 사건계장의 뇌물 그리고 담당 검사의 허위공소장에 따른 '편파수사와 억지 기소'로 억울하게 피고인석에 앉았던 나는 참담한 심정이었다. 방청석에서 피고인석에 앉은 나를 지켜보던 A 사장과 그의 가족들의 눈빛은 지금도 잊을 수가 없다. 진실을 뒤로한 채 A 사장의 가족들은 나를 얼마나 조롱하고 경멸하게 봤을지 안 봐도 눈에 선하다. 지금은 내가 그들을 지켜볼 차례가 되었다. 정말 잘못을 뉘우치며 반성의 기미가 있는지 똑똑히 두 눈으로 확인하고 싶었다.

　법정 안에 들어서 방청석 맨 뒤에 자리를 잡았다. 정면으로 판사 좌측 편에는 공판 검사, 우측 피고인석에는 검찰 사건계장과 A 사장 그리고 그들이 선임한 변호인이 앉아 있었다. 공판이 진행되는 동안 사장과 사건계장이 선임한 변호인은 열변을 토했다. 하지만 모두 거짓이고 자기합리화하려는 것으로밖에 보이지 않았다. 공판이 끝날 때까지 기분이 좋지 않았다. 반성의 기미는 조금도 없이 그저 억지 주장에 마음이 좋지 않았다. 실체적 진실이 밝혀짐에도 똑같은 허위 진술의 연속이었다. 공판이 끝나고 태연히 자리에서 일어났다. 렌터카 사장 및 사건계장과 눈이 마주쳤지만 서로 생각하는 주장이 틀리니 어쩔 수가 없었다. 서로 외면을 하고 밖으로 나왔다. 다음 공판 때는 어떤 억지 주장을 할지 눈에 선하다는 생각이 들었다. 몇 년 동안의 사건 이야기이지만 똑같은 이야기에, 똑같은 거짓 진술에 나 또한 신물이 나 있었고 사람의 양심의 기준이 어디까지가 진실인지 의심스러울 정도였다. 몇 번의 공판이 더 진행될 것으로 짐작되었다.

　잠시 후 판사로부터 최 선배와 내 이름이 불렸고, 다음 공판 때 증인 출석을 요청했다. 법정 증인으로 불려 나올 것은 짐작은 했지만 그래도 이렇게 빨리 증인 요청이 들어오리라고는 생각하지 못했다. 마음의 변화는 없다. 이제는 앞으로 나아가는 수밖에 없었다.

2012년 9월 24일 증인 출석일! 지난 저녁잠을 좀 설쳐 피곤함이 몰려와 따뜻한 물로 샤워를 했다. 오늘 이 상황을 얼마나 기다렸던가? 내 가슴속에 담아 두었던 말들을 잊어버리지 않고 증언하기 위해 그 날의 기억을 되살려 보았다. 피고인 가족들을 가로질러 출입문 검색대를 지나 심호흡을 크게 한 다음 법정에 들어섰다. 그리고 맨 앞 두 번째 자리 빈 좌석에 최 선배와 나란히 앉았다. 공판이 시작되고 증인석에 서서 선서를 하였다. 난 주저 없이 그날의 상황들을 있는 그대로 진실하게 증언했다.

"마지막으로 할 말 있나요?"
판사의 질문이 이어졌다.
"이번 사건에 대해 억울한 면이 많습니다. 원칙대로 법대로 판결해 주셨으면 합니다."
간단명료하면서도 강하게 내 마음을 전달했다. 억울함을 구구절절하게 이야기하고 싶었지만 꾹 참았다. 이야기 하지 않아도 판사는 나의 마음을 이해 할 것이다.

집에 도착해 오랜만에 아들을 힘껏 감싸 안았다. 막내 놈은 아직까지 침을 흘렸다. 그래도 좋다며 얼굴을 비비며 꼭 껴안아 주었다. 두 아들 녀석을 한 아름에 껴안으며 마음속으로 다짐했다.

'아빠가 너희를 지켜 주마. 언제까지나 말이다. 사랑한다. 그리고

아프지 말고 무럭무럭 잘 자라거라!'

  귀여운 녀석들!
  좁은 방에서 양팔에 두 녀석을 껴안고 편안하게 잠이 들었다.

7. 형사사건 선고공판(因果應報)

법정에 몇 번 정도 왔다 갔다 하다 보니 어느덧 공판이 마무리 단계에 접어든 것 같다. 2013년 1월 10일 A 사장과 검찰 사건계장의 선고공판이 있는 날이다. 늦은 감이 있어 법정에 뛰어 들어가 방청석 뒷자리에 자리를 잡고 앉았다.

4년째 이어진 소송!
공판 결과가 어떻게 나올지 정말 궁금했다. 검찰이 뇌물을 받고 사건을 바꿔치기하여 억울하게 기소된 후 내가 무죄를 받은 사건! 다시 역고소를 하여 법정에 서게 한 렌터카 사장과 사건계장! 과연 이날이 올지 누가 생각이나 했던 것인가? 판사가 주문을 읽기 시작했다.

"렌터카 사장은 징역 8월, 사건계장은 징역 4월. 사건계장에 대해서는 판결 확정일로부터 1년간 집행을 유예하고, 금 200,000원을 추징한다. 렌터카 사장은 특수공무집행으로 인한 경찰의 정당한 직무 집행을 방해하였으며, 직무에 관하여 20만 원 상당의 향응을 제공하여 뇌물을 공여하였다."[18]라고 판결이 났다. '20만 원의 향응이라!' 20만 원 때문에 사건의 가해자와 피해자를 바꿔치기할 리는 없을 것이다. C 종업원의 녹취 진술대로 많은 금액은 족히 주고받았을 것이라고 생각이 들었다. 당사자들이 돈을 주고받은 사실을 스스로 고백할 리는 없겠지만 20만 원 때문에 한 사람의 인생을 좌지우지(左之右之)한다는 것은 보통 사람이 생각해도 쉽게 납득이 가지 않을 것이다. 재판 결과가 맘에 들지 않았다. 생각 같아서는 법정 구속을 당해야 되는데 판사가 봐주었다는 기분이 들었다.

렌터카 사장과 사건계장은 법원의 판단이 불합리하다며 바로 항소장을 제출했다. 사건계장은 사건 당시 명퇴를 했고, 징역형의 형을 받으면 공무원으로서 당연 파면사유에 해당되어 퇴직금과 연금을 받는 공무원으로서 크나큰 손해를 볼 것이다. 그것을 피하기 위해 법원에 항소장을 제출했을 것이다. 항소심 첫 공판은 2013년 5월 1일 시작으로 동년 6월 14일까지 3회에 걸친 선고공판으로 마무리가 되었다. "A 사장에 대한 형을 징역 8월, 사건계장에 대해 형을 징역 4월로 각 정한다. 다만, 이 판결 확정일로부터 피고인 A 사장에 대하여는 2년간, 사건계장에 대해 1년간 위 각 형의 집행을 유예한다. 피고인 A 사장에 대하여 480시간의 사회봉사, 사건계장으로부

---

18   2012고 ○○○○, 서울○○지방법원, 2013. 1. 10.

터 200,000원을 추징한다."[19]

    2013년 7월 22일 A 사장과 사건계장은 대법원에 상고이유서를 또다시 제출했고, 2013년 11월 28일 항소심에 대한 대법원 판결은 상고 기각되었다.[20] 서울지방경찰청에 렌터카 A 사장을 고소하고 난 후 3여 년 만에 형사재판이 마무리되었다. 이로써 조작과 침묵 속에 묻혀 버릴 것 같은 사건의 진실이 밝혀졌다. 나와 가족들이 받은 고통을 생각한다면 마땅히 구속되어야 하는데 그에 비해 형량이 너무 가볍다는 생각이 들었다. 세상은 너무 불공평하다는 생각이 머릿속에서 떠나지 않았다.

---

19   2013고단 ○○○, 서울○○지방법원, 2013. 6. 14.
20   2013노 ○○○○, 대법원, 2013. 11. 28.

8. 민사소송(책임 없는 검사)

형사재판이 끝났지만, 형사재판 중간중간에 허금탁 변호사님이 민사소송을 진행하고 있었다. 형사재판의 결과는 아무래도 민사소송에 많은 영향을 미칠 것으로 생각 되었다. 허금탁 변호사님으로부터 법원에 제출할 국가배상 소장은 "피고를 대한민국 법무부 장관, 담당 검사, 렌터카 사장으로 했다."라고 들었다. 그리고 소장에 소송비용 및 피고 렌터카 사장에 대한 체포·수사 경위, 담당 검사의 불공정한 수사, 렌터카 사장의 위증, 지금까지의 판결 내용[21] 등을 일목요연하게 정리하여 청구 이유를 명시했다.

2013년 9월 12일 민사소송 1심에 대한 선고공판이 있는 날이다. 국가배상청구소송에 대한 판결 결과가 궁금했다. 대법원까지 무죄를 받기 위해 들어간 비용만 해도 나로서는 적은 금액은 아니었다.

---

21 국가배상 소장, 2011. 4.

보상다운 보상을 받고 싶은 게 나의 바람이지만 세상은 그리 쉽게 흘러가지 않는다는 것을 나는 익히 알고 있었다. 정신적인 스트레스와 소송비용에 들어간 재판 비용 등으로 1억 원 가까운 금액을 청구 했다. 원하는 금액이 아니더라도 변호사 비용에 대한 대출 금액을 갚을 만큼이라도 배상이 나왔으면 하는 나의 솔직한 바람이 있었다. 허금탁 변호사님으로부터 '메일 확인'이라는 문자를 받았다. 당사자가 아닌 객관적 입장에서 판결문을 읽어 내려갔다. 형사재판은 불합리한 판결문이었지만 민사재판은 그렇지 않기를 간절히 바랐다.

민사소송 1심 판결문의 내용에 형사재판의 영향이 그대로 미쳤지만 내가 원하는 판결은 아니었다. 담당 검사는 공소제기가 위법하지 아니하고, 공소제기 관련하여 불법을 저질렀다고 보기 어려워 원고들의 주장은 살펴볼 필요가 없다고 판단하였다. 렌터카 사장은 경찰관들의 처벌보다 자기 자신을 잘 봐 달라는 취지로 뇌물을 공여하였을 뿐 불법 행위로 보기 어려우며, 검찰 사건계장은 뇌물 관련 불법 행위로 인해 경찰관들이 상당한 정신적 고통을 받은 것으로 500만 원을 지급하라는 판결이었다.[22]

언론 보도에서는 검찰의 비정상적인 수사 과정에서 현행범이던 렌터카 사장을 풀어 주고 대신 정당한 공무집행을 했던 경찰관 등을 무리하게 기소한 배경에 뇌물을 수수한 사건계장이 있다는 점에서

---
22 2011고단 ○○○○○ 국가배상 등, 서울○○지방법원 2013.9.12. 선고

그의 상사였던 담당 수사검사에게도 의혹이 쏠렸다. ○○지검 ○아무개 검사는 당시 담당 수사검사를 상대로 참고인 조사를 했는지에 대한 질문에 "조사할 필요성을 느끼지 못했다"[23]고 답했지만, 사건에 대한 여러 가지 의혹들을 봤을 때 렌터카 A 사장과 담당 검사에게도 책임소재가 분명히 있다고 생각된다.

누가 보더라도 이 사건은 사건계장만 책임이 있는 것이 아니라 칼을 휘두른 사장도 사건을 담당했던 검사도 책임소재는 충분히 있다고 생각되었다. 민사소송을 다시 해야 되는 것인지 다시 고민에 사로잡혔다. 변호사 선임 비용도 없고, 지금까지 소송 진행을 해 주었던 허금탁 변호사님이 다시 사건을 맡아 주실지 알 수가 없었다.

하루가 지났다. 2013년 10월 피고들에게 청구한 금원 중 일부 패소한 부분에 대해 허금탁 변호사님께 부탁을 드려 서울중앙지방법원에 다시 항소장을 제출했다. 항소를 진행할 건지 말 건지 생각도 하지 않고 앞으로 무작정 나아가기로 했다. 허금탁 변호사님은 여러 가지 재판 사건들로 인한 과로로 인해 몸이 좋지 않아 변론을 그만 맡기로 했다. 몸이 좋지 않은 가운데에도 나의 사건을 맡아 주셨기에 너무 감사하고 고마웠다. 정말 자기 사건처럼 열정적인 변론을 해 주셨는데 허금탁 변호사님의 아픈 몸을 보고 더 이상 변론을 부탁

---

23 https://www.sisain.co.kr/?mod=news&act=articleView&idxn=1127. 시사○○, 2012. 3. 22.

드릴 수가 없었다.

  항소장은 제출했지만 기한 내에 변호사 선임을 하지 못하면 어쩌나 하는 걱정이 들었다. 변호사를 선임하지 못하면 혼자서라도 진행해야겠다는 생각을 했다. 항소심 변호사 비용에 대한 고심을 한 끝에 경찰청 '법률구조개혁단'이 생각났다. 소송 비용에 대한 도움을 받을 수 있는지에 자문을 구했다. 경찰청에서 올해부터 변호사 비용 대책이 마련되었다는 이야기를 하는 것이 아닌가? 액수는 500만 원으로 서류 지참 후 지원금을 받아 보기로 했다. 며칠 후 경찰청에서 회의 결과가 좋게 나와 500만 원을 받을 수 있게 되었다. 소송 비용은 마련되었지만 걱정거리가 하나 더 생겼다. 500만 원 금액으로 항소심 변호사를 선임할 수 있을지 첫 번째 문제였고, 두 번째는 과연 검사를 상대로 어떤 변호사가 민사소송 변론을 해 줄지 걱정이 앞섰다. 동이 트지 않은 깜깜한 새벽녘에 잠이 덜 깬 상태에서 일어나 옷을 주섬주섬 입고 교회로 향했다. 새벽 기도를 드렸다. 좋은 변호사가 나타나기를 간절히 기도드렸다. 아침부터 곧 비가 쏟아질 것만 같았다. 전화벨이 울렸다. 폴네띠앙 김학무 님의 전화다.

"별일 없지? 서초동 교대역 법률사무소에 한번 가 봐."
"네! 거긴 왜요?"
"그냥 가 보면 알아. 주소 찍어 줄 테니 김화섭 변호사님을 찾아가서 상의해 봐. 내가 대략 사건 이야기 다 해 놓았어. 그럼 수고!"

전화를 끊자마자 '딩동' 하면서 서초동 김화섭 변호사 사무실 주소가 문자로 날아왔다. 세수한 다음 옷을 대충 입고 집을 나섰다. 급히 마을버스를 타고 전철역으로 갔다. 한참 후 교대역 11번 출구에서 내렸다. 문자로 보내 준 주소를 따라 도착해 보니 건물 전체가 변호사 사무실로 빼곡하게 들어서 있었다.

오늘 뵙게 될 김화섭 변호사님의 사무실 명패를 보고 노크를 한 후 들어갔다. 처음 뵙는 변호사님이지만 따스함과 차분하다는 느낌을 동시에 받았다. 가볍게 인사를 건넨 후 소파에 마주 앉았다. 차를 한 모금 마시며 숨을 돌렸다. 내 사건에 대해서는 어느 정도 들었으리라 생각하고, 진행 과정을 간략하게 설명해 드렸다. 사건 이야기를 끝낸 후 얼마의 비용을 드려야 하는지 말을 하자 변호사님은 웃으면서 나의 표정을 읽는 듯했다. 선임료 부분에 대해 줄다리기를 하듯 서로 몇 번의 말이 오갔다. 변호사님은 안 되겠다 싶었는지 말을 했다.

"그냥 이야기하세요, 괜찮습니다."
"계속되는 재판 속에 제가 드릴 수 있는 선임 비용은 500만 원밖에 없습니다."

김화섭 변호사님은 흔쾌히 나의 제안을 받아들였다. 변호인 선임계를 작성하면서 선임 비용을 더 드려야 하는데, 김 변호사님께 너무

죄송하고 미안했다. 사실 서초동 주변에는 변호사 선임 비용을 부르는 대로 줘야 하는데 비용에 상관없이 지금까지 힘든 여정을 겪어 온 나에 대한 배려에서 해 주시는 것 같았다. 뭐라 할 말이 없었으며, 그저 감사할 뿐이었다.

항소심 준비를 하면서 몇 번 김화섭 변호사 사무실에 들렀다. 김 변호사는 "전임 허금탁 변호사님이 사건 처리를 너무 잘해주셔서 너무 감사하다."라고 하셨다. 사건을 통해 지금까지 선임한 변호사만 여섯 분이다. 매번 변호사를 선임하지만 선임 비용을 떠나 사건에 대해 자기 일처럼 애정을 가지고 열정적으로 해 주는 변호사를 만나기는 그리 쉽지는 않은 것 같다. 며칠 후 항소심 공판이 있다고 김 변호사님으로부터 연락을 받았지만 법정에 나올 필요는 없다고 했다.

2014년 7월 2일 민사 항소심 선고공판이 있는 날이다. 어떻게 결과가 나올지 궁금했다. 항소심 선고일이 하루 지난 다음 날 김화섭 변호사 사무실에 전화하여 메일로 받았다. 책상 앞에 앉아 컴퓨터 전원 스위치를 켜고, 판결문을 읽어 내려갔다. 담당 검사는 1심과 똑같이 손해배상의 책임에서 벗어나 있었다. 사건계장의 책임은 똑같이 500만 원, 다른 게 있다면 A 사장도 잘못이 있다며 250만 원을 지급하라는 판결![24]

---

24   2013나○○○○○ 국가배상 등, ○○지방법원, 2014.7.2. 선고.

7여 년 동안 검찰의 잘못된 사건처리로 여기까지 왔는데 겨우 사건계장의 500만 원과 칼로 위협한 사람의 결과가 250만 원이라니 참으로 허탈했다. 만약 경찰관이 사건을 잘못 처리하여 일반인이 억울한 소송을 똑같이 당했다면 그 경찰관은 아마 구속되고 파면이 되었을 것이다.

한 사람의 오판과 뇌물로 빚어진 7여 년의 세월!
그 힘들고 억울했던 세월을 누가 보상해 줄 것인가? 판결문을 읽고 난 후 미동도 없이 멍하니 앉아 있었다. '민사소송에 대한 상고를 할까?' 생각도 했지만 지쳐서 그런지 이제 그만하고 쉬고 싶다는 생각이 마음 한구석에 자리 잡아 가고 있었다.

9. 마지막 소송

잡념으로 잠을 이루지 못하다가 늦게 잠이 들었나 보다. 깊게 잠을 잔 적이 언제였던가? 또 다른 신경을 쓰다 보니 재판 이후로도 깊게 잠을 자 본 적이 없는 것 같다. 전화 벨소리가 났지만 그냥 받지 않았다. 만사가 귀찮았다. 몇 년간의 소송에 지친 결과인 것 같다. 그냥 받지 않으면 전화를 안 하겠지 생각했지만 잠시 후 전화벨이 다시 울렸다. 그렇게 3~4회 반복되었다. 휴대폰 창에 뜬 김화섭 변호사님의 이름을 확인하고 얼른 일어나 전화를 받았지만 잠이 덜 깬 상태였다. 정신을 차리기 위해 책상 앞으로 다가앉았다.

"앞으로 어떻게 하실지 생각해 보셨습니까?"
"7년 동안 소송의 세월과 8번째 소송이 무척 힘들고 지칠 때로 지친 것 같습니다."
"사실 마지막 남은 재판인데 더 하고 싶어도 경제적인 비용도 없고, 어떻게 할지 답답하기도 하고 막막하기만 합니다."

"변호사 선임 비용에 대해 고민하시고 계시는군요. 더 할 생각은 없으세요?"

"어차피 하는 거라면 하고 싶지만 지친 몸과 경제적인 부분을 저로서는 무시할 수가 없습니다."

"그럼 무료 변론을 해 줄 테니 한번 더 해 볼 생각은 없으신가요?"

아무 말도 귓가에 들어오지 않았다. '무료 변론' 변호사 비용 문제에 대해 고심을 했지만 어떻게 해야 할지 고민을 하고 있었던 터였다. 생각지도 못했던 영화에서 나올 것 같은 꿈같은 일이 나에게 일어난 것이다.

"감사합니다, 변호사님! 어떻게 이 은혜를 갚아야 할지⋯⋯ 감사합니다."라는 말만 계속했다.

며칠 후 김화섭 변호사님은 민사 상고장을 제출했다. 그리고 상고이유서, 준비서면 등으로 원고와 피고가 서로 자기주장을 내세웠다. 피고들은 또다시 말도 되지 않은 논리를 펼쳤지만, 진실성 있는 우리의 논리가 신빙성을 더했다. 하지만 대법원 결과는 어떻게 나올지 모를 일이었다. 6년 9개월! 그리고 대법원까지 9번째 소송의 막이 내리는 시점이다. 2014년 11월 13일 민사소송에 대한 대법원 판결이 선고되었다. 대법관의 일치된 의견으로 상고 기각 판결이 났다.[25] 그

---

25 2014다○○○○○, 대법원, 2014. 11. 13. 선고.

냥 멍하니 찬 바람을 쐬며 한숨을 깊게 들이마셨다. 이제 7년 동안의 소송! 9번에 걸친 소송 판결에 더 이상 할 것도, 주장하며 내세울 것도 없었다.

사건계장에 대한 형사소송도 끝나고, 국가배상청구는 민사 판결문대로 진행을 하면 될 것이다. 마음에 걸리는 것은 렌터카 사장인 A 사장이 민사소송 결과에 대한 250만 원의 배상금을 쉽게 내줄 사람이 아니라는 것을 난 익히 알고 있다. 난 진실의 힘을 믿고 여기까지 왔지만, 그 사람은 권력과 돈의 힘을 빌려 지금까지 온 사람이다. 그렇기에 자기 잘못도 시인하지 않고, 오기(傲氣)를 부리며 민사소송 판결문 이행을 그리 쉽게 하지 않을 것 같았다. 김화섭 변호사님과 상의 후 "2014년 12월 31일까지 입금하지 않는다면 법대로 처리한다"는 내용증명을 등기로 보냈다.

한 달이 지난 12월 31일 19시 휴대폰에 알림 문자가 왔다. 통장을 확인해 보니 A 사장으로부터 250만 원이 입금된 것이다. 출동 경찰관에게 욕설과 칼로 위협하고, 무고한 사건의 결과는 그렇게 막이 내려졌다.

그로부터 몇 달이 흐른 어느 날 문자가 왔다. 휴대폰 창에 '부의(賻儀)'라는 글귀가 눈에 희미하게 들어왔다. 누군가 돌아가셨나 보다, 하고 생각했다. 자세히 들여다보니 검찰 사건계장의 부고였다. 순간

묘한 감정이 스쳤다. 누가 이런 것을 보냈을까? 나에게 죄의식을 느끼란 것인지 휴대폰 번호를 보니 발신자표시제한으로 보낸 것이었다. 시간이 지나 나중에 안 사실이지만 형사고소 한 것과 관련하여 사건계장은 징역 4개월 대법원 판결로 인해 연금과 퇴직금이 환수되어 많은 손해를 봤다고 들었지만, 무엇 때문에 사망했는지 누군가에게 묻고 싶지도, 알고 싶지도 않았다.

 사건계장의 가족들은 날 얼마나 원망할까? 가족들 앞에서 무릎이라도 꿇고 사죄라도 하란 말인가? 인과응보(因果應報)라는 말이 떠올랐지만, 그의 가족들이 받을 고통을 생각하니 씁쓸했다. 누군가에게 피눈물 나게 하면 그 고통은 자기 자신에게 반드시 돌아간다는 것을 다시금 깨달았다.

 지금 이 시점에서 내가 그를 더 이상 미워할 수도, 그의 가족들을 어떻게 도와줄 수도 없는 상황이었다. 뭐라 할 말이 없었다. 발신자표시제한으로 문자를 보낸 그 사람이 원망스러웠다. 사건계장의 가족들이 안 됐다는 생각이 들었지만 내가 어떻게 할 수 있는 문제가 아니었다. 나 또한 검사와 사건계장이 구속시키려 혈안이 되어 있을 때 죽고 싶은 마음이 수차례 들기도 했었다. 아무튼 사건계장에 대해서는 아무 생각도 하고 싶지가 않았다. 가슴속에서 지워 버리고 싶었다.

10. 아름다운 만찬

　소송을 마무리하면서 최종 변론을 해주신 김화섭 변호사님, 김학무 님, 최 선배와 함께 감사의 마음으로 조촐하게 저녁 식사 자리를 마련하였다. 기나긴 재판에 지친 나에게 항상 용기를 불어넣어 주고, 별 이익도 없는 변론을 해 주셨던 김화섭 변호사님! 그분에 대한 고마움에 대하여 당시 폴네띠앙 김학무 님이 페이스북에 게재한 글이다.

　"앞에 앉아 계신 두 분은 일명 ○○사건의 주인공들이다. 칼 든 자는 무죄! 신고를 받고 출동한 경찰관은 직권남용감금 및 허위공문서 작성 등의 죄로 유죄! 형사소송에 이어 민사소송…… 검찰청 협력단체 위원이었던 한 나쁜 사람과 야합한 검찰 권력과의 지난 6년 9개월간의 싸움에서 두 경찰관이 승리했다.
　대법원까지 민사소송을 거의 무료로 변론해 주신 김화섭 변호사님이 그동안 가슴 졸이고 옆에서 소송을 지켜보며 인고(忍苦)의 세월을 보냈을 두 경찰관의 가족들에게 주라며 봉투를 전했다. 사실 이 봉투는 두 경찰관이 감사의 마음으로 정성을 담아 김화섭 변호사님께 고마움의 표시로 드린 것인데 변호사님이 사양하다가 마지못해 받은 봉투다. 이 장면을 보고 있는 난 너무나도 흐뭇하다."[26]

그날 저녁 만찬은 이루 말로 표현할 수 없을 만큼의 행복한 기억으로, 나의 마음속에 생생하게 남아 있다.

'오늘을 충실히' 살라. 미래의 일로 조마조마하지 마라.
잠들기 전까지의 그날 하루만 살라.
- 윌리엄 오슬러 경 -

---

[26] 김학무 님의 페이스북 글 中에서.

에필로그

얼마 전 영화 〈안시성〉[27]을 봤다. 당나라 군대가 쳐들어오기 전 주인공의 말이 잊혀지지가 않았다.

"당나라 군대가 오고 있다는 이야기가 들려왔을 때 모두들 나에게 물었다. 성주는 어떻게 할 겁니까? 그때 나는 싸울 거라고 말했다. 어쩌겠냐! 내가 물러서는 법을 배우지 못한 것을. 나는 무릎 꿇는 법을 배우지 못했고, 항복이란 걸 배우지 못했다. 내가 배운 건 싸워야 할 때는 싸워야 한다는 것이다. 어느 놈이 나의 소중한 것을 짓밟고 빼앗으려 할 땐 목숨을 걸고 싸워야 한다. 지금이 바로 그때다. 저 뒤를 돌아봐라! 우리에게 소중한 건 바로 저들이다. 저들을 지키기 위해 싸우자."[28]

영화 속 주인공이 지키고자 한 것이 '백성'이었다면 내가 지키고자 한 것은 '나'와 '나의 가정'이었다. 나아가 검찰과 싸워 이겨 무소불위 검사의 횡포를 널리 알려 국민의 인권을 지켜 나가는 데 일조하기 위

---

27 영화 〈안시성(The Great Battle)〉(2017), 감독 김광식, 2018. 9. 19. 개봉.
28 영화 〈안시성〉 中에서.

함이었다.

'한 사람의 거짓 진술과 뇌물, 그리고 무소불위 권력인 검사의 허위공소장과 억지 기소, 편파수사로 7년간의 소송.'

비굴하게 살고 싶지 않았고, 썩은 권력 앞에 무릎을 꿇기 싫어 세상을 향해 소리 지르며 인고의 세월을 견디어 냈다.

검찰의 무소불위 권력과 횡포를 몸소 겪은 대한민국의 한 시민으로서 그리고 한 사람의 경찰로서 형사사법체계가 왜 개선되어야 하는지 주장하지 않을 수 없다. 형사사법에 대해 이해가 있는 현직 경찰도 당하는 현실에서 평범한 사람들이 권한을 남용한 검사의 덫에 걸린다면 제대로 저항도 못 하고 속수무책으로 말려들 수밖에 없다.

경찰에서도 이런 일들이 일어날 수 있지만 경찰은 검찰이라는 견제 장치가 있고, 수사상 오류나 부실수사에 따른 책임이 무겁게 뒤따르기 때문에 좀 더 인권친화적으로, 그리고 신중히 사건을 처리하고 있다. 그러나 검사의 잘못에 따른 징계 등 책임의 정도는 경찰의 그것과는 하늘과 땅 차이다. 검사도 잘못하면 마땅히 처벌을 받아야 함에도 불구하고 이를 밝히고 견제할 장치가 없다. 나와 같은 사례를 방지하려면 꼭 경찰이 아니더라도 검찰을 견제할 수 있는 조직과 제도적 뒷받침이 반드시 마련되어야 한다.

아울러 독점적 영장청구권, 수사지휘권, 직접수사권, 기소독점권, 기소재량권 등을 가지고 있는 대한민국 검찰의 권한은 전 세계적으로 찾아볼 수 없을 만큼 강력하다. 모든 권력을 검찰이 가지고 있는 나라는 지구상에 대한민국밖에 없을 정도이다. 이제 검찰 진술조서의 증거 능력을 제한하는 등 공판중심주의 실현을 통해 검찰에 집중된 권한을 분산시켜야 나가야 한다.

수사권과 기소권이 검찰이라는 한 기관에 독점되어 있으므로 인해 나타날 수 있는 폐해는 우리 국민 모두 충분히 알고 있다. 검찰이 수사권과 기소재량권의 독점적 지위를 이용하여 실체적 진실을 은폐하고 사법 정의 실현을 방해했던 사례들이 많이 드러났기 때문이다. 형사사법제도에서 반칙과 특권이 작용할 수 없도록 하는 제도적 장치 마련을 더 이상 미룰 수 없다.

검찰공화국이라는 오명을 벗기 위해 수십 년간 검찰 개혁을 논의하고 있다. 19대 대선 때 각 정당은 '수사권 조정'을 대선공약으로 내놓았지만 완성하지는 못했다. 21대 현 정부는 검찰청을 폐지하고 검찰개혁을 핵심 국정과제로 추진하고 있다. 그 이유는 경찰이 잘해서 또는 검찰이 못해서 하는 게 아니다. 오직 견제와 균형이라는 민주주의 이념을 실현시키기 위함이다.

고인 물은 썩게 되어 있고, 부패한 권력은 언젠가는 망하게 되어 있다. 이번 기회에 검찰이 특권기관, 무소불위 권력기관이란 오명을 벗고, 정상적인 제도에 의해 견제받고 통제되는 기관으로 거듭나야 할 것이다.

 이제 검찰 개혁은 거스를 수 없는 시대적 흐름이다. 국민과 시민사회의 요구에 직면하여 국회에서 사법개혁을 위한 형사소송법 개정안을 논의 중이다. 합리적 수사권 조정을 통해 우리나라 형사사법구조가 선진화되기를 기대해 본다.

書評

　일반인은 상상하기 어려운 검찰의 사건 조작과 부당 기소, 대법원에서 무죄가 확정되기까지의 피 말리는 법정 싸움, 그리고 국가의 잘못을 확인받고 배상판결을 받아 내기 위한 고투. 이 책은 검찰에 의해 누명을 쓴 한 경찰관이 자신의 정당함을 입증하기 위해 벌인 7년간의 처절한 투쟁의 기록입니다.

　원고를 읽으면서 지난 인고의 세월을 버텨 낸 저자의 뚝심과 용기가 참으로 대단하다는 생각이 들었습니다. 권력기관 검찰을 상대로 한 싸움이 상상하기 힘들 만큼 힘들었겠지만 그는 끝내 회의와 좌절감을 극복하고 승리했습니다. 다른 한편으로는 원고를 읽는 내내 마음이 아팠습니다. 정당한 법 집행을 했음에도 억울하게 범법자로 몰려 법정에 서게 된 한 힘없는 경찰관이 느꼈을 자괴감과 절망감이 마음 깊이 공감되었기 때문입니다. 가족들이 함께 겪었을 고통도 매우 컸겠지요. 그러나 굳이 고진감래(苦盡甘來)를 언급하지 않더라도 결말이 행복하게 끝나서 참으로 다행입니다. 어려운 순간 저자의 편에

서서 힘이 되어 준 많은 동료 경찰관들도 이제는 얼굴에 환한 미소를 짓겠지요. 앞으로는 저자가 가족 및 동료들과 함께 늘 행복했으면 좋겠습니다. 공정하고 친절하게 법 집행에 임하면서 천직인 경찰관 생활을 무사히 마치기를 기원합니다.

『디케의 칼』을 읽고 나서 몇 가지 생각하는 바가 있어 언급합니다.

우선, 검찰 개혁이 시급히 완성되어야 하겠다는 생각이 듭니다. 주지하다시피 검찰은 우리나라 최고의 권력기관입니다. 직접수사권과 수사지휘권, 독점적 영장청구권, 기소독점권, 형집행권 등 막강한 권한을 한 손에 쥐고 있습니다. 검찰은 누구라도 수사하고 기소할 수 있지만 스스로는 누구의 감시와 견제도 허용하지 않습니다. 무소불위의 권세입니다. 검사가 사건을 조작해 누명을 씌우고 부당한 기소를 할 수 있는 것도 처벌받을 위험이 없기 때문입니다. 검찰권을 남용하여 무고한 시민들의 인권을 침해하고 전관예우의 비리를 저질러도 무사한 검사들은 가히 치외법권의 특권을 누리고 있습니다. 이 책의 사례는 검찰 개혁 없이는 시민 누구라도 검찰의 부당한 수사와 기소의 희생자가 될 수 있다는 것을 말해 줍니다. 검사들도 감시와 견제의 대상이 될 수 있도록 시급히 검찰의 권한을 줄이는 개혁이 이루어져야 합니다. 검찰 개혁 없이 선진국이 될 수 없습니다.

다음으로, 법을 왜곡한 판사·검사들을 처벌할 수 있는 법왜곡죄의 도입이 필요합니다. 우리나라에는 판사들의 잘못된 판결, 검사들의 잘못된 수사와 기소로 억울하게 피해를 본 사법 피해자들이 많습니다. 최근에는 과거 시국사건으로 억울하게 처벌을 받은 다수의 국민들이 재심에서 무죄를 선고받고 있습니다. 그럼에도 잘못된 판결, 위법 부당한 수사·기소에 대해 책임을 지는 판사와 검사는 한 명도 없습니다. 정의의 여신 디케의 후손을 자처하는 판사·검사가 불의의 편에서 서서 올바른 사람의 심장을 칼로 찔러도 아무 책임을 지지 않습니다. 이 책에 등장하는 사건 조작 검사도 책임을 지는 대신 승승장구했었다고 하죠. 반면 많은 선진국들은 법왜곡죄를 두어 판사·검사들의 잘못된 법 적용과 권한 남용을 중하게 처벌하고 있습니다. 특권은 누리되 책임은 지지 않는 한국의 판사·검사들과는 많이 다릅니다. 우리도 시급히 법왜곡죄를 도입해야 합니다.

마지막으로, 기록의 중요성을 생각하게 됩니다. 저자는 7년간의 고통스러운 과정을 상세하게 기록했습니다. 저자는 누군가를 비방하거나 원망하는 마음이 아니라 우리 사회가 더 맑아지고 정의로운 사회가 되었으면 하는 바람으로 기록했다고 소회를 밝히고 있습니다. 참으로 존경할 만한 마음입니다. 그의 기록으로 세상은 검찰이 어떻게 사건을 조작했고 왜 기소권을 남용했으며 정의가 어떤 투쟁 과정을 거쳐 회복되었는지를 알게 되었습니다. 제가 오랜 기간 활동해 오고 있는 참여연대 사법감시센터는 지난 2008년부터 매년 검찰의 행적을 감시하고 세세하게 기록한 검찰보고서를 발간하고 있습니다. 검찰이 국민이 부여한 권한을 제대로 사용했는지 기록하고 평가하는 작업이 검찰을 바로 세우는 토대가 된다는 믿음이 있기 때문입니다. 이런 점에서 '검찰의 민낯'을 기록한 『디케의 칼』도 검찰을 바로잡고 검찰 개혁을 추동하는 소중한 기록이 될 것으로 생각합니다.

  이 책이 널리 읽히기를 기대합니다. 특히 검사들이 일독하고 반면교사로 삼을 것을 권합니다.

2019년 9월

서보학 경희대법학전문대학원 교수

진실 앞에서 우리는 얼마나 당당할 수 있을까?

『한 경찰관이 바로 잡은 디케의 칼: 디케의 칼끝에서 얻은 교훈』은 검찰 권력의 실체와 그 이면을 정면으로 다룬 소설이다. 거대한 권력 구조 속에서 진실을 지키려는 한 경찰관 개인의 이야기를 중심으로, '법'과 '정의'라는 단어의 의미를 다시 묻는다. 작품은 검찰의 수사 관행, 언론 플레이, 사건 조작 같은 현실적인 문제들을 정면으로 건드리며, 단순한 소설을 넘어 사회적 질문을 던지는 역할을 한다.

이 책은 초판에서 『디케의 刀(칼)』이라는 은유적인 이름을 달고 나왔지만, 개정판에서는 『한 경찰관이 바로 잡은 디케의 칼: 디케의 칼끝에서 얻은 교훈』으로 제목을 바꾸며 메시지를 더욱 직설적으로 전달하고자 했다. 정의의 상징이었던 '칼'이 누구를 향하고 있는지, 그리고 그 칼끝 앞에서 우리가 어떤 선택을 할 수 있는지를 묻는 이 제목은, 지금 이 시대를 살아가는 우리에게 더욱 솔직하고도 날카로운 질문을 던진다.

경찰관인 주인공은 불의한 상황 속에서 자신의 양심을 지키기 위해 검찰 조직과 마주 선다. 수사와 회유, 언론의 왜곡 보도 속에서 그는 홀로 진실을 붙들고 싸워 나가지만, 그 대가는 결코 가볍지 않다. 사건의 전개는 실제 뉴스에서 본 듯한 익숙한 장면들과 겹쳐지고, 독자는 점점 이 이야기 속으로 점점 더 빠져들며 검찰의 현실적인 모습은 우리가 아는 다른 얼굴일 수 있다는 생각을 하게 한다.

이 책의 강점은 '있는 그대로' 보여준다는 점이다. 작가는 독자에게 정의란 무엇이고, 권력은 어떻게 작동하며, 개인은 그 안에서 어떤 선택을 할 수 있는지를 끈질기게 묻는다. 말투나 전개가 과장되거나 선동적이지 않기 때문에 오히려 더 묵직하게 와 닿는다. 현실에서 벌어졌던 여러 사건들이 떠오르며, 이게 단지 소설일 뿐인지 헷갈릴 정도다.

출간된 지 6년이 지났지만, 전혀 낡은 느낌이 없다. 오히려 검찰개혁, 공수처, 수사권 조정 등 현안과 맞물려 지금 읽기에 더 적절하다. 특히 법조계나 경찰, 그리고 언론 관련 이슈에 관심 있는 독자라면, 이 작품에서 얻을 수 있는 통찰이 많다. 하지만 무거운 이야기만 있는 건 아니다. 사람과 선택, 그리고 양심에 관한 보편적인 질문은 독자의 일상 속에도 이어진다.

『한 경찰관이 바로 잡은 디케의 칼: 디케의 칼끝에서 얻은 교훈』은 단순한 권력 고발 소설이 아니다. 진실 앞에서 우리는 어떤 선택을 할 수 있을까, 라는 질문을 던지는 문제작이다. 법과 정의, 사회 시스템에 관심 있는 사람이라면 한 번쯤 꼭 읽어볼 만하다. 특히, 경찰을 시작하는 신임 경찰관에게 강추한다. 경찰을 둘러싼 우리 사회 전체의 다양한 모습을 조망할 수 있다. 또 지금의 사회가 답답하다고 느끼는 사람에게도 이 책은 하나의 돌파구가 되어줄 수 있다. 생각보다 어렵지 않고, 생각 이상으로 오래 남는다.

2025년 8월 전 경찰대학 교수 박 종 철

책 제목에서 언급되는 '디케(Dike)의 칼'은 그리스 신화에서 공정함을 상징하는 정의의 여신의 검을 의미하지만, 여기서는 '검찰의 권력'을 비유하는 은유로 사용되었다. 즉, 정의를 지켜야 할 검찰의 권력이 오히려 부당함을 행사하는 수단이 되었다는 점을 상징적으로 드러내고 있다.

읽는 내내 우리 사회의 '정의란 무엇인가', '정의는 우리사회에서 제대로 작동하고 있는가'라는 물음이 마음 깊이 울려 퍼졌다. 개인적으로는 친분관계가 있는 저자의 경험에 투영된 모습, 즉, '불합리함'은 단순히 '나만의 억울함'이 아니었다. 이는 사회 전체가 경계해야 할 구조적 문제임을 깨닫게 하였다. 이 작품에서 특히, 1심의 유죄 판결이 주는 충격은 참담하였고 그 이후의 저자와 그 가족들이 받아야 했을 정신적 고통을 생각하면 절로 고개가 떨구어진다. 아울러, '법 앞에 진정 만인이 평등할까'라는 의문이 섬뜩하게 다가왔다.

당시 저자의 포기하지 않은 항소로 이어져 대법원 무죄 판결을 얻어내었고, 정말 작은 희망을 보여준 결말은 많은 이들에게 위로와 용기를 주었다. 아울러 검찰 측에도 책임을 묻고, 민사적 권리 회복 노력까지 이어가는 과정은 '정의 구현의 실질적 의미'를 생각하게 만들었다. 이 책은 단순한 회고록이 아닌 한 경찰관의 억울한 이야기를 넘어, 권력과 법의 시스템을 성찰하게 만드는 강한 메시지를 지닌 작품이었다. 법률 관계자뿐 아니라 일반 독자들에게도 유의미한 도전을 던지고 있는 책으로, 정의의 의미를 다시 고민하고 싶은 이들에게 깊은 울림을 주었을 것으로 생각된다.

이제 검찰개혁 아니, 검찰해체의 시기가 다가오고 있다. 묵묵히 업무수행에 노력하였던 검찰 구성원 개개인들도 있었겠지만, 그동안 검찰이 우리사회에서 보여준 모습은 자신들만의 울타리와 엘리트 의식, 그리고 모든 사회적 이슈들을 좌지우지하는 중심에서 본인들의 입맛대로 수사를 요리하였던 그 부정적 이미지는 분명 잘못된 것이었고, 책임지는 모습의 개혁은 당연히 필요할 것으로 보인다.

수사기관 간 견제와 균형이 이루어짐으로써 각 수사기관 자신들만의 특권과 이익이 아닌 진정 국민들에게 그 수익이 돌아가는 시스템으로 바로 세워지는 '사법 정의'가 이루어졌으면 하는 바람이다.

마지막으로, 마음고생이 심하였던 저자 당사자를 포함한 가족들에게도 심심한 위로를 전하고 싶으며, 앞으로 행복한 나날들이 저자와 가족들 앞에 펼쳐지기를 기대해 본다.

2025년 8월 대구수성대학교 이정기 교수

진실을 견디는 자만이 기적을 만든다

"삼인성호(三人成虎)": 근거 없는 말도 세 사람이 말하면 마침내 사람들은 호랑이로 믿는다. 이 오래된 고사성어가, 이토록 잔혹하게 실현된 현대 한국의 사법 현실 속에서, 한 사람의 인생을 무너뜨릴 뻔했던 사건이 있다. 그 중심에 책의 저자가 있었다.

검찰이라는 이름의 조직이 드리운 권력의 그물은, 때로 주먹보다 더 차갑고, 고문보다 더 무정하다. 렌터카 사장, 사건계장, 담당 검사 등 단, 세 사람의 입에서 흘러나온 말은 마치 거미줄 같았으나, 그 거미줄은 엉성해 보이면서도, 진실을 옭아매기에 충분한 독을 품고 있었다. 그들은 말을 뱉었고, 말은 굳어져 쇠사슬이 되었다. 그 쇠사슬은 저자의 목을 조였고, 그는 마침내 생의 가장 끝자락, 절망의 낭떠러지 위에 서게 되었다.

극단의 고요 속, 살아남기 위해 그는 죽음을 생각해야 했다. 마치 고전 비극의 주인공처럼, 무대 위에 끌려나 온 그는, 동료 경찰의 조롱 섞인 시선을 받아내야 했고, 진실보다 '정치적 시나리오'가 우선

되는 법정의 냉혹한 공기 속에서 홀로 싸워야만 했다. 그러나 김종구 교수님은 끝내 무너지지 않았다.

  그분을 지탱한 것은 단 하나, 진실에 대한 믿음이었다. 그리고 그 믿음은 가족을 향한 무한한 사랑과 결합해, 마침내 '거짓의 성채'를 무너뜨리는 결과를 이끌어냈다. 지금 현실에서 책을 완독 했지만, 그 당시에는 경찰 내부에 법률 조력이나 지원 제도도 거의 없었다. 저자는 사비를 털어가며 오직 스스로의 힘으로 불의와 싸웠다. 그 고통스러운 싸움은 6년 9개월 동안 이어졌고, 지금도 사무실에서 마주칠 때면, 눈빛 하나 말투 하나에서 그 시간의 흔적을 읽을 수 있다. 마치 아직도 그때의 살얼음판을 건너는 듯 한 신중함으로 살아가는 모습이 존경스럽기 그지없다.

  이 서평을 쓰고 있는 지금 이 순간에도, 우리는 알고 있다. 이름 없는 수많은 경찰관들이 여전히 같은 구조와 벽 앞에서 고통 받고 있음을. 검찰의 무자비한 칼날 앞에서 인생을 송두리째 잃는 일이 '특별한 누군가'의 이야기가 아님을. 지은이의 이야기는 단순한 개인의 승리가 아니다. 그것은 "진실은 반드시 승리 한다"는 증거이자, 13만 경찰이 가슴에 새겨야 할 시대의 교훈이다.

  이 책이 경찰은 물론, 정의를 꿈꾸는 모든 이들의 손에 들리길 바란다. 그리하여 더는 '삼인성호'가 진실을 이기는 일이 반복되지 않기를.

2025년 7월

중앙경찰학교 남궁명 교수

신념은 기록되고, 정의는 이어진다

 "경찰은 교도소 담장 위를 걷는 사람과 같다."는 말이 있다. 이는 경찰의 직무가 얼마나 위험하고, 미묘한 경계 위에 놓여 있는지를 상징적으로 보여주는 표현이다. 조금만 발을 헛디뎌도 자신이 수사하던 범죄자의 자리에 설 수 있다는 뜻이기에, 나로서는 이 말이 그 어느 때보다도 절실하게 와 닿는다. 신임경찰관이 된 지금 돌아보면, 경찰이 되기 전에는 막연히 '내가 잘하면 되지'라는 안이한 생각을 가지고 있었던 것 같다. 하지만 현장 경험을 담은 이 책을 읽으며, 경찰관은 언제나 긴장 속에서 살아야 하며, 정당한 공무집행조차 악의적인 왜곡과 불가항력적인 상황 앞에서 교도소 담장 안으로 내몰릴 수 있다는 사실을 깨닫게 되었다. 그 모진 세월을 묵묵히 견뎌 오신 저자이자 선배님께 깊은 경의의 마음을 전하고 싶다.

 이 책의 저자는 소송을 당하신 사건과 그 싸움의 기록을 읽으며, '왜 우리가 이런 무자비한 일을 당해야 하는가?'라는 생각에 가슴이 먹먹하고 억울했다. 경찰관에게 칼을 휘두른 범죄자가 큰 처벌을 받지 않은 현실, 경찰관에게 억울한 누명을 씌우고 강압 수사를 한 검사가 아무런 책임을 지지 않은 상황들 등을 보며, '과연 이 사건의 책임은 누가 지는가?'라는 질문 앞에, 결국 아무도 책임지지 않았다는 결론에 도달하게 되었다. 간혹 뉴스에서 보게 되는 경찰의 소극 대응이나 불친절한 응대에 대해, 단순히 경찰 개인의 인성과 책임감의 문제라고 말할 수 있을까? 그것이 과연 경찰관 개인이나 조직의 태만만으로 설명될 수 있는 일인지, 다시금 생각해보게 되었다. 정당한 절차를 숙지하고, 묵묵히 제 자리에서 최선을 다함과 동시에 진심으로 사건에 임해야 하며, 정의를 따르라는 가르침은 앞으로 제가 현장에서 반드시 지켜야 할 기본이자 다짐이 되었다.

책의 마지막 장을 덮으며 문득 '나였더라면 어땠을까?' 생각해 보았다. 과연 나라면 선배님처럼 마지막 소송까지 감내하며 싸움을 이어갔을 수 있었을까요. 조직 내에 소송 지원 제도가 있다 하더라도, 막대한 소송비용, 가족들의 불안, 결과에 대한 책임까지 감수하며 끝까지 싸운다는 것은 결코 쉬운 결정이 아니기에 용기와 헌신에 존경과 감사의 마음을 다시 한 번 전하지 않을 수 없다. 그리고 그러한 과정과 결과들이 결국 경찰의 수사권 독립이 기여할 것이다. 이는 앞으로 특권계층의 부당한 수사가 사라질 수 있다는 희망의 신호라고 생각한다. 중앙경찰학교의 정문에는 "나는 맡은 바 일에 억울한 사람 한 명도 없도록 하여 정말 존경받는 경찰이 된다"는 '나의 맹세'가 적힌 비석이 있다. 그 문구는 경찰로서의 사명을 잊지 않고 묵묵히 직을 지켜 오신 선배님들 그리고 저희 신임 경찰관들이 지향해야 할 방향을 명확히 제시하고 있다고 생각한다. 아직 부족할 수 있는 수사기관 개혁의 과도기 속에서, 경찰이 어떤 자세와 마음가짐으로 직에 임해야 하는지를 이 책을 통해 다시 한 번 깊이 되새길 수 있었다. 이전에는 억울한 누명을 씌우고도 아무 책임지지 않았던 검사들과 달리, 저를 비롯한 저자의 가르침을 받은 제자들은 필시 수사권을 특권이 아닌 책임과 무게로 받아들이며, 억울한 사람이 생기지 않도록, 잘못을 저지른 자는 반드시 그에 합당한 책임을 지도록 하는 정의로운 수사를 위해 매일 정직하게 나아갈 것입니다. 아마도 저자이자 선배님께서 이 기록을 세상에 남기지 않으셨다면, 지금의 현실을 정확히 알지 못했을 것이고, 현장에서 어떤 마음가짐으로 일해야 하는지를 이토록 깊이 생각해보지 못했을지도 모른다. 선배님께서 겪으셨던 시련이 헛되지 않도록, 나는 경찰로서의 삶과 태도에 그 모든 경험을 깊이 새기고 살아갈 것이다.

마지막으로 무엇보다 감동적인 것은 그러한 고통을 겪고도 경찰에 대한 깊은 애정을 지키시며, 억울함과 분노를 배움으로 승화하신 저자의 삶은 후배들에게 길이 남을 귀감이며, 그 마음을 물려받은 저희는 더욱 책임감 있게 임해야 할 것이다. 저자의 늘 '기록의 중요성'을 강조해주신 덕분에, 저희 신임 경찰들은 스스로를 보호할 수 있는 힘을 가지게 되었고, 더 나아가 사회의 억울함을 바로잡을 수 있는 바탕을 마련할 수 있게 되었다. 감히 선배님께서 겪으신 시련에 위로를 드릴 자격이 있을까 조심스러운 마음이지만, 부디 저희 후배 경찰관들이 선배님께서 걸으신 길을 따라 성장하고, 배울 수 있었기에 조금이나마 위로받으셨을 수 있기를 기도하고 싶다. 앞으로도 선배님께서 걸어오신 정의의 길을 잊지 않을 것이며, 언제나 그 뜻을 지지하고, 든든한 버팀목이 될 것이다.

2025년 8월
대구강북경찰서 정선우

어쩌면 나의 이야기가 될 수 있는 책

2008년 사건 이야기로 책은 시작된다. 신고를 받고 출동한 경찰관, 칼을 휘두른 렌트카 사장, 겁에 질린 택시기사, 그 상황을 보고 들은 여러 종업원, 억지 기소를 한 사건계장과 검사.

아직 몇 장책을 넘기지 않는 나는 드라마나 영화처럼 시원한 정의가 기다리고 있을 줄 알았다. 하지만 이 책은 한 경찰관의 이야기를 고스란히 담았기에 적나라한 현실만이 반기고 있었다. 한순간에 피의자가 된 장면에서는 내가 당사자가 아님에도 가슴이 꽉 막히는 기분이 들었다. 활자로 표현된 저자의 답답함과 슬픔은 그저 문장이 아닌, 언젠가 나의 얘기가 될지도 모른다는 감정으로 마음에 고스란히 전해졌다.

현장에서 상황을 봤던 택시기사의 증언, 선뜻 증언을 자처했던 종업원의 증언을 읽으며 '사람에 대한 진실과 믿음을 어디까지 두어야 하는가?'라는 고민도 함께 했다.

맥이 탁 빠지는 증언들에 각자의 사정과 이해 앞에서 진실은 힘없이 떨어지는 낙엽 같았다. 그럼에도 진실의 힘을 믿는 저자를 보며 권력과 돈으로 얼룩진 소송에서 그 마음이 꺾이지 않기를 응원하게 되었다.

사건의 시작부터 소송의 끝나는 날까지 육체적, 정신적 괴로움과 그럼에도 굴복하지 않고 어떻게든 이겨내려는 의지로 견뎌낸 7년 같았다.

완전한 승리는 없었다. 하지만 하지 않았다면 승리조차 없었을 것이다. 어려운 상황 속에서도 지지해주고 도와주는 사람들을 보며 렌트카 사장과 검사, 사건계장과 같은 악인이 있다면 그 반대편엔 나를 돕는 귀인이 있다는 걸, 포기하지 않으면 언젠가 도달할 수 있다는 걸 느꼈다. 사건 현장에서 쓰이는 칼, 그 칼이 언젠가 나를 휘두를 수도 있을 것이다. 그때 이 책 문장에 눌러 담은 용기와 의지를 떠올리며 외롭지 않게 걸어갈 수 있기를…

2025년 8월 부산기장경찰서 신예림

저자의 책을 읽고 난 후 단순한 본인의 경험을 넘어 권력의 부조리를 고발하는 실화임을 느꼈다. 처음 접하는 책에 대하여 어떤 내용으로 시작할 지 궁금했다. 책을 읽고 난 후 정당한 공무집행을 하고도 가해자가 될 수 있다는 것을 나는 깨달았다.

현장에서 절차상으로 법 집행을 했음에도 검찰의 일방적인 수사와 기소로 인해 오히려 가해자가 되어버렸다. 경찰과 검찰이라는 공권력 사이 힘의 불균형이 느껴졌고, 그 속에서 개인은 아무런 힘이 없는 존재라고 생각했다. 법과 정의를 상징하는 '디케의 칼'은 본연의 의미를 잃었고, 다른 방향으로 휘둘러지고 있음을 말하고 있는 저자의 외침을 느끼며, 분노가 치밀어 올랐고 슬펐다.

경찰관 개인이 검찰과 싸운다는 것은 정말로 '고통스러웠을 것이라'고 생각한다. 언론, 직장동료들의 눈초리 등 읽는 내내 슬프고 화가 치밀어 올랐다. 정의를 위해 싸우는 사람이 이상한 사람이 되는 이 사회가 안타까운 현실이라고 느꼈다. 나는 저자가 끝까지 포기하지 않고 무죄를 받아냈다는 점과 무죄를 받아낸 이 후 검찰과 시민을 상대로 소송을 이어가며 본인의 명예를 회복하고 정의구현을 한 것에 같은 경찰 인으로서 정말 박수를 쳐주고 싶다.

나는 경찰입문한지 얼마 되지 않은 새내기 경찰로 이 책을 통해 정의는 꼭 승리한다고 다시 한 번 마음속으로 되새긴다. 법은 아무렇게나 휘두르는 것이 아니라, 정의롭고 정직하게 사용되어야 한다고 생각한다. 이 책을 통해 사명감, 정의, 용기, 인내심이 얼마나 중요한지 깨닫게 되었다. 나도 선배 경찰관이자 저자처럼 부당한 것에 맞서 싸울 수 있는 경찰관이 될 수 있도록 하루하루 노력할 것이다.

2025년 8월 대구중부경찰서 이동희

2쇄를 내면서……

　작년에 그렇게 추웠던 기억이 나는데 어느덧 산과 들은 초록으로 물들었다. 어느 누군가 이야기 하듯 '세월은 유수 같다.'는 말을 실감한다. 기나 긴 소송의 여정으로 인해 굳고 얼음장 같았던 내 마음을 생각해본다. 시간이 지난 지금 5월의 꽃과 초록으로 물든 자연을 보니 이제 내 마음도 조금은 한결 평온해지는 기분이 든다.

　허겁지겁 살기 위해 달려왔던 무구한 소송의 지난 세월! 처음 책을 쓰기 위해 굳은 결심을 하고 집필에 힘썼다. 하지만 힘들었던 소송의 시간을 생각할 때 마다 원고를 벽에 집어던지며 멈추기 일쑤였다. 작심삼일(作心三日) 과정을 여러 번 계속해서 반복했다. 그리고 높은 고갯마루인 힘겨운 마음의 산을 넘어 완성된 책을 출간하고 난 그때 심정은 이루 말할 수가 없었다.

　누군가에게는 아무렇지 않은 시간이었겠지만 나에게는 인생의 한 획을 긋는 시간이었고, 한편으로는 전화위복(轉禍爲福)이 되지 않았나 싶다. 책이 출간된 지 3년의 시간이 흐르고, 잘 팔리지는 않았지만 그래도 간간이 책을 찾는 분들이 잦았다. 사건에 대한 궁금증과 본의 아니게 소송에 휘말리는 분들이 희망을 얻기 위해 경험으로 승소한 결정 채를 찾아 줌으로 인해 1쇄가 거의 소진되었다.

책이 거의 소진되면 멈출 생각을 했었다. 하지만 억울한 이들에게 조금이나마 한 줄기 빛과 같은 용기를 주기위해 2쇄를 내기로 결심했다. 1쇄 때와 내용 부분은 거의 바뀌지 않고 흡사하다. 다만, 부록으로 공소장과 시간이 말해주 듯 기나긴 소송의 결과인 9편의 판결문이 있지만 모두 첨부 하지 않았다. 공소장과 1심 대법원 판결문, 상대방 형사고소 항소심 판결문(대법원 기각), 상대방 민사소송 항소심 판결문(대법원 기각) 등 4편을 수록했다. 그리고 공소장과 판결문 내용의 이름과 주소 및 주민등록번호는 인적 사항을 밝히지 않기 위해 "○○○ 또는 ***"처리했음을 미리 말하고 싶다.

2쇄를 출간하는 이유는 위에서 말했듯 억울하게 송사에 휘말리는 사람들에게 조금이나마 희망과 용기를 주기 위함이며, 이 자리에 있기까지 도와주신 경찰청 직원분들 및 지인분들에게 다시 한번 머리 숙여 감사를 표하고 싶다.

2023. 5. 10. 김종구

3쇄를 내면서……

 창가를 바라보는 순간 빗방울 내리는 것을 보고 장마가 끝나는가 싶더니 요 며칠 계속비가 내린다. 지난날 소송 중 재판을 받기 위해 법정에 들어설 때면 유독 비가 많이 내렸다. 재판이 끝나고 우산도 없는 날은 비를 피하기 위해 뛰기보다 좋지 않았던 법정 분위기에 어깨가 축 처져 한 걸음, 한 걸음 법원 정문을 걸어 나왔다. 그날따라 하늘에서 내리는 빗방울은 무척이나 무거운 기새로 나의 정수리를 때렸던 기억이 아련하다.

 단 하나뿐인 나의 사건이자 13만 경찰을 대표하여 검찰의 왜곡된 사건을 세상에 알리기 위해 책을 써 내려 가다 화가 치밀어 올라 덮는 것을 수없이 반복했다. 그리고 천신만고 끝에 6년 9개월의 소송 이야기를 2019년 가을 쯤 책으로 출간하게 되었다. 처음 시작은 나의 억울함과 진실 그리고 나와 비슷한 사람들에게 작은 희망의 불빛을 밝혀 주기 위해 책을 펴냈지만 감사하게 모두 매진되었다.

그리고, 2023년 5월 2쇄를 다시 냈고 2025년 8월인 지금 2쇄가 거의 소진되었다는 출판사의 답변을 받았다. 계속해서 3쇄를 '내야 되나, 말아야 되나'하는 고민을 하게 되었다.

이번 3쇄를 내면서 전 편 보다는 기존에 하지 못했던 이야기들을 몇 자 적어 넣었으며 원제목인 "디케의 刀"에서 "한 경찰관이 바로 잡은 디케의 칼: 디케의 칼끝에서 얻은 교훈"으로 제목을 수정하였다.

경찰 생활을 시작하는 새내기 신임 순경들, 현직에 있는 동료들 그리고 내가 겪었던 사건처럼 지금도 어디에선가 억울한 소송의 과정을 밟고 있는 사람들에게 작은 희망의 등불로 조금이나마 도움이 되고자 하는 바램으로 3쇄를 다시 내게 되었다.

2025. 8. 저자 김종구부록

부록

공 소 장

공 소 사 실

　피고인 ○○○, 같은 김종구는 송파경찰서 가락지구대에 근무하는 경찰공무원으로서 인신구속에 관한 직무를 보조하는 자들이다.
　피고인들은 2008. 2. 17. 02:30경 렌터카 사장으로부터 그가 타고 있던 택시의 운전사와 택시에 부착되어 있는 택시운전자격증명의 사진이 다르니 조사해 달라는 112 신고를 받고 서울 ○○구 ○○동 ***-**에 있는 사장이 운영하는 '○○○ 렌트카' 사무실 앞에 이르러 위 사장이 타고 온 택시 운전사 ○○○을 만나게 되었다. 피고인들은 위 ○○○으로부터 택시 승객인 사장이 택시 조수석 앞 부분에 부착해 놓은 택시운전자격증명을 떼어 가면서 택시요금이 5,520원임에도 10만 원권 자기앞 수표를 주고 갔다는 설명을 듣고 위 ○○○과 함께 위 '○○○ 렌트카' 사무실 안으로 들어갔다.
　피고인들은 위 사장에게 10만 원권 자기앞수표를 돌려받고 택시요금을 정산해 주고 택시운전자격증명을 위 ○○○에게 돌려줄 것을 요구 하였으나 사장은 거절하였다.
　피고인들은 자신들의 요구를 거절한 사장과 언쟁을 하는 과정에 사실은 위 사장이 티셔츠와 바지를 벗고 속옷 차림으로 내실 주방으로 들어갈 당시부터 위 '○○○ 렌트카' 직원 ○○○가 뒤따라가 식칼을 사장이 피고인들에게 접근하지 못하도록 잡거나 가로 막으며 곧바로 식칼을 빼앗았을 뿐 아니라 위 사장이 들고 있던 식칼의 칼날은 사장을 향하고 있어 위 식칼의 칼날로 위 ○○○ 경위의 가슴 부분을 향하여 찌르거나 가슴에 들이댈 수도 없었고, 위 OOO가 식칼을 빼앗은 후에 다시 식칼을 들거나 식칼을 들고 휘두른 사실이 없으며, 당시 피고인 OOO은 웃는 모습으로 그대로 서 있었을 뿐 뒤로 물러선 사실이 전혀 없었다.

1. 피고인 김종구의 범행

피고인은 2008. 2. 17.경 위 가락지구대 사무실에서, 사실은 택시운전사 OOO은 위 사장이 식칼을 들자 위 'OOO 렌트카' 사무실 밖으로 나와 그 이후의 상황을 전혀 목격한 사실이 없음에도 불구하고 OOO으로 하여금 진술서를 작성하게 함에 있어 "…주방으로 들어가 식 칼을 내오더니 이 개새끼들아 오늘 경찰관들 많이 보는데 내 손에 한번 죽어봐라 하면서 식칼을 오른손에 들고 앞에 있던 경찰관의 가슴을 찌르려고 했습니다. 그러자 경찰관이 한발 뒤로 물러섰습니다. 그리고 나서 이 씹새끼들아 개새끼들아 하면서 칼을 들고 설쳐댔습니다. 옆에서 본 저는 무슨 일이 일어날 것만 같았습니다…."라고 불러주어 이를 진술서 내용에 기재하게 하였다.

이로써 피고인은 직권을 남용하여 위 OOO으로 하여금 의무 없는 일을 하게 하였다.

2. 피고인들의 공동범행

가. 허위공문서작성

(1) 피고인들은 2008. 2. 17. 서울 송파구 가락동에 있는 송파

경찰서 OO지구대 사무실에서 그 정을 모르는 위 지구대 소속 경사 OOO로 하여금 위 사장에 대한 현행범인체포서의 범죄사실을 작성하게 함에 있어 범죄사실 및 체포이유 '나'항에서 "…피의자가 '이 씹할 놈들아 한 번 해보자, 너희가 뭔데 지랄하느냐. 경찰관 개새끼들아 죽여버린다.'라고 말하면서 갑자기 바지를 벗고 팬티 바람으로 주방으로 들어가 주방에 있던 식칼(총 27m, 칼날 13.5cm)을 꺼내와 '이 개새끼들아 오늘 경찰관들 많이 보는데 내 손에 한번 죽어봐라'라고 욕설하며 위 식칼을 들고 피해자 (2) 경위 OOO 가슴부분을 향해 1회 찔렀으나 이에 놀란 같은 (2)가 뒤로 피하자 씹할놈들 경찰관 새끼들은 다 죽여야 한다. 너죽고 나 죽자라고 하는 등 약 10분에 걸쳐 경찰관의 정당한 공무를 방해한 것이다."라고 기재하게 한 다음 송파경찰서 OO지구대 사법경찰관 경위 OOO의 결재를 받았다.

이로써 피고인들은 행사할 목적으로 공문서인 위 사장에 대한 현행범인체포서 1장을 허위로 작성하였다.

(2) 피고인들은 2008. 2. 17. 서울 송파구 가락동에 있는 송파경찰서 가락지구대 사무실에서 112신고현장출동보고를 작성함에 있어 제3항 현장 상황란에 "…'이 씹할 놈들아 한번 해보자, 너희가 뭔데 지랄하느냐, 경찰관 개새끼들아 죽여버린다.'라고 말하면서 갑자기 바지를 벗고 팬티 바람으로 식당에 들어가 사시미칼을 꺼내와 '이 개새끼들 오늘 경찰관들 많이 보는데 내 손에 한번 죽어봐라'라고 욕설을 함과 동시에 옆에 있던 OOO 경위의 가슴부분을 향해 찌르려고 위협을 가해 뒤로 한발 물러서며 화를 면하고, 또 다시 '너 죽

고 나 죽자'라고 하는 등 심한 욕설을 하는 등 약 10분에 걸쳐 경찰관의 정당한 공무집행을 방해한 것이다"라고 기재하였다.

이로써 피고인들은 행사할 목적으로 공문서인 112신고현장출동보고서 1장을 허위로 작성하였다.

(3) 피고인들은 2008. 2. 17. 서울 송파구 가락동에 있는 송파경찰서 ○○지구대 사무실에서 그 정을 모르는 위 지구대 소속 경사 ○○○로 하여금 수사보고서를 작성하게 함에 있어 수사사항 '나'항에 "…피의자가 '이 씹할 놈들아, 한번 해보자. 너희가 뭔데 지랄하느냐. 경찰관 개새끼들아 죽어버린다'라고 말하면서 손으로 가슴과 배를 밀고 실랑이를 하다 가 갑자기 바지를 벗고 팬티바람으로 사무실 우측 내실로 들어가 식칼(총 27m, 칼날 13.5cm)을 꺼내와 '이 개새끼들아 오늘 경찰관들 많이 보는데 내 손에 한번 죽어봐라'라고 말하면서 위 식칼을 우측 손으로 들고 앞에 서 있던 피해자 (2) 경위 ○○○ 좌측 심장부위를 향해 손을 쭉 뻗어 찔러 이에 놀란 같은 (2)가 뒷걸음 쳐 뒤로 물러나 피하게 하는 등 경찰공무원의 정당한 업무를 방해하고" 기재하였다.

이로써 피고인들은 행사할 목적으로 공문서인 수사보고서를 허위로 작성하였다.

나. 허위작성공문서행사

피고인들은 같은 일시, 장소에서 위와 같이 허위로 작성한 사장에 대한 현행범인체포서와 112신고현장출동보고서 및 수사보고서를 송파경찰서에 마치 진정하게 작성한 것처럼 송부하여 이를 행사하였다.

다. 직권남용감금

피고인들은 2008. 2. 17. 02:40경 위 'OOO 렌트카' 사무실에서 추가 출동요청을 받고 도착한 위 가락지구대 경찰관 4명과 함께 사장에게 수갑 등의 장구를 사용하여 위 OO지구대 사무실로 끌고 간 다음 위 지구대 사무실에서 위와 같이 직권을 남용하여 허위로 작성한 사장에 대한 현행범인체포서에 기하여 체포한 후 2008. 2. 17. 04:25경 허위로 작성한 112신고현장출동보고서, 수사보고서와 허위의 내용이 포함된 OOO의 진술서 및 피고인 OOO 명의의 진술서 등 위 지구대에서 작성한 수사서류와 함께 송파경찰서 소속 경사 OOO에게 신병을 인계할 때까지 위 지구대 사무실에 사장을 구금하였다.

이로써 피고인들은 직권을 남용하여 위 사장을 감금하였다.

김종구의
대법원 판결

대 법 원

제 1 부
판 결

사 건	20**도20** 가. 직권남용감금
	나. 직권남용권리행사방해
	다. 허위공문서작성
	라. 허위작성공문서행사
피 고 인	1. 가. 나. 다. 라.
	김종구(7*****-1******), 경찰
	주거 ○○시 ○○구 ○○동 *** ○○아파트 ***동 ***호
	등록기준지 ○○ ○○군 ○○면 ***
	2. 가. 다. 라. ○○○
	(6*****-1******), 경찰
	주거 ○○시 ○○구 ○○동 *** ○○아파트 ***동 ***호
	등록기준지 ○○ ○○군 ○○면 ○○리 ***
상 고 인	검사(피고인들에 대하여)
변 호 인	법무법인 ○○
	담당변호사 ○○○, ○○○, ○○○(피고인들을 위하여)
원 심 판 결	서울동부지방법원 200*. *. **. 선고 200*노**** 판결
판 결 선 고	2***. *. **.

주 문

상고를 모두 기각한다.

이 유

상고이유를 본다.

1. 허위공문서작성 및 허위작성공문서행사의 점에 대한 판단

허위공문서작성죄에서의 허위공문서라 함은 문서를 작성할 권한이 있는 공무원이 그 내용이 허위라는 사실을 인식하면서 진실에 반하는 기재를 하여 작성한 문서를 말하는바(대법원 1996. 5. 14. 선고 96도554 판결, 대법원 2006. 12. 22. 선고 2004도7356 판결 등 참조), 그 공문서 내용의 전체 취지를 살펴볼 때 중요한 부분이 객관적 사실과 합치하고, 단지 세부에 있어서 진실과 약간 차이가 나거나 사실에 기초하여 다소 과장된 표현이 사용되어 있는 정도에 지나지 아니하여 공문서에 대한 공공의 신용에 영향을 미칠 위험이 없는 경우에는 이를 허위의 공문서라고 할 수 없다.

원심은 그 채택 증거에 의하여, ○○○이 신고를 받고 출동한 경찰관인 피고인들에게 만취 상태에서 항의하는 과정에서 갑자기 바지와 상의를 벗고 러닝셔츠와 팬티만 입은 상태로 주방으로 들어가 식칼의 자루를 거꾸로 쥐어 잡는 방법으로 식칼을 들고 나와 식칼을 든 상태에서 피고인들에게 계속 심한 욕설을 퍼부은 사실, ○○○이 식칼을 든 채 피고인들에게 가까이 접근하다가 종업원 ○○○에게 칼을 빼앗긴 사실 등 그 판시와 같은 사실을 인정한 다음, 피고인들이 당시 식칼을 휘두르는 ○○○으로부터 위협을 받았고, ○○○의 위와 같은 행동이 특수공무집행방해죄에 해당함도 분명하므로, ○○○이 심한 욕설을 함과 동시에 피고인 ○○○의 가슴 부분을 찌르려고 위협을 가하였다는 취지로 기재되어 있는 '112신고 현장출동보고'는 허위로 작성된 것이라고 보기 어렵고, '현행범인체포서'와 '수사보고서'는 마치 ○○○이 식칼을 바로잡아 앞으로 내 밀면서 피고인 ○○○의 가슴을 찌른 것처럼 표현되어 있어 폐쇄회로(CCTV) 영상과는 세부적인 부분에서 다소 차이가 있거나 과장되어 있는 부분이 있기는 하나, 그것은 ○○○의 특수공무집행방해의 점에 있어 사실상의 피해자 입장에서 당시 피고인들이 ○○○의 비정상적 행동에 대해 느꼈을 것으로 보이는 신체의 안전에 대한 위협, 공포, 불안감 등 주관적인 감정이 당시 상황을 기억하는 과정에 있어 보다 강하게 개입되었을 것으로 보일 뿐 아니라 위 현행범인체포서, 수사보고서의 각 기재는 '112신고 현장 출동보고'와 달리 피고인들이 직접 작성한 것이 아니라 동료 경찰관인 ○○○을 통해 작성된 것이어서 세세한 부분에 있어 객관적 사실과의 불일치는 피고인들이 직접 작성한 것에 비해 본질적으로 커질 수밖에 없다는 면을 고려할 때 허위라고 단정하기 어렵다는 이유로 이 부분 공소사실을 무죄라고 판단하고 있다.

위 법리와 기록에 비추어 살펴보면, 이러한 원심판단은 정당하다고 수긍이 되고, 거기에 채증법칙 위반이나 허위공문서에 관한 법리오해 등의 위법이 없다.

2. 직권남용권리행사방해의 점에 대한 판단

원심은 그 채택 증거에 의하여, ○○○은 ○○○이 경찰관인 피고인들에게 심한 욕설을 하며 갑자기 바지와 상의를 벗는 등 비정상적인 행동을 하며 주방에 식칼을 가지러 들어가자 당시 상황이 위험하다고 판단하고 사무실 밖으로 나오게 되었으며, 통유리로 되어 있는 사무실 출입문을 통해 사무실 안을 들여다 본 사실, ○○○은 ○○○에 대한 특수공무집행방해 사건의 조사를 위해 목격자 자격으로 이 사건 공소사실과 같은 진술서를 작성하게 되었고, 이 사건 이전에는 진술서를 작성한 경험이 없었던 사실을 각 인정한 다음, 이에 의하면 ○○○은 이 사건 현장을 대략적으로 목격한 후 진술서 작성 경험이 없던 상태에서 작성방법을 피고인 김종구에게 문의하는 방법으로 위 진술서를 작성하였던 것으로 보이고, 피고인 김종구가 ○○○으로 하여금 진술서 내용을 전부 불러주는 등 강제로 진술서를 작성하게 한 것으로는 보이지 않으며, 달리 이를 인정할 만한 증거도 없다고 보아, 피고인들의 이 부분 공소사실에 대해 무죄를 선고한 제1심 판단을 그대로 유지하고 있다.

기록에 비추어 살펴보면, 이러한 원심판단은 정당하고, 거기에 직권남용권리행사방해 죄에 관한 법리를 오해한 위법이 없다.

3. 직권남용감금의 점에 대한 판단

원심은 OOO의 행위가 특수공무집행방해죄에 해당함은 분명하고, 체포 당시 작성된 서류들이 허위라고 보기 어려우며, 당시 체포나 구속영장 신청 절차에 별다른 위법 사유를 발견할 수 없으므로, 피고인들이 직권을 남용하여 OOO한을 감금하였다고 보기는 어렵다고 보아, 피고인들의 이 부분 공소사실에 대해 무죄를 선고한 제1심판단을 그대로 유지하고 있다.

기록에 비추어 살펴보면, 이러한 원심판단은 정당하고, 거기에 직권남용감금죄에 관한 법리를 오해한 위법이 없다.

4. 결론

그러므로 상고를 모두 기각하기로 하여 관여 대법관의 일치된 의견으로 주문과 같이 판결한다.

재판장	대법관 OOO _____
	대법관 OOO _____
주 심	대법관 OOO _____
	대법관 OOO _____

상대방 형사고소
2심 판결
(대법원 기각)

서울○○지방법원

제 3 형 사 부

판　결

사　　건	2000노OOO　가. 특수공무집행방해
	나. 뇌물공여
	다. 뇌물수수
피 고 인	1.가.나. OOO (******-*******), OOOO
	주거 서울 OO구 OO동 **-** OO빌라 ***호
	등록기준지 서울 OO구 OO동 ***-**
	2.다. OOO (******-*******), OOO
	주거 서울 OO구 OO동 **-** OO아파트 ***호
	등록기준지 OO시 OO동 ***
항 소 인	피고인들
검　　사	OOO(기소), OOO(공판)
변 호 인	법무법인 OO 담당변호사 OOO
	(피고인 OOO을 위하여)
	변호사 OOO(피고인 OOO을 위하여)
원 심 판 결	서울OO지방법원 2013. O. OO.
	선고 2000고단0000 판결
판 결 선 고	2000. 0. 00.

주   문

원심판결을 파기 한다.

피고인 OOO에 대한 형을 징역 8월로, 피고인 OOO에 대한 형을 징역 4월로 각 정한다.

다만, 이 판결 확정일로부터 피고인 OOO에 대하여는 2년간, 피고인 OOO에 대하여 는 1년간 위 각 형의 집행을 유예한다.

피고인 OOO에 대하여 480시간의 사회봉사를 명한다.

피고인 OOO으로부터 200,000원을 추징한다.

이   유

1. 항소이유의 요지

가. 피고인 OOO

(1) 사실오인(뇌물공여죄에 대하여)

피고인 OOO은 원심 판시 범죄사실 1.의 나.항 기재와 같이 피고인 OOO, OOO와 함께 셋이서 술을 마신 후 그 술값을 지불한 사실이 없고, 단지 렌트카 사업에 대해 지인 인 OOO에게 조언을 해 달라는 피고인 OOO의 부탁으로 피고인 OOO과 OOO, OOO(OO경찰서 OO관), OOO(OO경찰서 OO관)이 술자리를 하고 있던 술집에 들른 사실 이 있을 뿐이며, 그 술값도 OOO이 지불하였다. 그럼에도 원심은 사실을 잘못 인정하여 피고인 OOO에게 유죄를 선고하였다.

(2) 법리오해(뇌물공여죄에 대하여)

뇌물죄가 성립하기 위해서는 뇌물과 직무 사이에 대가관계가 존재하여야 하는 것인데, 피고인 OOO은 사건에 대한 처분권한을 가진 검사가 아니라 검찰 직원에 불과하므로 피고인 OOO이 피고인 OOO만 술값을 지불하였다 하더라도 그 부분에 어떠한 처분을 대가로 이익을 공여한 대가관계가 존재하지 않는다. 그럼에도 원심은 이 점에 대한 법리를 오해하여 피고인 OOO에게 유죄를 선고하였다.

(3) 양형부당

원심이 피고인 OOO에 대하여 선고한 형(징역 8월)은 너무 무거워서 부당하다.

나. 피고인 OOO

(1) 사실오인

피고인 OOO은 원심 판시 범죄사실 2.항 기재와 같이 피고인 OOO, OOO와 함께 셋이서 술을 마신 후 그 술값을 피고인 OOO이 지불한 사실이 없고, 단지 텐트카 사업에 대해 지인인 OOO에게 조언을 해 달라는 피고인 OOO의 부탁으로 피고인 OOO이 피고인 OOO, OOO, OOO(OO경찰서 OO관), OOO(OO경찰서 경찰관)이 술자리를 하고 있던 술집에 들른 사실이 있을 뿐이며, 그 술값도 OOO이 지불하였다. 그럼에도 원심은 사실을 잘못 인정하여 피고인 OOO에게 유죄를 선고하였다.

(2) 양형부당

원심이 피고인 ○○○에 대하여 선고한 형(징역 4월에 집행유예 1년)은 너무 무거워서 부당하다.

2. 판단
가. 피고인들의 사실오인 주장에 관한 판단

(1) 피고인들은 이 사건 ○○○○ 주점에서 함께 술을 마신 적이 한 번 있었다고 인정하고 있고, 다만 그 술자리와 관련하여 피고인들이 누구와 술을 마셨고 그 술값을 누가 지불했는가의 문제를 다투고 있다. 이 점에 대하여 피고인들과 ○○○ 등 3명이 함께 술을 마셨고 그 술값을 피고인 ○○○이 지불하였다는 이 부분 공소사실에 부합하는 ○○○의 진술, ○○○의 일부 진술이 있고, 반면 피고인들과 ○○○, ○○○, ○○○ 등 5명이 술을 마셨고 그 술값을 ○○○이 지불하였다는 피고인들의 주장에 부합하는 ○○○, ○○○의 진술이 있으므로, 이하에서 각 증거의 증거가치에 대하여 살펴본다.

(2) 먼저, 이 부분 공소사실에 부합하는 핵심 증거인 ○○○의 진술은 원심 및 당심에서 적법하게 채택하여 조사한 증거들에 따라 인정되는 다음과 같은 사정들을 종합하여 볼 때 그 신빙성이 높다고 볼 수밖에 없다.

① ○○○는 이 사건에 대하여 최초로 경찰에서 조사를 받은 2011. 2. 1기부터 당심에 증인으로 출석한 2013. 5. 24.에 이르기까지 2년이 넘는 기간 동안 총 10차례 가까이 경찰과 검찰, 법정에 출석하여 진술하면서 '○○○○ 주점에서 자신과 피고인 ○○○, ○○○ 등 3

명이 함께 술자리를 하였고, 그 술값은 외상으로 하였다가 며칠 후에 ○○○의 지시로 자신이 주점에 가서 업주를 만나 현금으로 60-70만 원 정도를 지불하여 결제하였다'는 내용의 진술을 일관되게 하였다[29]. 그리고 각 진술의 내용을 면밀히 살펴보아도 한두 가지 지엽적인 사항(위 주점에 갈 때 피고인 ○○○, ○○○이 만나서 함께 갔는지 아니면 주점에 가서 만났는지 등) 외에는 진술내용에 특별한 모순점이나 번복이 발견되지 않는다.

② ○○○의 위와 같은 진술내용은 ○○○○ 업주인 ○○○의 진술에 의해서도 뒷받침이 되고 있다. 즉 ○○○은 최초에 경찰에서 '○○동에서 렌트카 사업을 하는 사람이 제가 아는 누군가와 함께 와서 2명 내지 3명이 술을 마시고 외상을 했다가 그 며칠 후에 젊은 친구가 와서 60-70만 원 정도 현금으로 술값을 지불한 일이 있다'고 진술한 이래 원심 법정에 이르기까지 이 진술을 유지하였다. 그리고 ○○○와 ○○○은 위 술 자리에 관하여 술을 마신 사람은 3명(○○○ 진술) 혹은 2~3명(○○○ 진술)이고, 양주 2병 정도를 마셨고, 아가씨 2~3명이 있었고, 술값이 60-70만 원 정도였다고 하여 거의 일치되는 진술을 하는데, 이는 피고인들을 포함하여 ○○○, ○○○, ○○○ 등 5명 정도가 술을 마셨고, 룸안이 시끄러웠으며,

---

29 다만 ○○○가 피고인들을 포함해서 5명 정도가 ○○○○ 주점에서 술을 마신 자리가 더 있었는지, 있었다면 자신이 기억하는 위 3명의 술자리와 같은 날인지 아니면 다른 날인지 등에 대해서 다소 혼란스러운 진술을 한 점이 있으나, 그럼에도 불구하고 자신이 피고인들과 함께 한 3명의 술자리가 있었고 그 술값을 피고인 ○○○이 위와 같은 방법으로 지불하였다는 점에 대한 진술은 일관되어 있다.

피고인 OOO은 나중에 합류하였다고 하는 피고인들 주장의 술자리와는 그 규모와 정황에서 분명한 차이가 있다. 비록 OOO이 피고인 OOO과 함께 온 지인이 피고인 OOO인지는 기억이 잘 나지 않는다(경찰 진술), 피고인 OOO은 아닌 것으로 기억한다(검찰 진술), 피고인 OOO이 아닌 다른 지인과 함께 온 것으로 기억한다(원심 진술)는 등으로 진술하고, 원심 법정에서 피고인 OOO과 OOO를 알아보지 못하겠다고 한 점은 있으나, 최초에 경찰에서 'OO동에서 렌트카 사업을 하는 사람'에 관하여 "덩치가 좋아 80킬로그램 이상은 되어 보이고 50대 초반으로 보였다. 명함을 받았는데 이름에 O자가 있었던 것 같다"고 하여 사실상 피고인 OOO을 지칭하는 진술을 한 점이나, 오랜 지인인 피고인 OOO을 위하여 최초 진술을 번복할 가능성을 배제할 수 없는 점[30] 등을 고려하여 보면, 피고인들의 주장과는 달리 적어도 피고인 OOO이 술값을 지불한 3명 정도 규모의 술자리가 OOOO 주점에서 있었다는 것을 OOO와 OOO의 진술을 종합하여 인정할 수 있다.

③ OOO가 경찰에서 조사를 받을 당시 경찰이 제시한 OOO의 사진을 본 후 바로 그가 OOOO 업주라는 것을 알아왔고, 이름이 OO이라는 것도 떠올렸으며, 원심 법정에서도 증인으로 출석한 OOO

---

30 OOO은 피고인 OOO과 20년 가까이 알고 지내며 피고인 OOO이 OOO의 동생 결혼식에 참석할 정도로 친한 사이로, 처음 경찰 조사에서는 피고인 OOO이 OOOO에 술 마시러 온 것이 아예 기억나지 않는다고 하였다가, 피고인 OOO과 통화를 한 후의 조사에서는 피고인 OOO이 2008년도에 OOO과 함께 1~2번 정도 왔었다. 그러나 피고인 OOO과 같이 온 기억은 없다고 하는 등, 피고인 OOO을 위하여 진술할 가능성을 배제할 수 없는 사람이다.

을 알아보았던 점 등에 비추어 보면, 'OOOO에서 3명이 술을 마실 때 업주가 잠깐 방에 들어왔는데 그 사람이 제 고향 OO옆인 OO 사람이라고 해서 기억한다. 그 며칠 후에 다시 가서 업주를 만나 술값을 지불하였다'고 하는 OOO의 진술의 신빙성을 쉽사리 배척하기는 어렵다.

④ OOO는 이 부분 공소사실에 대하여는 피고인 OOO에게 불리한 진술을 한 반면, 피고인 OOO의 특수공무집행방해의 점에 대하여서는 경찰에서부터 원심 법정에 이르기까지 일관되게 '피고인 OOO이 경찰을 향해 칼을 휘두르거나 찌르려고 한 사실이 없다'는 취지로 피고인 OOO에게 유리한 진술을 하였다. 특히 경찰에서 피고인 OOO이 피고인 OOO과 술자리를 가진 사실에 대해서 처음 진술을 했을 때에도 진술조서 마지막에 "피고인 OOO이 직접적으로 자해한다는 단어는 안했지만 내가 피를 봐야 니들이 되겠냐는 식의 말은 했습니다"라는 내용을 자필로 추가로 기재하여 조금 이라도 피고인 OOO에게 유리하게 하고자 하였다. 이 같은 점에 비추어 보면 OOO가 OOOO 주점에서의 술자리와 관련하여 특별히 피고인 OOO에게 악감정을 가지고 그에게 불리한 사실을 가공해서 진술하는 것으로 보기는 어렵다.

　　(3) 반면, 피고인들과 OOO, OOO, OOO 등 5명이 술을 마셨고 그 술값을 OOO이 지불하였다는 피고인들의 주장에 부합하는 OOO, OOO의 진술은 앞에서 본 증거들에 따라 인정되는 다음과 같은 사정들에 비추어, 그대로 믿기 어렵거나 이 부분 공소사실을 인정

하는 데에 방해가 되지 않는다.

① 피고인들은 피고인 ○○○의 종업원으로 있던 ○○○의 절도 사건 때 수사관이던 피고인 ○○○만을 피고인 ○○○이 찾아가 선처를 호소한 일로 처음 알게 되었고, 그 이후 연락이 없다가 피고인 ○○○이 이 사건 특수공무집행방해 피의사실로 조사를 받으면서 다시 보게 되었다는 것으로서 서로 친분이 있는 사이가 아니고 오히려 수사관과 피의자의 입장에서 서로 조심하고 꺼려할 입장에 있는 사람들인데, 피고인 ○○○이 어느날 지인과 술을 마시다가 렌트카 사업에 대해 조언을 구한다는 이유로 갑자기 피고인 ○○○을 불러내어 만났다는 것은 선뜻 수긍할 수 있는 일이 아니다.

② ○○○은 검찰에서는 '○○○○ 주점은 그날 처음 간 곳이고 자신이 술 한잔 마시려고 혼자 들어간 다음 피고인 ○○○을 불러 술을 마시다가 렌트카 사업 문제로 피고인 ○○○을 불러 세 사람이 술을 마시게 되었다'고 진술하였으나, 원심 법정에서는 '○○○○ 주점은 원래 알고 있던 곳이고, 그날 피고인 ○○○도 아는 고향 후배 ○○○(○○경찰서 ○○관)이 인사발령이 났다고 하여 본인이 술 한잔 사려고 자리를 마련했다. 나중에 피고인 ○○○이 부른 피고인 ○○○과 ○○○(○○경찰서 경찰관)이 합류하여 5명이 술을 마셨다'고 하여 검찰에서의 진술과는 대부분 배치되는 진술을 하였다. 나아가 이같이 진술을 번복한 데 대해 '인사발령이 난 ○○○이 공무원이기 때문에 사건에 개입되는 것이 좋지 않을 것 같아 검찰에서는 그날 ○○○○주점에 처음 갔고 세 사람이 마셨다고 했다'는 납득되

지 않는 설명을 하고 있고, 다음날 아들 또는 사위를 시켜 주점 웨이터에게 외상 술값을 결제한 시간이 주점 문을 열기도 전[31]인 오후 3시경이라고 하는 등, 그 진술의 신빙성에 심각한 의심이 들게끔 하는 사정들도 있다.

③ 한편 ○○경찰서에 근무하는 경찰관 ○○○이 원심에서 '피고인들을 포함하여 4~5명이 있는 술자리에 합류한 사실이 있다'고 하여 피고인들의 주장에 부합하는 취지의 진술을 하였으나, ○○○도 자신이 진술한 3명의 술자리 외에 피고인들을 포함하여 5명 정도가 함께 한 술자리가 ○○○○에서 또 있었을 가능성을 언급하고 있으므로, 설사 ○○○의 진술이 사실이라 하여도 이 부분 공소사실을 인정하는 데에 방해가 되는 것은 아니다.

(4) 결국 이상의 사정들을 종합하여 보면, 원심 판시 범죄사실 기재와 같이 피고인 ○○○이 피고인 ○○○, ○○○와 함께 술을 마신 후 그 술값을 지불한 사실을 충분히 인정할 수 있으므로, 피고인들의 위 사실오인 주장은 모두 이유 없다.

나. 피고인 ○○○의 법리오해 주장에 관한 판단

공무원이 얻은 어떤 이익이 직무와 대가관계가 있는 부당한 이익으로서 뇌물에 해당하는지 여부는 그 공무원의 직무내용, 직무와 이익제공자와의 관계, 쌍방간에 특수한 사적 친분관계가 존재하는지 여부, 이익의 다과, 이익을 수수한 경위와 시기 등 모든 사정을 참작

---

31 ○○○은 원심에서 '증인의 업소는 오후 5시에 오픈한다. 웨이터들도 오후 5시 넘어서 출근한다. 오후 3시에는 절대 출근을 할 수 없다'고 진술한 바 있다.

하여 결정되어야 하고, 뇌물죄가 직무집행의 공정과 이에 대한 사회의 신뢰를 그 보호법익으로 하고 있음에 비추어 공무원이 그 이익을 수수하는 것으로 인하여 사회일반으로부터 직무집행의 공정성을 의심받게 되는지 여부도 뇌물죄 성부의 판단 기준이 되어야 한다(대법원 2000. 6. 15. 선고 98도3697 전원합의체 판결 등 참조). 또한 뇌물죄는 직무집행의 공정과 이에 대한 사회의 신뢰에 기하여 직무수행의 불가매수성을 직접적인 보호법익으로 하고 있으므로, 공무원의 직무와 금원의 수수가 전체적으로 대가관계에 있으면 뇌물수수죄가 성립하고, 특별히 청탁의 유무, 개개의 직무행위의 대가적 관계를 고려할 필요는 없으며, 또한 그 직무행위가 특정된 것일 필요도 없다. 한편 뇌물죄에 있어서 직무에는 공무원이 법령상 관장하는 직무 그 자체뿐만 아니라 그 직무와 밀접한 관계가 있는 행위 또는 관례상이나 사실상 소관하는 직무행위, 결정권자를 보좌하거나 영향을 줄 수 있는 직무행위도 포함된다(대법원 2010. 12. 23. 선고 2010도13584 판결 등 참조).

위와 같은 법리에 비추어 이 사건에 관하여 보건대, 위 증거들에 따라 인정되는 다음과 같은 사정들, 즉 ① 피고인들이 함께 술을 마신 시점은 피고인 OOO의 특수 공무집행방해 피의사실 및 피고인 OOO을 현행범으로 체포한 OOO, 김종구의 허위 공문서작성 피의사실 등에 대한 검찰 조사가 한창 진행되던 때였던 점, ② 피고인 OOO은 바로 위 피의사건 모두를 담당한 검사실의 검찰수사관이었던 점, ③ 그때까지 피고인들 사이에 위 피의사건을 매개로 한 관계

외에는 별다른 친분관계가 존재하지 않았던 점, ④ 피고인 OOO이 피의사건에 대한 처분권한을 가진 결정권자는 아니었지만 결정권자인 검사를 보좌하여 조사 참여, 사건 검토 등을 하면서 영향을 줄 수 있는 직무를 수행하고 있었던 점 등을 종합하여 보면, 피고인 OOO이 향응을 제공한 것과 피고인 OOO의 직무 사이에 뇌물죄에서 요구하는 대가관계를 충분히 인정할 수 있으므로, 피고인 OOO의 위 법리오해 주장도 이유 없다.

다. 피고인 OOO의 양형부당 주장에 관한 판단

이 사건 각 범행은 출동한 경찰관이 자신의 뜻을 따르지 않는다는 터무니없는 이유로 흉기인 칼을 들고 나와 공무수행 중인 경찰관을 위협하는 범행을 저지른 뒤, 이를 조사하게 된 담당 검찰수사관에게 향응을 제공한 것으로서 그 범행 동기나 태양이 매우 불량하고 죄질이 무거운 점, 피고인의 탓으로만 돌릴 일은 아니겠으나 피고인의 범행이 도화선이 되어 경찰관 OOO, 김종구 등 여러 관련자들이 곤경에 빠지고 수년 간 큰 고통을 겪었으므로 그 원인을 제공한 장본인인 피고인에게 무거운 책임이 있다고 볼 것인 점, 피고인 OOO에게 향응을 제공한 사실을 부인하며 잘못을 인정하지 않고 있는 점 등의 피고인에게 불리한 정상들이 있으나, 이 사건은 피고인의 의지와 상관없이 크게 비화된 측면이 없지 않은 점, 경찰관 OOO, 김종구가 피고인의 특수공무집행방해 범행에 대하여 과도하게 대응한 것도 사실인 점, 피고인에게 벌금형을 넘어서는 범죄전력이 없는 점, 뒤늦게나마 특수공무집행방해죄의 범죄사실에 대하여 잘못을 인정하고 그 피해자인 경찰관들을 위하여 일정액을 공탁한 점 등의 피고인에게 유리한 정상들, 그 밖에 피고인의 연령, 성행, 환경, 직업, 가족관계, 이 사건 각 범행의 수단과 결과, 범행 후의 정황 등 기록에 나타난 양형의 조건이 되는 여러 사정을 참작하여 보면, 원심이 피고인 OOO에게 선고한 형은 다소 무거워서 부당하다.

라. 직권판단

피고인 OOO의 양형부당 주장에 대한 판단에 앞서 직권으로 살피건대, 특정범죄 가중처벌등에관한법률 제2조 제2항은 형법 제129조에 규정된 죄(뇌물수수죄)를 범한 사람은 그 죄에 대하여 정한 형에 수뢰액의 2배 이상 5배 이하의 벌금을 병과하도록 규정하고 있는바, 원심은 뇌물수수죄를 범한 피고인 OOO에 대하여 특정범죄 가중처벌 등에 관한 법률 제2조 제2항에 따라 벌금형을 병과하여야 함에도 불구하고 이를 누락하였으므로, 이 점에서 원심판결 중 피고인 OOO에 대한 부분은 더 이상 유지될 수 없다.

3. 결론

그렇다면, 피고인 OOO의 항소는 이유 있으므로 형사소송법 제364조 제6항에 따라 원심판결 중 피고인 OOO에 대한 부분을 파기하고, 원심판결 중 피고인 OOO에 대한 부분에도 위에서 본 직권파기사유가 있으므로 양형부당 주장에 대한 판단을 생략한 채 형사소송법 제364조 제2항에 따라 이 부분을 파기하며, 각 변론을 거쳐 다시 다음과 같이 판결한다.

범죄사실 및 증거의 요지

이 법원이 인정하는 범죄사실 및 증거의 요지는 증거의 요지에 '1. OOO의 당심 법정 진술'을 추가하는 외에는 원심판결의 각 해당란의 기재와 같으므로 형사소송법 제369조에 따라 이를 그대로 인용한다.

법령의 적용

1. 범죄사실에 대한 해당법조 및 형의 선택

    피고인 OOO : 각 형법 제144조 제1항, 제136조 제1항(특수공무집행방해의 점), 형법 제133조 제1항(뇌물공여의 점)

    피고인 OOO : 형법 제129조 제1항

1. 상상적 경합

    피고인 OOO : 형법 제40조, 제50조(각 특수공무집행방해죄 상호간)

1. 형의 선택

    피고인 OOO : 각 징역형 선택

    피고인 OOO : 징역형 선택(특정범죄가중처벌등에관한법률 제2조 제2항에 따라 벌금형을 병과하여야 하나, 검사가 항소하지 않고 피고인 OOO만 항소한 이 사건에 있어 피고인 OOO에게 불이익하게 형을 변경할 수는 없으므로, 벌금형을 병과하지 않는다)

1. 경합범가중

    피고인 OOO 형법 제37조 전단, 제38조 제1항 제2호, 제50조

1. 집행유예

    피고인들 : 각 형법 제62조 제1항(피고인 OOO에 대하여 앞에서 본 유

리한 정상들과, 피고인 ○○○에 대하여 뒤에서 보는 유리한 정상들 각 참작)

1. 사회봉사명령 피고인

    ○○○ : 형법 제62조의2, 보호관찰 등에 관한 법률 제59조

1. 추징 피고인 ○○○ : 형법 제134조 후문

피고인 ○○○에 대한 양형이유

피고인이 제공받은 향응의 액수가 크지는 않은 점, 검찰공무원으로서 장기간 특별한 징계나 비위 사실 없이 성실히 근무한 점, 이전까지 형사처벌을 받은 범죄전력이 전혀 없는 점 등의 피고인에게 유리한 정상들과, 범죄사실을 부인하며 잘못을 인정하지 않고 있는 점, 직무집행의 공정성을 철칙으로 삼아야 할 검찰수사관으로서 자신이 담당한 피의사건의 조사를 진행하던 도중에 해당 피의자로부터 향응을 제공받은 것이므로 죄질이 가볍다고 할 수 없는 점 등의 피고인에게 불리한 정상들, 그 밖에 이 사건 범행에 이르게 된 동기 및 경위, 범행 전후의 정황, 피고인의 연령, 성행, 환경, 직업, 가족관계 등 기록에 나타난 양형의 조건이 되는 여러 사정을 참작하여 주문과 같이 형을 정한다.

재판장 판사 ○○○ _____

판사 ○○○ _____

판사 ○○○ _____

상대방 민사2심 판결
(대법원 기각)

서울OO지방법원

제5민사부

판 결

사 건　　2000나00000 국가배상 등

원고, 항소인 겸 피항소인

　　　　1. OOO (5*****-1000000)

　　　　　OO시 OO구 OO동 OO아파트 ***동 ***호

　　　　2. 김종구 (7*****-0000000)

　　　　　OO시 OO구 OO동 OO아파트 ***동 ***호

　　　　원고들 소송대리인 변호사 OOO

피고, 피항소인 겸 항소인

　　　　대한민국

　　　　법률상 대표자 법무부장관 OOO

　　　　소송대리인 정부법무공단

　　　　담당변호사 OOO

피고, 피항소인

　　　　1. OOO

　　　　　OO시 OO구 O동 OOO-2 OOO검찰청 OOO 내

　　　　　담당변호사 OOO

　　　　2. OOO (******-1******)

　　　　　OO시 OO구 OO동 OO빌라 ***동 ***호

제1심 판 결　　서울OO지방법원 2000. O. O. 선고 2011O0000 판결

변론종결   2000. O. OO.
판결선고   2000. O. OO.

주 문

1. 제1심 판결 중 아래 2항에서 추가로 지급을 명하는 금원에 해당하는 원고들 패소
2. 피고 OOO은 원고들에게 각 2,500,000원 및 이에 대하여 2008. 10. 20.부터 2014. 7. 2.까지는 연 5%의, 그 다음 날부터 다 갚는 날까지는 연 20%의 각 비율에 의한 금원을 지급하라.
3. 원고들의 피고 대한민국, OOO에 대한 각 항소, 피고 OOO에 대한 나머지 항소 및 피고 대한민국의 항소를 각 기각한다.
4. 소송총비용 중 원고들과 피고 대한민국, OOO 사이에 생긴 부분 중 70%는 원고들이, 나머지는 피고 대한민국, OOO이 각 부담하고, 원고들과 피고 OOO 사이에 생긴 부분은 원고들이 부담한다.
5. 제2항은 가집행할 수 있다.

청구취지 및 항소취지

1. 청구취지

피고인들은 각자 원고들에게 각 4,950만 원과 이에 대하여 2008.

10. 20.부터 이 사건 소장 부본 송달일까지 연 5%, 그 다음 날부터 다 갚는 날까지 연 20%의 각 비율에 의한 금원을 지급하라(원고들은 당심에 이르러 청구취지 중 지연손해금 부분을 일부 감축하였다).

2. 항소취지

[원고들]

제1심 판결 중 원고들 패소 부분을 취소한다. 청구취지와 같다.

[피고 대한민국]

제1심 판결 중 피고 대한민국 패소 부분을 취소하고, 그 부분에 해당하는 원고들의 청구를 기각한다.

이   유

1. 기초사실

가. 피고 OOO의 원고들에 대한 특수공무집행방해

1) 피고 OOO은 2008. 2. **. **:10경 술에 취한 채 OOO이 운전하던 택시를 타고 서울 송파구 가락동에 있는 자신이 운영하는 'OOO 렌트카' 사무실에 도착했다. 피고 OOO은 OOO에게 택시에 비치된 택시운전자격증명서가 OOO의 것이 아니라는 이유로 시비하다가 112에 택시운전자의 얼굴과 택시운전자격증명서의 사진이 다르니 조사하여 달라는 신고를 하고, 택시요금은 5,520원임에도 10만 원권 자기앞수표를 택시 요금이라고 하면서 놓고 위 택시운전자

격증명서를 가지고 내렸다.

2) 서울 송파경찰서 ○○지구대에서 근무하던 경찰관인 원고들은 위 신고를 받고 출동하여 위 사무실 앞에 있던 ○○○으로부터 피고 ○○○이 자기앞수표를 놓고 가면서 택시운전자격증명서를 가지고 갔다는 설명을 듣고, ○○○과 함께 사무실 안으로 들어가 피고 ○○○에게 택시요금을 정산하고 택시운전자격증명서를 돌려주라고 하는 등 사건을 원만히 해결할 것을 요구하였다.

3) 피고 ○○○은 만취한 상태에서 원고들이 ○○○만 편든다면서 심한 욕설을 하며 원고들에게 항의하기 시작하였다. 피고 ○○○은 위와 같이 항의하는 과정에서 갑자기 입고 있던 상의와 바지를 벗고, 위 사무실 주방에서 식칼의 자루를 거꾸로 쥐는 방법(즉, 식칼을 내려찍듯이 휘두를 때 잡는 방식)으로 식칼을 들고 나와 식칼을 든 상태에서 원고들에게 계속 욕설을 퍼부었다.

4) 당시 피고 ○○○의 종업원이던 ○○○도 만취 상태인 피고 ○○○의 돌발행동에 대비하여 피고 ○○○ 주변에 서 있었는데, 피고 ○○○이 주방에 들어가자 따라갔다가 피고 ○○○이 식칼을 든 채로 원고들에게 약 2m 거리 내로 가까이 접근하며 항의하자 피고 ○○○의 팔을 잡으며 칼을 빼앗아 피고 ○○○을 만류하였다. 한편, ○○○은 피고 ○○○이 심한 욕설을 하며 위와 같이 바지와 상의를 벗은 다음 주방으로 들어가자 겁을 먹은 상태에서 사무실 밖으로 나갔고, 통유리로 되어 있는 출입문을 통해 이 사건 사무실 안쪽을 지켜보고 있었다.

나. 피고 OOO의 특수공무집행방해 혐의에 대한 수사 경위

1) 원고들은 피고 OOO이 위와 같이 식칼을 들고 나와 원고들을 위협하자 상황이 심각하다고 판단하고 같은 지구대 소속 경찰관들에게 지원을 요청하였고, 같은 OO지구대 소속 OOO, OOO이 도착하자 이들과 함께 **:40경 피고 OOO을 특수공무집행방해의 현행범으로 체포하였다. 피고 OOO은 OOO로부터 위와 같이 식칼을 빼앗긴 이후에도 현행범으로 체포될 때까지 계속하여 원고들에게 욕설을 멈추지 않으면서 원고들에게 뛰어들려고 하였고, OOO는 피고 OOO의 위와 같은 행동을 지속적으로 제지하고 있었다.

2) 원고들은 피고 OOO을 OO지구대에 인치한 다음, 112현장출동보고서(이하 '이 사건 현장출동보고서'라고 한다)를 작성하고 경사 OOO에게 현행범인체포서(이하 '이 사건 현행범인체포서'라고 한다), 수사보고서(이하 '이 사건 수사보고서'라고 한다)를 각 작성하게 하였으며, 원고 김종구는 OOO으로부터 그가 작성한 진술서(이하 '이 사건 진술서'라 한다)를 제출받았다. 위 각 공문서와 이 사건 진술서 중 이 사건과 관련한 부분은 별지 목록 제1항 기재와 같다.

3) 이후 원고들은 위 서류들을 첨부하여 피고 OOO의 특수공무집행방해의 점과 업무방해의 점에 관한 위 피의사건을 송파경찰서에 송부하였다. 이후 피고 OOO에 대해서 2008. *. **. 구속영장이 발부되었고, 2008. *. **. 법원이 구속기간연장을 불허하자, 2008. *. **. 구속이 취소되어 피고 OOO은 석방되었다.

4) 위 사건은 2008. *. **. 서울OO지방검찰청에 송치되어 담당

검사인 OOO이 수사를 진행하였다. 이후 피고 OOO은 2008. *. **. 위 검찰청에 부임하여 위 사건을 재 배당받아 수사를 진행하였는데, 당시 담당검사인 피고 OOO의 지휘를 받아 위 사건의 조사·참여 등 업무를 담당하던 검찰수사관은 OOO이었다.

  5) 피고 OOO은 OOO의 보조를 받아 피고 OOO에 대한 수사를 진행한 뒤 2008. *. **. 피고 OOO에 대한 특수공무집행방해 혐의와 관련하여, 위 사건 당시 촬영된 CCTV 영상과 피고 OOO, OOO 등의 각 진술을 근거로 피고 OOO이 위 사건 현장에 식칼을 들고 나온 것은 맞으나 칼을 휘둘러 원고들을 위협한 사실이 없고, 다른 범죄사실로 인하여 특수공무집행방해죄가 성립한다 하더라도 그 정도가 미약하며 피고 OOO이 불법 구금되었던 점을 감안하여 입건하지 아니한다는 이유로 불기소처분(혐의없음)을 하였고, 업무방해 혐의와 관련하여는 사안이 무겁지 않고, 술에 취해 우발적으로 저지른 범행이라는 이유로 기소유예처분을 하였다.

다. 원고들에 대한 수사 및 공소제기

  한편, 피고 OOO은 원고들이 피고 OOO을 체포하고 수사하는 과정에서 현행 범인체포서 등을 허위로 작성하였다는 등의 이유로 원고들에 대한 수사를 개시하였는데, 당시 원고들에 대한 조사에도 OOO이 참여하였다(이하 '이 사건 수사'라고 한다). 피고 OOO은 2008. *. **. 서울OO지방법원 2000고단OOOO호로 원고들에 대해 허위공문서작성, 허위작성공문서행사, 직권남용감금죄를 적용하고, 원고 김종구에 대하여는 직권남용권리행사방해죄를 적용하여 공소를 제기하였다(이하 '이 사건 공소제기'라고 한다). 그 공소사실의 요지는 별지 목록 제2항 기재와 같다.

라. 피고 ○○○의 뇌물공여

피고 ○○○은 자신에 대한 위 사건 수사가 진행중이던 2008. 4.경 서울 송파구 ○○○에 있는 '○○○○' 유흥주점에서 자신의 특수공무집행방해 피의사건의 조사 참여 등의 업무를 담당하고 있던 ○○○을 만나 위 사건을 원만하게 잘 조사하여 달라는 취지로 양주를 주문하고 여성접대부들을 불러 ○○○와 함께 3명이 술을 마신 후, 그 다음 날 ○○○를 통하여 위 유흥주점 업주에게 술값 60만 원을 지급하여 ○○○에게 20만 원 상당의 향응을 제공하여 뇌물을 공여하고, ○○○은 같은 금액 상당의 뇌물을 수수하였다.

마. 관련 형사사건의 경과

1) 원고들에 대한 형사사건

원고들에 대한 형사사건의 제1심(서울○○지방법원 2000고단 ○○○○)에서 위 법원은 2009. 7. 20. 원고들에 대한 허위공문서작성 및 동 행사의 점에 대하여 유죄가 인정된다며 원고들에게 각 200만 원의 벌금형을 선고하고, 직권남용감금죄 및 직권남용권리행사방해죄에 대해서는 무죄를 선고하였다. 이에 검사와 원고들 모두 서울 ○○지방법원 2000노○○○○호로 항소하였다. 위 항소심에서 검사는 공소사실 중 직권남용감금죄 부분의 공소사실을 별지 목록 제3항 기재와 같이 교환적으로 변경하였다. 위 항소심 법원은 2010. 1. 15. 무죄 부분에 대한 검사의 항소를 기각하고, 원고들에 대한 허위공문서작성 및 동 행사의 점에 대하여도 유죄 부분을 파기하고 무죄를 선고하였다. 이에 검사가 대법원 2000도0000호로 상고하였으나 2010. 9. 30. 상고기각 판결이 선고되었다.

  2) OOO과 피고 OOO에 대한 형사사건

      그 후 검사 OOO은 20**. *. *. 서울OO지방법원 2000고단0000호로 피고 OOO을 특수공무집행방해죄 및 뇌물공여죄로, OOO을 뇌물수수죄로 각 공소를 제기하였고, 위 법원은 20**. *. **. OOO과 피고 OOO에 대하여 공소사실을 모두 인정하여 피고 OOO을 징역 8월, OOO을 징역 4월에 처하는 판결을 선고하였다. 이에 피고 OOO과 OOO이 서울OO지방법원 2000노OOO호로 항소하였고, 위 항소심 법원 은 20**. *. **. 피고 OOO에 대하여 징역 8월에 집행유예 2년, OOO에 대하여 징역 4월에 집행유예 1년을 각 선고하였으며, 피고 OOO과 OOO은 다시 대법원 2000도0000호로 상고하였으나 20**. **. **. 상고기각 판결이 선고되었다.

    OOO은 20**. *. **. 검찰에서 명예퇴직하였다.

[인정근거] 이 법원에 현저한 사실, 다툼 없는 사실, 갑 제1호증의 1 내지 5, 제2, 3호 증, 제4호증의 1, 2, 제14호증의 4, 5, 6, 25, 28, 29, 61, 119, 120, 제15호증, 제17호증 의 1, 2, 을가 제4 내지 8호증, 제13호증의 1, 2, 제14호증의 각 기재 및 영상, 변론 전체의 취지

2. 원고들의 주장

  가. 아래와 같은 이유로, 피고들은 각자 원고들에게 원고들이 입

은 재산적 손해로 이 사건 수사 및 공소제기로 말미암아 지출한 2,380만 원 상당의 소송비용 가운데 형사보상 절차를 통해 돌려받은 각 240만 원을 제외한 나머지 1,900만 원 중 원고들별로 안분한 각 950만 원(1,900만 원 × 1/2)과 정신적 손해로 각 4,000만 원을 합한 각 4,950만 원 및 이에 대한 지연손해금을 지급할 의무가 있다.

나. 피고 ○○○의 불법행위

1) 피고 ○○○은 고의 또는 중과실로 원고들 및 피고 ○○○에 대하여 수사를 불공정하게 진행하고 공소제기 여부에 관한 검사의 재량권을 일탈하거나 그 재량권을 남용하여 원고들에 대하여 공소를 제기하였다.

2) 피고 ○○○은 수사에 관하여 자신의 지휘를 받는 ○○○에 대한 지휘·감독을 게을리하여 아래와 같이 ○○○이 이 사건 수사를 불공정하게 진행하고 불합리한 공소제기에 영향을 미치도록 방치하였다.

① ○○○은 피고 ○○○으로부터 그에 대한 수사를 원만하게 잘 조사하여 달라는 취지로 뇌물을 수수하였는데, 피고 ○○○에 대한 특수공무집행방해의 피의사실은 피고 ○○○을 수사한 원고들에 대한 직권남용감금죄 등의 피의사실과 불가분의 관계이므로 결국 ○○○은 불공정한 입장에서 이 사건 수사에 참여하여 피고 ○○○에게 유리하고 원고들에게 불리한 방향으로 편파적으로 수사를 진행하였고, 불합리한 공소제기에 영향을 미쳤다.

② ○○○은 원고들과 이해관계가 대립하는 피고 ○○○으로부

터 뇌물을 받고 원고들의 피의사건에 개입하여 수사를 보조함으로써 원고들이 국민으로서 적법절차에 따라 공정하게 수사를 받을 기본권 또는 그에 관하여 수사기관에 대하여 가지는 신뢰를 침해하였다.

다. 피고 대한민국의 국가배상책임

피고 대한민국은 공무원인 피고 OOO 및 OOO의 위 다항 기재와 같은 직무집행상의 위법한 가해행위에 대하여 국가배상법 제2조에 따라 원고들이 그로 인하여 입은 재산적·정신적 손해를 배상할 의무가 있다.

라. 피고 OOO의 불법행위책임

1) 피고 OOO은 OOO에게 뇌물을 공여하였을 뿐만 아니라 원고들에 대한 수사과정에서 거짓 진술을 하여 원고들을 허위공문서를 작성한 사람으로 모해하여 수사기관으로 하여금 원고들에 대한 허위공문서작성 등 혐의로 수사를 하고 공소제기를 하도록 하였다.

2) 피고 OOO은 공무집행 중이던 원고들에게 흉기로 위협을 가함으로써 원고들이 받은 정신적 고통에 대하여 그 위자료를 지급할 의무가 있다.

3. 판단

가. 피고 OOO중에 대한 청구에 관한 판단

1) 검사는 수사기관으로서 피의사건을 조사하여 진상을 명백히 하고, 수집·조사 된 증거를 종합하여 피의자가 유죄판결을 받을 가능성이 있는 정도의 혐의를 가지게 된 데에 합리적인 이유가 있다

고 판단될 때에는 소정의 절차에 의하여 법원에 공소를 제기할 수 있으므로 객관적으로 보아 검사가 당해 피의자에 대하여 유죄의 판결을 받을 가능성이 있다는 혐의를 가지게 된 데에 상당한 이유가 있는 때에는 후일 재판과정을 통하여 그 범죄사실의 존재를 증명함에 족한 증거가 없다는 이유로 그에 관하여 무죄의 판결이 확정되더라도, 수사기관의 판단이 경험칙이나 논리칙에 비추어 도저히 그 합리성을 긍정할 수 없는 정도에 이른 경우에만 귀책사유가 있다고 할 것이다(대법원 2005. 12. 23. 선고 2004다46366 판결 참조).

2) 위 법리에 비추어 이 사건에 관하여 보건대, 피고 ○○○은 특수공무집행방해 죄를 저지른 피고 ○○○에 대해서는 기소를 하지 아니한 채 오히려 수사를 담당했던 원고들을 허위공문서작성죄 및 동 행사죄, 직권남용권리행사방해죄, 직권남용감금죄 등 혐의로 기소하였고, 그 과정에서 피고 ○○○의 지휘, 감독을 받고 있던 수사관 ○○○은 위 사건과 관련하여 피고 ○○○으로부터 뇌물을 수수한 점, 원고들은 이후 모든 피의사실에 관하여 무죄판결을 받았고, 피고 ○○○이 특수공무집행방해죄 및 뇌물공여죄에 대하여 유죄판결을 받게 된 점 등에 비추어 보면, 이 사건 공소제기에 있어 어떠한 하자가 존재하였다고 의심해 볼 여지가 없지 않다.

그러나 한편, 앞서 본 증거들 및 을가 제2호증, 제13호증의 1, 2의 각 기재에 변론 전체의 취지를 종합하여 인정되는 다음과 같은 사정들을 종합하여 볼 때, 앞서 살펴 본 사정만으로는, 피고 ○○○이 고의로 또는 경험칙이나 논리칙에 비추어 도저히 그 합리성을 긍정할 수 없을 정도의 중대한 과실로 이 사건 공소제기에 이르렀다고 단정하기 어렵고, 달리 이를 인정할 만한 증거가 없다.

① 피고 OOO의 특수공무집행방해 범행의 목격자 중 1인인 OOO은 2008. 2. 17. 경찰에서 조사를 받으면서 사건 현장에서 피고 OOO이 칼을 휘두르는 것을 직접 목격하였다는 취지로 진술하였으나 2008. 2. 28. 검찰에 출석하여 조사받으면서 처음에는 피고 OOO이 원고들 중 1명의 옆구리에 칼을 들이대는 것을 직접 목격하였다고 진술하였다가 나중에는 위 피고가 주방에서 칼을 들고 나오는 것을 보았을 뿐 그 후 사고 현장에서 빠져나와 경찰관에게 칼을 들이대는 것은 직접 보지 못하였는데, 그 후 경찰관이 불러주는 대로 진술서를 작성하였다는 취지로 진술을 번복하였고, 200*. *. **. 검찰에 2번째로 출석하면서도 같은 취지로 진술하였다.

② 범죄 현장인 이 사건 사무실에서 원고들과 피고 OOO과 함께 있었던 사람인 OOO에 대해서는 경찰 단계에서는 제대로 조사가 되지 않다가 검찰 단계에서이르러서야 조사가 이루어졌는데, 위 OOO는 위 피고가 원고들에게 칼을 휘두르지 않았다고 진술하였다.

③ 당시 상황이 촬영된 CCTV의 영상은 이 사건 현장출동보고서 등에 기재 된 내용과 정확히 일치하지 않을 뿐만 아니라 보는 사람의 시각에 따라서는 원고들이 주장하는 상황에 과장 내지 허위가 존재한다고 의심할 여지가 있었다.

④ OOO이 피고 OOO으로부터 뇌물수수를 한 것과 관련하여 피고 OOO도 이에 관련되었다거나, 위와 같은 상황을 알고 있었다

고 볼만한 증거는 없다.

⑤ 피고 OOO의 특수공무집행방해 혐의에 대한 유력한 증거인 CCTV 및 OOO의 진술에 대한 증명력에 대한 평가가 엇갈릴 수 있는 사정이 발생한 이상, 담당검사로서는 위와 같은 증거를 토대로 원고들이 작성한 이 사건 현장출동보고서 등이 실체에 부합하는지 여부에 대한 의혹을 가졌을 수 있고, 원고들에 대한 수사가 필요하다고 판단한 것이 경험칙상 합리적인 범위를 벗어났다고 볼 수는 없다.

⑥ 원고들에 대한 형사재판에서도 이 사건 현장출동보고서 등 원고들이 작성하거나 작성하게 한 서류들에 다소 과장된 부분이나 세부적으로 실제와 불일치하는 점이 있음은 사실로 인정되었고, 다만 그 정도가 허위에 이르렀는지 여부가 쟁점이 되었으며, 실제로 원고들은 형사사건의 제1심 판결에서 허위공문서작성죄 및 동 행사죄에 대하여는 유죄 판결을 받았다.

3) 나아가 원고들은 피고 OOO에 대하여 OOO에 대한 지휘·감독을 게을리한 책임이 있다고 주장한다.

살피건대, 갑 제13호증, 제14호증의 9, 12, 13, 15, 17, 18, 19, 20, 22, 26, 30, 39 내지 44, 47, 49, 51, 74, 75, 76, 105, 106, 130의 각 기재만으로는 피고 OOO이 OOO에게 원고들이 형사처벌을 받을 수 있도록 해달라고 청탁하였다고 인정하기에 부족하고, 달리 이를 인정할 증거가 없다. 나아가 OOO이 검찰주사보로서 서명·날인한 피의자신문조서나 진술조서 등(갑 제14호증의 90, 91, 을가 제13호증의 1, 2)의 내용을 살피더라도 원고들의 방어권이 부당하게 제한되었다거나, 원고들의 진술기회가 박탈되었다는 사정 또는 ○○○이 조서에 원고들에 대하여 불리한 방향으로 자신의 의견을 적는 등 피고 ○○○의 판단에 영향을 미쳤다는 사정 등의 정황은 보이지 않는다. 위와 같은 사정에 앞서 본 바와 같이 피고 ○○○에게 수사개시 및 이 사건 공소 제기에 관하여 어떠한 귀책사유가 없다는 점을 더하여 보면, 피고 ○○○을 보조하여 원고들에 대한 수사에 참여한 ○○○이 피고 ○○○으로부터 뇌물을 수수한 뒤에 원고들에 대한 피의자신문과정에 참여한 사정만으로는 담당검사인 피고 ○○○에게 ○○○의 수사상 직무집행에 대한 지휘·감독의무 위반이 있다고 보기 어렵다. 따라서 피고 대한민국이 ○○○의 직무상 위법행위를 이유로 하여 국가배상책임을 지는 것은 별론으로 하더라도, 피고 ○○○이 ○○○에 대한 지휘·감독의무 위반을 이유로 손해배상책임을 진다고 볼 수는 없다.

나. 피고 대한민국에 대한 청구에 관한 판단

1) 국가배상책임에 있어서 공무원의 가해행위는 '법령에 위반한 것'이어야 하고, 법령위반이라 함은 엄격한 의미의 법령위반뿐만 아니라 인권존중, 권력남용금지, 신의성실, 공서양속 등의 위반도 포함하여 널리 그 행위가 객관적인 정당성을 결여하고 있음을 의미한다고 할 것인바, 경찰관이 범죄의 수사를 함에 있어서 법규상 또는 조리상의 한계를 위반하는 경우 이는 법령을 위반한 것이라고 할 것이다(대법원 2005. 6. 9. 선고 2005다8774 판결 등 참조).

한편, 공무원이 고의 또는 과실로 그에게 부과된 직무상 의무를 위반한 경우라고 하더라도 국가는 그러한 직무상의 의무 위반과 피해자가 입은 손해 사이에 상당인과관계가 인정되는 범위 내에서만 배상책임을 지는 것이고, 이 경우 상당인과관계가 인정되기 위하여는 공무원에게 부과된 직무상 의무의 내용이 단순히 공공 일반의 이익을 위한 것이거나 행정기관 내부의 질서를 규율하기 위한 것이 아니고 전적으로 또는 부수적으로 사회구성원 개인의 안전과 이익을 보호하기 위하여 설정된 것이어야 한다(대법원 2011. 9. 8. 선고 2011다34521 판결 참조).

2) 뇌물죄는 직무집행의 공정과 이에 대한 사회의 신뢰 및 직무행위의 불가매수성을 그 보호법익으로 하는 것이다(대법원 2000. 1. 21. 선고 99도4940 판결 참조). 그러나 한편, 국가공무원법 제59조는 공무원은 국민 전체의 봉사자로서 친절하고 공정하게 직무를 수행하여야 한다고 규정하고 있고, 제61조 제1항은 공무원은 직무와 관련하여 직접적이든 간접적이든 사례·증여 또는 향응을 주거나 받을 수 없다고 규정하고 있다. 또한, 헌법 제12조 제1항은 "모든 국민은 신체의 자유를 가진다. 누구든지 법률에 의하지 아니하고는 체포·구속·압수·수색 또는 심문을 받지 아니하며, 법률과 적법한 절차에 의하지 아니하고는 처벌·보안처분 또는 강제노역을 받지 아니한다"고 규정하여 특히 수사절차에서의 적법절차 원칙을 강조하고 있고, 형사소송법도 수사기관이 피의자를 신문함에 있어 준수하여야 할 적법절차의 원리를 구체화하고 수사과정의 공정성을 확보하고 있다. 위와 같은 법률의 규정 및 피의자 등의 인권보호에 직접적

인 영향을 미칠 수 있는 검찰공무원의 업무의 특성상 적어도 피의자 신문 등 피의자를 직접 상대방으로 한 수사절차에서 수사 관련 직무를 집행하는 공무원이 피의자를 조사함에 있어 부담하는 청렴·공정의 의무는 전적으로 또는 부수적으로 사회구성원 개인의 이익을 보호하기 위하여 설정된 것이라 할 것이다.

따라서 원고들에 대한 조사에 참여한 검찰수사관인 OOO이 원고들과 이해가 상반되는 피고 OOO으로부터 뇌물을 받고서도 원고들을 직접 상대방으로 한 수사에 참여한 행위는 법규상 또는 조리상 한계를 위반하여 원고들의 인권에 직접적인 영향을 미치는 위법한 행위라고 할 것이고, 원고들은 이로 인하여 공정한 입장에 선 수사기관에 의하여 수사를 받을 신뢰를 침해당하였으며 상당한 정신적 고통을 받았을 것이라고 보이므로 피고 대한민국은 국가로서 공무원인 OOO의 위와 같은 불법행위로 인하여 원고들이 입은 손해를 금전적으로나마 위자할 의무가 있다고 할 것이다.

원고들은 나아가 OOO의 불법행위가 이 사건 수사 및 공소제기에 부당하게 영향을 미쳤다고 주장하면서 원고들이 지출한 소송비용 상당의 재산상 손해의 배상도 청구하나, 앞서 본 바와 같이 피고 OOO의 수사 및 공소제기에 어떠한 과실이 있었음이 인정되지 않는 이상, 원고들의 위 주장은 이유 없다.

나아가 원고들이 지급받을 위자료의 액수에 관하여 보건대, 위와 같은 불법행위의 내용 및 수수된 뇌물의 액수, 원고들이 입은 피해의 정도 및 기간 등 이 사건 변론에 나타난 제반 사정을 참작하면, 원고들에 대한 위자료의 액수는 각 500만 원으로 정함이 적절하다고 할 것이다. 따라서 피고 대한민국은 원고들에게 위자료 각 500만 원 및 이에 대하여 불법행위일 이후로서 원고들이 구하는 2008. 10. 20.부터 피고 대한민국이 그 이행의무의 존부와 범위에 대하여 항쟁함이 타당한 제1심 판결 선고일인 2013. 9. 12.까지는 민법이 정한 연 5%, 그 다음 날부터 다 갚는 날까지는 소송촉진 등에 관한 특례법이 정한 연 20%의 각 비율에 의한 지연손해금을 지급할 의무가 있다.

다. 피고 OOO에 대한 청구에 관한 판단

1) 피고 OOO이 200*. *. **. 자신의 OOO 렌트카 사무실에서 직무집행 중인 원고들에게 식칼의 자루를 거꾸로 쥐어 들고 욕설을 하며 위해를 가할 것 같은 태도를 보이고, 몸을 부딪히는 등 폭행을 가한 사실은 앞서 본 바와 같은바, 원고들이 위와 같이 좁은 공간에서 피고 OOO의 행위로 인하여 신체의 안전에 대한 위협, 공포, 불안감 등의 정신적 고통을 느꼈으리라는 점은 넉넉히 추인된다.

그렇다면, 피고 OOO은 원고들에게 그 정신적 고통을 금전적으로나마 위자할 의무가 있다고 할 것이고, 불법행위의 내용, 불법행위 이후의 피고 OOO의 태도, 원고들이 입은 피해의 정도 및 기간 등 이 사건 변론에 나타난 제반 사정을 참작하면, 피고 OOO이 원고들에게 지급할 위자료의 액수는 각 250만 원으로 정함이 상당하다고 할 것이다.

따라서 피고 OOO은 원고들에게 각 250만 원 및 이에 대하여 불법행위일 이후로서 원고들이 구하는 2008. 10. 20.부터 피고 OOO이 그 이행의무의 존부와 범위에 대하여 항쟁함이 타당한 이 사건 판결 선고일인 2014. 7. 2.까지는 민법이 정한 연 5%, 그 다음 날부터 다 갚는 날까지는 소송촉진 등에 관한 특례법이 정한 연 20% 의 각 비율에 의한 지연손해금을 지급할 의무가 있다(피고 OOO은 원고들에게 변제공탁한 금원은 공제되어야 한다고 주장하므로 살피건대, 을다 제1호증의 1, 2의 각 기재에 의하면, 피고 OOO이 2013. 6. 12. 원고 OOO을 피공탁자로 하여 250만 원, 원고 김종구를 피공탁자로 하여 150만 원을 각 공탁한 사실은 인정되나, 변제공탁이 유효하려면 채무 전부에 대한 변제의 제공 및 채무전액에 대한 공탁이 있음을 요하고 채무전액이 아닌 일부에 대한 공탁은 그 부분에 관하여서도 효력이 생기지 아니하므로 위 공탁금을 공제하여야 한다는 피고 OOO의 주장은 받아들이지 아니한다).

4. 결론

그러므로, 원고들의 피고 대한민국에 대한 청구와 피고 OOO에 대한 청구는 위 인정범위 내에서 이유 있어 이를 인용하고, 원고들의 피고 OOO에 대한 청구, 원고들의 피고 대한민국 및 OOO에 대한 각 나머지 청구는 이유 없어 이를 기각할 것인데, 제1심 판결 중 원고들의 피고 OOO에 대한 청구에 대하여 이와 결론을 일부 달리한 부분은 부당하므로 원고들의 항소를 일부 받아들여 이를 취소하고 피고 OOO에 대하여 위에서 인정한 금원의 지급을 명하며, 제1심 판결 중 나머지 부분은 정당하므로 이에 대한 원고들의 나머지 항소와 피고 대한민국의 항소는 이유 없어 이를 각 기각하기로 하여 주문과 같이 판결한다.

재판장　판사　　○○○

판사　　○○○

판사　　○○○

목   록

1. 이 사건 각 공문서 중 이 사건과 관련된 부분의 기재

 가. 이 사건 현장출동보고서

…'이 씹할 놈들아 한번 해보자, 너희가 뭔데 지랄하느냐, 경찰관 개새끼들아 죽여버린다.'라고 말하면서 갑자기 바지를 벗고, 팬티 바람으로 식당에 들어가 사시미칼을 꺼내와 '이 개새끼들 오늘 경찰관들 많이 보는데 내 손에 한번 죽어봐라'라고 욕설을 함과 동시에 옆에 있던 ○○○ 경위의 가슴부분을 향해 찌르려고 위협을 가해 뒤로 한발 물러서며 화를 면하고, 또다시 '너 죽고 나 죽자'라고 하는 등 심한 욕설을 하는 등 약 10분에 걸쳐 경찰관의 정당한 공무집행을 방해한 것이다.

 나. 이 사건 현행범인체포서 중 범죄사실

…피의자가 '이 씹할 놈들아 한번 해보자, 너희가 원데 지랄하느냐. 경찰관 개새끼들아 죽여버린다.'라고 말하면서 갑자기 바지를 벗고 팬티 바람으로 주방으로 들어가 주방에 있던 식칼(총 27m, 칼날 13.5cm)을 꺼내와 '이 개새끼들아 오늘 경찰관들 많이 보는데 내 손에 한번 죽어봐라'라고 욕설하며 위 식칼을 들고 피해자 (2) 경위 ○○○ 가슴부분을 향해 1회 찔렀으나 이에 놀란 같은 (2)가 뒤로 피하자 씹할놈들 경찰관 새끼들은 다 죽여야 한다. 너 죽고 나 죽자라고 하는 등 약 10분에 걸쳐 경찰관의 정당한 공무를 방해한 것이다.

 다. 이 사건 수사보고서

…피의자가 '이 씹할 놈들아, 한번 해보자. 너희가 원데 지랄하느냐. 경찰관 개새끼들아 죽여버린다'라고 말하면서 손으로 가슴과 배를 밀고 실랑이를 하다가 갑자기 바지를 벗고 팬티바람으로 사무실 우측 내실로 들어가 식칼(총 27m, 칼날 13.5cm)을 꺼내와 '이 개새끼들아 오늘 경찰관들 많이 보는데 내 손에 한번 죽어봐라'라고 말하면서 위 식칼을 우측 손으로 들고 앞에 서 있던 피해자 (2) 경위 OOO 좌측 심장부위를 향해 손을 쭉 뻗어 찔러 이에 놀란 (2)가 뒷걸음 쳐 뒤로 물러나 피하게 하는 등 경찰공무원의 정당한 공무를 방해하고….

라. 이 사건 진술서

…주방으로 들어가 식칼을 내오더니 이 개새끼들아 오늘 경찰관들 많이 보는데 내 손에 한번 죽어봐라 하면서 식칼을 오른손에 들고 앞에 있던 경찰관의 가슴을 찌르려고 했습니다. 그러자 경찰관이 한발 뒤로 물러섰습니다. 그리고 나서 이 씹새끼들아 개새끼들아 하면서 칼을 들고 설쳐댔습니다. 옆에서 본 저는 무슨 일이 일어날 것만 같았습니다….

2. 이 사건 공소사실의 요지

가. 원고들의 이 사건 현장출동보고서에 관한 허위공문서작성죄

원고들은 위 1.가.항 기재와 같이 이 사건 현장출동보고서를 작성함으로써 행사할 목적으로 공문서인 이 사건 현장출동보고서 1장을 허위로 작성하였다.

나. 원고들의 이 사건 현행범인체포서에 관한 허위공문서작성죄

원고들은 OOO로 하여금 이 사건 현행범인체포서의 범죄사실을 위 1.나.항 기재와 같이 기재하게 한 다음 송파경찰서 OO지구대 사법경찰관 경위 OOO의 결재를 받는 등 행사할 목적으로 공문서인 이 사건 현행범인체포서 1장을 허위로 작성하였다.

다. 원고들의 이 사건 수사보고서에 관한 허위공문서작성죄

원고들은 위 1.다.항 기재와 같이 이 사건 수사보고서를 작성함으로써 행사할 목적으로 공문서인 이 사건 수사보고서를 허위로 작성하였다.

라. 원고들의 허위작성공문서행사죄

원고들은 이 사건 현행범인체포서, 현장출동보고서, 수사보고서를 송파경찰서에 마치 진정하게 작성한 것처럼 송부하여 허위작성공문서를 행사하였다.

마. 원고들의 직권남용감금죄

원고들은 이 사건 사무실에서 추가 출동요청을 받고 도착한 OO지구대 경찰관 4명과 함께 피고 OOO에게 수갑 등의 장구를 사용하여 위 OO지구대 사무실로 끌고 간 다음 위 지구대 사무실에서 위와 같이 직권을 남용하여 허위로 작성한 이 사건 현행범인체포서에 기하여 체포한 후 역시 허위로 작성한 이 사건 현장출동보고서, 수사보고서와 허위의 내용이 포함된 이 사건 진술서 및 원고 OOO 명의의 진술서 등 위 지구대에서 작성한 수사서류와 함께 송파경찰서 소속 경사 OOO에게 신병을 인계할 때까지 위 지구대 사무실에 피고 OOO을 구금하였다.

바. 원고 김종구의 직권남용권리행사방해죄

이 사건 진술서의 작성인인 ○○○은 ○○○이 식칼을 들었을 때 이 사건 사무실 밖으로 나와 그 이후의 상황을 전혀 목격한 사실이 없음에도 불구하고 원고 김종구는 ○○○으로 하여금 이 사건 진술서를 작성하게 함에 있어 "…주방으로 들어가 식칼을 내오더니 이 개새끼들아 오늘 경찰관들 많이 보는데 내 손에 한번 죽어봐라 하면서 식칼을 오른손에 들고 앞에 있던 경찰관의 가슴을 찌르려고 했습니다. 그러자 경찰관이 한발 뒤로 물러섰습니다. 그리고 나서 이 씹새끼들아 개새끼들아 하면서 칼을 들고 설쳐댔습니다. 옆에서 본 저는 무슨 일이 일어날 것만 같았습니다…"라고 불러주어 이를 진술서 내용에 기재하게 하였다.

이로써 위 피고인은 직권을 남용하여 ○○○으로 하여금 의무없는 일을 하게 하였다.

3. 항소심에서 교환적으로 변경된 원고들의 직권남용감금죄 부분에 대한 공소사실의 요지

원고들이 위 2.마. 항 기재와 같이 피고 ○○○의 신병을 위 ○○○에게 인계하여 위 경찰서 소속 경위 ○○○으로 하여금 구속영장을 신청하게 하여 그 사실을 모르는 같은 검찰청 담당 검사로 하여금 구속영장을 청구하게 하고, 위 수사서류 등이 허위 작성된 사실을 모르는 같은 법원 담당 판사로부터 구속영장을 발부받아 피고 ○○○이 검사의 구속취소에 의하여 석방될 때까지 서울송파경찰서 유치장 및 서울성동구치소에 구속 수감되게 함으로써 직권을 남용하여 피고 ○○○을 총 11일 동안 감금하였다. 끝.

한 경찰관이 바로잡은
디케의 칼

(원제: 디케의 刀)

ⓒ 김종구, 2025

개정2판 1쇄 발행 2025년 10월 22일

지은이	김종구
펴낸이	이기봉
편집	좋은땅 편집팀
펴낸곳	도서출판 좋은땅
주소	서울특별시 마포구 양화로12길 26 지월드빌딩 (서교동 395-7)
전화	02)374-8616~7
팩스	02)374-8614
이메일	gworldbook@naver.com
홈페이지	www.g-world.co.kr

ISBN 979-11-388-4809-1 (03810)

- 가격은 뒤표지에 있습니다.
- 이 책은 저작권법에 의하여 보호를 받는 저작물이므로 무단 전재와 복제를 금합니다.
- 파본은 구입하신 서점에서 교환해 드립니다.